유학과 산업사회

백승종 지음

유학과 산업사회

조선의 유학은 근대화에 어떻게 기여했는가

사우

차례

— 머리말 ······· 6

【1장】 개신교와 근대 산업사회 ······· 18

- ① 칼뱅의 개혁주의에서 싹튼 근대 산업사회 ······· 22
- ② 개신교의 토대 위에 꽃핀 미국의 민주주의와 산업화 ······· 40

【2장】 유학의 나라 조선의 특징 ······· 90

- ① 유학의 지향 ······· 93
- ② 정치 사회적 특징 ······· 115
- ③ '실록'이라는 특별한 통치 도구 ······· 132
- ④ 유학의 사회적 영향 — 지식 중심 사회 ······· 146

【3장】 조선의 사회 경제적 문제 ······· 174

- ① 경제력과 국력의 관계 — 생각의 차이 ······· 176
- ② 농업사회의 한계 — 생산성 문제 ······· 189
- ③ 상공업의 부가가치에 관한 이해 부족 ······· 212
- ④ 취약한 국방력 ······· 228

【4장】 전통과 현대의 하이브리드 ······· 244

- **01** 다종교 사회의 축복 ······· 250
- **02** 한글, 한국인의 정체성이자 문화 발전의 소프트웨어 ······· 262
- **03** 징병제 – 근대 시민 훈련 ······· 271
- **04** 새마을운동 ······· 283
- **05** 유학, 한류의 비밀 코드 ······· 294

【5장】 유교적 산업사회 ······· 306

- **01** 재벌 사회와 그 미래 ······· 309
- **02** 경자유전 – 중산층의 미래 ······· 318
- **03** 현대의 선비 – 지식인의 미래 ······· 327
- **04** 꼭 유학이어야 하는가 – 법고창신 ······· 336

- 주 ······· 342
- 참고문헌 ······· 358

머리말

유교적 산업사회

이 책은 유학(儒學)의 영향에 힘입어 현대 한국이 독특한 산업사회가 되었다는 주장을 담고 있다. 유학이란 곧 신유학(新儒學)으로 흔히 성리학(性理學) 또는 주자학(朱子學)이라고 부르는 것이다. 알다시피 유학은 산업사회와는 다른 목표를 가진 이념이자 사상이요, 실천 덕목이었다. 그러나 유학을 바탕으로 운영된 조선 사회를 깊이 들여다보면, 산업사회로 이행하는 데 필요한 여러 조건을 충실하게 갖추고 있었다. 바로 그 내공 덕분에 지난 1세기에 걸쳐 한국 사회는 놀라운 속도로 산업화와 민주화를 이룩하였다.

한국은 "유교적 산업사회"이다. 필자는 유학이 근대 서구 문명과 만나 다양하게 융합(하이브리드)한 역사적 사실에 주목했다. 혹자는 유학이 지나치게 미화되고 있다는 의구심을 가질 수도 있다. 그러나 이 책을 꼼꼼히 읽어보면 생각이 달라질 것이다.

역사란 과거의 사건과 현상을 연구하는 학문이므로, 그 일에 종사하는 역사가는 과거에 관한 총체적 이해를 바탕으로 과거와 현재와 미래가 서로 어떻게 연결되는지를 탐구한다. 이 책은 여러모로 미흡한 점이 있지만, 한 사람의 역사가가 오랜 세월에 걸쳐 수정을 거듭한 사색의 지도이다.

유학, 산업사회와는 전혀 다른 길

조선의 성리학 곧 유학은 산업사회와 어울리지 않는다는 지적이 많은데, 일리가 있는 주장이다. 유학을 국시(國是)로 삼은 조선은 산업사회가 되려야 될 수 없었다. 거기에는 적어도 다음의 세 가지 걸림돌이 있었다.

첫째, 유학은 산업사회의 기본 원칙을 부정했다. 조선의 유학자들은 상업과 수공업을 "말업(末業)"이라며 죄악시했다. 즉, 생산 및 유통 과정에서 수공업자와 상인이 취하는 이득을 유학자들은 불로소득이라며 비판했다. 그들은 농민이 땀 흘려 얻은 농산물과 농가 부업으로 발생한 약간의 이익만을 정당한 소득으로 인정했다. 기계까지 동원한 대량생산 체계란 조선의 지배층이 용인할 수 없는 생산방식이었다.

둘째, 조선의 유학자는 국가 경제를 성장이란 관점에서 보지 않았다. 경제란 근검절약을 실천해 자급자족하는 것으로 충분하다는 것이 유학자들의 오랜 신념이었다. 본래부터 재화란 한정된 수량만 존재하므로 아껴서 사용해야 한다는 것이 그들의 철칙이었다. 따라서 소비사회를 추구하는 산업사회의 경영 철학을 수긍할 수는 없었다.

셋째, 서구에서 일어난 산업사회는 부국강병을 지향했으나, 이 또한 유학자의 정치 사회적 이상과 충돌했다. 남의 나라를 빼앗아 식민지로 삼으면서까지 자국의 이익을 극대화하는 것은 지극히 야만적인 행위라는 것이 유학자들의 판단이었다. 더구나 그런 목적을 위해서 군사적 침략까지 서슴지 않는다면 그것은 무도(無道)한 짓이었다. 유학자들의 눈에 비친 서구 산업사회는 야만이었다.

조선 사람들은 지배층부터 백성에 이르기까지 모두 유학을 존숭(尊崇)하였다. 따라서 위에 서술한 세 가지 이유만으로도 조선은 산업사회를 지향할 이유가 없었다. 서구의 산업사회와는 화해할 수 없는 나라가 조선이었다.

유학과 서구 근대 문명의 "하이브리드"

유교적 세계관을 고집하다가 조선은 끝내 망하고야 말았다. 힘이 부족해 도저히 자신을 지키지 못하고 나라를 빼앗겼다. 그러나 그 참담한 상실 이후, 사람들의 인식은 서서히 변화하기 시작했다. 유교적 가치와 서구 자본주의 문명이 서로 충돌하는 대신, 점차 융합의 길로 접어든 것이다. 그 결과는 오늘날 우리가 일상에서 체감하듯, 실로 눈부시다. 아이러니하게도, 문명 간 융합이라는 거대한 변화를 수용할 준비는 이미 우리 안에 잠재해 있었던 셈이다. 다음 세 가지 측면에서, 이 융합이 어떻게 가능했는지를 설명하고자 한다.

첫째, 조선은 고도로 표준화된 사회 체제를 바탕으로, 산업사회로의 이행이 가능했다. 일례로, 조선의 모든 학교는 표준화된 유학 서적을 학습함으로써 과거시험을 준비했다. 더구나 서당과 향교와 서원에서 표준화된 교육을 받은 학생 수가 수십만 명이나 되었다. 교육 내용은 서구 산업사회와 달랐으나, 수업 방식부터 학습자의 가치관과 행동 양식에 이르기까지 철저히 표준화되어 있었다. 이처럼 교육 전반에 걸쳐 고도의 표준화가 이뤄졌다는 점에서, 일단 산업화가 시작되기만 한다면 조선 사회는 신속히 변화할 수 있는 내공이 쌓여 있었던 셈이다.

둘째, 이미 고려 후기부터 인쇄술이 발전하여 조선은 그 나름으로 지식혁명을 경험한 사회였다. 서구 산업사회와 마찬가지로 지식혁명을 체험했다는 점이 중요하다. 알다시피 16세기에 서구는 구텐베르크의 금속활자 발명을 통해 종교개혁과 과학혁명 등 일련의 지식혁명을 겪었다. 금속활자의 등장에 힘입어 종교개혁이 가능했고, 이로써 가톨릭교회의 정치 사회적 영향력이 감소했다. 그 결과 서구 사회에서는 점차 연구의 자유가 보장되어 마침내 과학혁명이 일어났으며, 이러한 일련의 변화를 통해 산업사회로의 전환이 가능했다.

조선에서는 종교개혁이나 과학혁명은 발생하지 않았으나 서구보다 먼저 인쇄술에 혁신이 일어나 다종다양한 도서가 간행되었으며, 그 바탕 위에 불교와 유교 문명이 크게 융성했다. 이는 조선식 지식혁명의 한 형태로 볼 수 있으며, 만일 조선에서도 산업사회로의 전환이라는 새로운 목표가 분명히 설정되기만 했다면, 단기간에 실현되었을 것이다.

셋째, 조선은 유학 연구와 실천을 최고의 과제로 삼았다. 오늘날 한국 발전의 토대를 만든 한글 역시 유교 문명화라는 시대적 사명을 수행하기 위해 창안된 것이었다. 15세기 초반, 세종은 집현전 학사들과 함께 가장 합리적이고 과학적인 문자를 창제함으로써, 장차 한국 사회에서 문맹을 해소하고 지식을 널리 공유할 수 있는 기반을 마련했다.

한글이란 문자 체계는 디지털 문화의 급속한 발전을 촉진하여 한국 문화가 세계인의 사랑을 받는 "한류"의 유행을 낳았다. 조선 유학은 계층의 장벽을 넘어선 소통과 교육의 발전, 지식의 축적을 이끌었으며, 궁극적으로 한국 문화의 세계화에도 이바지한 셈이다. 요컨대 조선의 유학자들은 산업사회를 이상으로 삼은 적도 없었고, 여러 측면에서 오히려 그와는 대립적이었다. 하지만 유교 문명이 고도로 발전한 결과, 산업사회로 전환할 준비는 예상외로 탄탄하게 갖추어져 있었다.

한국이 산업사회를 국가적 목표로 설정한 것은 20세기 중반의 일이다. 그런데 불과 반세기 남짓 만에, 한국은 세계 유수의 고도 산업사회로 도약했다. 유교 문명의 힘은 실로 위대하다.

"유교적 산업사회"의 특징

현대 한국 사회에도 유학의 가치는 여전히 살아 있다. 한국이라는 산업사회는 서구는 물론이요, 이웃인 일본이나 중국과는 뚜렷이 구별되는 "유교적 산업사회"라고 보아도 좋겠다. 한국의 특징을 다음 세 가지로 요약한다.

첫째, 조선은 유학을 국시로 삼아 5백 년 동안 학문적으로 깊이 연구하는 것 못지않게 그 가치를 실천하는 데 힘을 쏟았다. 그 결과 일반 백성들까지 평민지식인으로 성장하며 정치·사회·문화의 주체로서 자각하게 되었다. 이러한 문화는 오늘날 시민사회의 높은 참여 의식으로 드러난다. 예컨대 현대 한국에서는 시민의 정치 참여가 서구와는 비할 수 없이 활발한데, 이것이 한국의 민주주의에 활력을 불어넣고 있다. 물론 시민의 적극성은 정치에 한정된 것이 아니다. 사회와 문화 전반에 걸쳐 새로운 흐름을 주도하고 있으며, 이처럼 역동적인

에너지가 '다이내믹 코리아!'라는 표현을 낳게 했다.

둘째, 현대 한국은 자본주의 사회이면서도 다른 산업사회와는 한눈에 구별되는 특이점을 가지고 있다. 거대 기업을 이끄는 자본가라도 생활 태도가 매우 검소해 "유학적 금욕주의"를 연상하게 할 정도이다. 한국의 자본가는 회사를 운영하는 근본 목적을 서구의 자본가와는 달리 상정한다고 볼 수 있다. 이른바 한국의 재벌은 자본 축적과 이익의 극대화를 지상 목표로 삼기보다는 수만 명의 생계가 달린 회사를 유지하고, 기술력을 향상하는 것 자체를 경영의 목적으로 여기는 경향이 있다.

한국 시민들의 정서도 다분히 유학적이다. 그들은 유학의 이상인 "대동(大同)"의 가치를 실천하는 데 힘써, 개인의 이익이나 영달보다 함께하는 것을 더 중요하다고 여긴다. 사회적 분위기가 그러하므로, 설사 굴지의 재벌이라도 한국 사회에서는 사치스럽고 호화로운 생활을 영위할 수 없다. 그런 점에서 한국 사회는 "유교적 자본주의 사회"이다.

셋째, 한국인은 유학을 통해 무슨 문제든지 평화적인 방법으로 해결하는 것이 마땅하다는 신념을 키워왔다. 그러므로 현대 한국 사회에서는 크고 작은 갈등도 대화와 토론을 통해 풀어가는 것이 보통이다. 물론 한때는 폭력을 통해 정치·경제·사회적 대립을 해소하려 했던 시기도 있었으나, 사회가 어느 정도 안정되자 한국인은 조선의 유학자들이 그러했듯이 평화적인 방법으로 갈등과 대립을 극복하고 있다. 예컨대 서구 산업사회에서는 집단시위를 벌일 때면 폭력을 동반하는 일이 흔하지만, 한국에서는 백만 시민이 운집한 대규모 집회라도 평화롭게 진행되는 경우가 대부분이다. 이처럼 유학의 영향력은 여전히 강력하다.

이 책의 내용

오늘날의 한국이 "유교적 산업사회"라는 점을 설명하기 위해 이 책을 5개 장으로 편성했다. 1장에서는 서구의 산업사회와 그 이념에 해당하는 개신교(Protestant)의 관계를 살펴본다. 개신교는 전반적으로 서구의 근대화 또는 산업사회의 도래와 긴밀한 관계가 있다. 특히 칼뱅(Jean Calvin, 1509~1564)의 개혁주의 사상이 공헌한 바가 컸다는 점은 부정하기 어렵다. 오늘날에는 양자의 관계를 적극적으로 부정하는 흐름도 만만치 않으나, 그렇게 간단하게 취급할 일이 아니다.

산업사회의 상부구조는 다름 아닌 칼뱅의 개혁주의였으므로, 그가 산업사회에 어떠한 영향을 주었는지를 구체적으로 검토할 필요가 있다. 또, 현대 산업사회를 대표하는 나라는 미국이므로, 그 나라의 역사에 주목해 개신교가 민주주의 및 산업사회와 어떻게 결합하였는지를 분석하고자 한다. 이러한 검토는 유학이 서구 문명과 융합해 민주주의와 산업사회를 만든 사실을 이해하는 데 방향타가 될 것이다. 서구에서 칼뱅의 개혁주의가 산업화를 추동한 것 이상으로 한국이 산업사회로 전환하는 데 유학이 결정적 역할을 했다는 것이 이 책의 강조점이다.

2장에서는 유학이 조선을 어떻게 발전시켰는지를 네 가지 측면에서 설명한다. 첫째, 신유학의 지향점을 알아보는 작업이 필요한데 그러려면 우선 인간(소우주)과 자연(대우주)의 조화를 강조한 점, '대동'이라는 이상향을 추구하는 과정에서 비롯된 사회 문화적 변화 등을 헤아려보고자 한다.

둘째, 유학에 관한 이해가 점차 깊어짐에 따라 조선에는 독특한 정치 사회적 특징이 형성되었다는 점이다. 예컨대 조선에서는 왕(권력)

과 신하(통치)가 함께 국가를 운영한다는 개념인 '공치(共治)'가 대두하였고, 그러한 이념을 실천하느라 관료의 전문성과 효율성을 높이려는 시도가 있었다.

셋째, 유학의 이념을 실천하는 데 힘쓴 결과 조선에서는 실록(實錄) 편찬과 보관에 관한 독특한 제도가 탄생했다. 사관(史官)의 독립성을 최대한 보장하면서 국가 운영에 관한 중요 기록을 영구 보존하였는데, 이러한 제도는 권력의 사유화를 차단하는 효과를 가져왔다는 점에서 주목된다.

넷째, 유학이 깊이 내면화되자 조선에는 유교 국가임을 표방한 중국이나 일본에서는 찾아보기 어려운 사회상이 만들어졌다. 조선의 과거제도는 각 지방의 풍부한 인재를 배양했고, 사림이 대대로 길러져 기득권층을 정치적으로 강력하게 견제했다는 점이 중요하다. 더구나 사림의 세력 기반이기도 했던 서당과 향교, 서원이 민간 주도로 운영되었다는 사실도 조선의 중요한 사회 문화적 특징이다. 조선의 유학자들은 남녀노소 누구라도 배움에 힘쓰도록 함으로써 고도의 문명국가를 이룩하였다.

이처럼 유학은 조선을 정치, 사회, 경제 및 문화적인 측면에서 긍정적으로 변화시켰다. 이는 훗날 한국이 산업사회로 전환할 때 가장 중요한 자산이 되었다.

유학이 조선 사회에 초래한 부정적인 측면도 적지 않았다는 점을 빠뜨릴 수 없다. 3장에서는 그 점에 관심을 기울였는데, 특히 다음 네 가지 문제를 깊이 있게 다룬다.

첫째, 조선 유학자들은 경제력이 국력에 미치는 중요성을 너무도 쉽게 간과했다. 경제 문제를 다루는 데 취약했다는 말이다.

둘째, 유학은 농업을 중시하였으나 농사 기술의 발전은 미흡했다. 그런 점에서 유학이 지배하는 사회는 근본적인 한계를 가지고 있었다. 표면상으로만 보면 국가가 농업을 진흥하는 데 총력을 기울인 것 같았으나, 실제로는 자급자족도 하지 못할 만큼 농업 생산성이 낮았다.

셋째, 조선 유학자들은 상업과 수공업이 부가가치를 창출한다는 사실을 충분히 인식하지 못했기 때문에, 도시 발전은 최소한의 수준에 머물렀다. 가난에 시달리는 인구는 시간이 흐를수록 많아져 경제 성장이란 개념은 아예 형성될 수 없었다.

넷째, 유학이 지배 이념이었던 조선의 국방력은 그지없이 허약했다. 지배층뿐만 아니라 일반 백성까지 유학의 이상에 함몰된 상태였으므로, 외부의 침략으로부터 국가를 방어할 능력이 부족했다. 게다가 외부 세계에 관한 정보 수집 능력도 미약했으며, 이웃한 여러 나라와 능동적으로 외교 관계를 맺을 필요성도 느끼지 못할 때가 많았다.

이와 같은 문제들이 중첩되어 조선은 산업사회로 전환하지 못하고, 제국주의의 침략에 허물어졌다. 그래서 현대인들이 유학을 부정적으로 평가하는 것인데, 일리가 있는 지적이요 합리적인 비판이다. 하지만 그와 같은 매도만으로는 조선 사회의 본질을 제대로 이해할 수 없다.

4장에서는 유학을 중심축으로 한 한국의 전통문화가 서구의 근대문명과 어떻게 융합했는지를 해부한다.

첫째, 전통문화의 중심인 유학은 불교, 기독교 등과 어울려 현대 한국 사회의 독특한 특징을 낳았다. 여러 종교가 경쟁과 협력을 되풀이하는 가운데 사회는 더욱더 조화로우면서도 역동적인 힘을 얻었다.

둘째, 유교 문명을 발전시키려고 세종은 한글을 창제했는데, 한글 덕분에 여러 가지 이점이 생겼다. 정치적으로나 사회적으로 소통이 원활해, 현대 한국은 가장 효율적인 현대 국가로 성장했다. 아울러 사회 통합이 가능한 나라가 되었다.

셋째, 유교적 가치는 징병제와도 잘 융합해 큰 성과를 냈다. 현대 한국은 공동체를 지향하면서도 매우 공격적인 산업사회로 성장했다.

넷째, 유교적인 공동체 중심주의는 새마을운동을 성공으로 이끌었다. "근면, 자조, 협동"으로 요약되는 새마을 정신은 이른바 "조국 근대화"에 대한 지지 기반을 강화했으며, 산업사회로의 전환에 견인차가 되었다.

다섯째, 세계인의 인기를 끄는 한류도 유학의 보편 가치를 기저에 깔고 있다. 그 가치는 효와 우애 및 이웃 사랑 등의 보편적 가치를 내포하므로 세계 어디서나 사랑을 받는다. 한국의 전통사상은 인류가 나아갈 길을 제시하는 나침반이기도 하다.

끝으로, 5장에서는 유학의 가치관이 현재와 미래에 어떠한 역할을 하면 좋을지를 검토한다. 핵심적으로 다룰 주제는 다음 네 가지이다.

첫째, 유교와 기업활동에 관한 것이다. 근면 성실하며 정직하고 절약하라는 유교의 가르침은 근대적 기업활동에도 큰 도움이 되었다. 현대의 재벌은 그러한 유교 문화를 잘 살려 인본주의를 바탕으로 성장하기를 바란다.

둘째, 해방 후에 경자유전(耕者有田)이라는 유교적 이상이 어느 정도 실현되었다. 농지개혁으로 자영농이 성장할 수 있게 되었으며, 이는 고등교육 기회의 확대로 이어졌다. 한국의 교육열은 산업화를 추동했고 도시 중산층을 일어서게 했다. 인공지능 시대에 중산층은 유교의 이상인 대동사회를 구현할 과제를 안고 있다.

셋째, 조선에는 유교 문명의 주체인 선비라는 존재가 있었다. 선비문화는 현대화 과정에서도 사라지지 않고 명맥을 유지했다. 사실은 그들이 한국의 현대화를 주도했다. 미래에는 그들이 어떠한 역할을 해야 할지도 전망해보고자 한다.

넷째, 이 책에서 우리는 유학이 근대 서구 문명과 결합해 오늘의 한국을 만들었다는 사실을 분석했다. 마지막으로 시야를 넓혀, '유교 문명권이 아닌 다른 지역의 문화도 과연 문명의 융합을 통해 새로운 가능성을 열 수 있는가'라는 질문을 던졌다. 이슬람이나 불교, 또는 그 밖의 문화 전통 역시 언제, 누구에 의해, 어떤 방식으로 융합이 시도되느냐에 따라 미래의 성패가 결정될 것이다. 어느 나라에서나 보편적 가치를 지닌 문화라면 반드시 성공할 수 있으리라 믿는다.

이 책을 집필하는 과정에서 여러 분의 아낌없는 도움을 받았다. 특히 하서학술재단이 물심양면으로 많은 도움을 주었으므로 이 지면을 빌려 감사 인사를 올린다. 특히 이 재단의 김재억 감사님은 여러 차례 귀중한 시간을 할애하여 필자의 논지를 강화하고 보충해주셨다. 그분의 헌신적인 조력이 없었더라면 게으른 필자가 제때 원고를 마무리하기는 불가능했을 것이다. 고개 숙여 깊이 감사드린다. 사우출판사 편집진의 살뜰한 보살핌에 힘입어 이 책이 읽을 만한 격식과 체제를 갖추게 된 점도 크게 다행한 일이다. 여러모로 미숙한 필자를 이끌어주신 출판사의 노력에 깊이 감사드린다. 아울러 처음부터 끝까지 원고를 자세히 읽고 크고 작은 잘못을 바로잡아주신 여러 분께도 삼가 감사하는 마음을 표하고 싶다.

늘 경험하는 일이지만 한 권의 책이 탄생하려면 여러 방면에 걸쳐 여러 분의 정성과 노력이 따른다. 여러모로 부족한 필자에게는 실로 과분한 일이라 하지 않을 수 없어 몇 마디 사례의 말씀을 기록하였다.

끝으로 한 말씀을 덧붙이면, 유학과 산업사회라는 실로 광범위한 주제를 한 권의 책으로 묶다 보니 모든 논의가 피상적 관찰에 머문 느낌이다. 이 책은 동서양 문명을 비교 분석한 일종의 시론(試論)인 셈이다. 장차 여러 분야의 석학들이 깊은 관심을 가지고 폭과 깊이를 더해주기를 소망한다.

2025년 12월
평택 석양재(石羊齋)에서
백승종 삼가

1장

개신교와
근대 산업사회

───── 이 장에서는 다음 두 가지를 집중적으로 탐구한다.

첫째, 16세기 종교개혁자 칼뱅이야말로 근대 산업사회의 이념적 지향점을 마련한 인물이란 점이다. 이러한 주장에 관해서도 다양한 이견이 존재하는 것은 사실이나, 큰 틀에서 보면 칼뱅과 산업사회를 연관 짓는 것은 여전히 올바른 진단이라고 본다.

둘째, 18세기 후반부터 영국 등 서구 여러 나라에서 산업사회가 발전하기 시작했는데, 19세기 후반에는 대서양 건너편의 미국이 그러한 역사적 변화를 주도하였다. 그 결과, 20세기는 미국의 세기라고 불러도 지나치지 않을 정도가 되었다. 오늘날에는 미국의 전성기가 끝나고 쇠망의 기운이 날로 짙어간다는 진단도 적지 않다. 하지만 현재까지도 미국은 정치, 경제, 사회, 군사, 외교, 문화 모든 영역에 걸쳐 압도적인 위력을 발휘하고 있다. 19세기 미국의 융성에 관하여도 여러 학설이 있음은 사실이나, 그 저변에 개신교의 덕목이 있었다는 점을 간과할 수 없다.

위에서 언급한 두 가지 주제를 깊이 검토함으로써, 우리는 근대 산업사회의 도래라고 하는 독특한 역사적 현상을 좀 더 정확히 인식할 수 있다. 나아가 인류 역사에 획을 그은 산업화라는 일대 사건이 개신교라는 특정한 종교사상과 연결되어 있다는 통찰도 가능하다.

요컨대 종교와 철학은 본래 생산 또는 소비와 같은 경제활동과 직접은 아무런 관련이 없으나, 한 시대의 사회 문화적 맥락 여하에 따라서는 사회 경제적 변화의 원동력이 될 수도 있다는 이야기이다.

돌이켜보면, 1970년대 한국에서는 하루빨리 "근대화(Modernization)"를 추진하자고 주장하는 이가 많았다. 서둘러 우리 전통과 결별하고 근대 자본주의 사회로 진입해야 한다는 것이었다. 당시 한국 역사학계에서 근대의 기점이 언제인가를 둘러싸고도 활발한 토론이 벌어졌다. 혹자는 18세기 후반 영조와 정조 때부터 근대의 새벽이 동텄다고 했으며, 다른 이들은 1945년 8·15 광복을 계기로 근대가 오기 시작했다고 하였다. 일반적인 의견에 따르면, 19세기 후반에 외국과 통상조약이 체결되면서 한국의 근대화가 시작되었다. 그때부터 근대 자본주의를 지향하는 새로운 의식이 자라났다는 것이 다수 의견이었다.

근대라면 자본주의의 시대요, 이는 공장제 대량생산과 대량소비 사회의 도래를 의미한다. 그런 점에서 산업사회의 시대이다. 이것이 상식적인 판단인데, 현대 역사학계에는 다른 주장도 없지 않다. 지난 30년 전부터 상당수 학자가 "복수(複數)의 근대"를 거론하였다. 그에 따르면, "근대"란 서구 역사의 전유물이 될 수 없는 것으로, 나라마다 또는 문화권마다 제각기 다른 성격의 "근대들"이 공존할 수 있다. 일리가 있는 주장이다. 하필 서구의 몇몇 나라가 체험한 사회 경제적 발전만 근대라고 단정하면, 세계 역사 가운데 정상적인 것은 일부분에 지나지 않고, 그 외의 역사는 기형적이거나 뒤처진 것으로 깎아내리는 결과가 된다. 이러한 관점은 지나치게 "유럽 중심적"이다.

20세기 후반부터 인류 사회는 종래의 유럽 중심성에서 벗어나고자 노력하고 있으며, 이는 고무적인 일이라 평가된다. 하지만 아무리 그렇다고 하여도 근대 자본주의와 혼연일체를 이룬 서구식 근대화가 갖는 역사적 의미를 망각한다면 곤란하겠다. 필자 또한 유럽 중심주의를 반대하지만, 유럽 일부 국가에서 시작된 근대 산업사회의 역사를 탐구하는 지적 작업은 여전히 중요한 연구 과제라고 본다. 산업사회와 그에 수반한 민주주의는 현대 사회를 움직이는 원동력이라서 그렇다.

칼뱅의 개혁주의에서 싹튼 근대 산업사회

장 칼뱅의 사상에는 여러모로 독특한 점이 있었다. 특히 그가 설파한 직업윤리는 인류를 근대 자본주의와 산업사회로 이끌었다. 이것은 하나의 통설이지만, 그에 대한 반론도 적지 않다. 현대의 여러 경제학자와 역사학자가 칼뱅과 산업사회의 관련성을 강력히 부정하였다. 그래도 논의의 행간과 역사 기록을 자세히 살펴보면 칼뱅주의가 산업사회로의 변화를 가져온 것이 엄연한 사실이다.

가. 칼뱅주의의 특성

칼뱅의 사상을 흔히 "개혁주의(tradition réformée, foi réforméefaith, théologie réformée)"라고 부른다. 16세기 스위스 신학자였던 장 칼뱅의 기독교 사상은 당대는 물론 후대에도 큰 영향을 끼쳤다. 그는 신학자로서 여러 가지 독자적인 이론을 제시했는데, 거기에서 발견되는 가장 뚜렷한 특징은 두 가지였다. 하나는 '하나님의 절대 주권론'이요, 또 하나는 '이중예정론'이었다. 다만 아래에서는 그의 신학 이론을 장황하게 설명하지 않고, 필자의 논지를 이해하는 데 필수적인 설명만 하겠다.[1]

무엇보다 중요한 사실은, 종교개혁 과정에서 칼뱅의 신학이 유럽 개신교의 주류로 떠올랐다는 점이다. 스위스뿐만 아니라 유럽 각국에 칼뱅의 이론을 지지하는 개혁교회가 출현하였고, 결과적으로는 유럽의 종교 및 문화계를 지배했다. 칼뱅주의는 정치, 경제, 문화, 특히 교육과 복지 등 다양한 분야에 걸쳐 유럽 근대사회의 형성에 주된 역할을 했다.

알다시피 16세기 유럽에서는 종교개혁이 일어나, 로마가톨릭교회의 교리와 전통을 호되게 비판했다. 장 칼뱅은 종교개혁을 주도한 인물 가운데 한 사람으로, 본래 프랑스 출신이었으나 스위스 제네바에서 주로 활동했다. 그는 독일의 종교개혁가 마르틴 루터와 신학적으로 적지 않은 차이를 보였는데, 스위스 종교개혁가 울리히 츠빙글리의 영향 때문이었다. 루터의 신학은 주로 독일과 스칸디나비아에서 인기를 끌었던 데 비해, 그 밖에 여러 나라에서는 칼뱅주의가 개신교 신학의 주류가 되었다.

존 녹스는 칼뱅주의를 신봉해 스코틀랜드에 개혁주의를 전파했는데, 이 운동이 장로교회를 낳았다. 알다시피 장로교는 스코틀랜드의 국가교회로 성장했다. 네덜란드에서도 칼뱅주의가 인기를 얻어 국가교회로 발전했다.

- 장 칼뱅. 16세기 유럽에서 일어난 종교개혁을 주도한 인물로, 그의 기독교 사상은 후대까지 큰 영향을 끼쳤다.
- 로마가톨릭교회의 교리와 전통을 비판하며 등장한 종교개혁을 통해 프로테스탄트라 불리는 교파가 생겼다.

《기독교 강요》라는 명저

1536년에 장 칼뱅은 《기독교 강요(Institutes of the Christian Religion)》를 출판했다. 이 책은 개혁교회 시각에서 기독교의 진리를 체계적으로 서술한 것이다. 한마디로, 칼뱅의 신학적 특징은 성경 중심의 신학(sola scriptura)을 강조한 것이었다.[2] 언제나 그는 "종교 회의라든가 여러 논쟁에서 최종적인 심판자는 성경이다. 성경이야말로 모든 문제에 있어 최고 권위를 가진다"(《기독교 강요》, 1.7.4)라고 주장했다.

칼뱅의 신학을 짧게 요약해보겠다. 우선 정치는 장로를 중심으로 이뤄져야 한다고 했다. 따라서 당회, 노회 또는 총회의 역할이 중요하다. 또, 사회란 하나님의 주권이 실현되는 영역이라고 했다. 이를 토대로 네덜란드 신학자 아브라함 카이퍼는 '영역 주권 사상'을 전개했다. 카이퍼는 실제로 네덜란드 정치에 참여해 지도적인 역할을 했다.

경제 분야에 관한 칼뱅의 신학적 이해는 매우 독특해 자본주의 발전에 기초가 되었다는 평가를 받는다. 그는 예정론을 펼쳤는데, 그에 따르면 사람은 누구나 소명감을 가지고 정직, 근면, 절약을 실천하며 자신의 직업에 종사해야 한다. 이것이 곧 하나님의 영광을 드러내는 길이었다. 종교개혁의 시대인 16세기는 신분 사회로 상공업자에게 불리했는데, 칼뱅은 '직업 소명설'을 통해 그들을 힘껏 응원했다. 이에 고무된 상공업자들이 직업 활동에 힘써 근대 자본주의를 발전시키고 산업사회를 선도하는 결과를 낳았다.

칼뱅은 문화관도 독특해, 하나님의 주권이 세상의 문화를 변혁하는 힘이라고 보았다. 후세는 이를 변혁적 문화관이라고 한다.

이상에서 약술한 것처럼 칼뱅은 모든 신자가 정치, 사회 및 문화적인 차원에서 변혁을 주도하는 능동적인 역할을 해야 마땅하다고 판단했다. 후세는 칼뱅의 여러 이론 가운데서도 그가 강조한 직업윤리에 막대한 관심을 가졌다.

직업윤리

이른바 '청교도 직업윤리'라고 알려진 것이 바로 이것이다. 오늘날에도 사회학과 경제학에서 자주 거론하는 개념이다. 개신교 신앙의 특질로 평가되기도 하는데, 개인의 정직 또는 규율을 강조하는 동시에 근면과 검소를 철칙으로 삼았다는 점이 눈길을 끈다.

1905년에 독일의 사회학자 막스 베버는 《개신교 윤리와 자본주의 정신》이란 책에서 개신교의 직업윤리 또는 가치관에 큰 의미를 부여했다.[3] 그는 칼뱅의 신학 이론 중에서도 금욕주의와 예정론 등에 주목해, 그것이 근대 자본주의의 출현과 발전을 촉진했다고 주장했다. 칼뱅을 따르는 개신교 신자들은 물질적 성공이 곧 하나님이 인간에게 약속한 구원을 실현한 것으로 이해했다. 17~18세기에는 유럽 여러 나라 중에서도 영국과 네덜란드가 가장 경제적으로 번영을 누렸다. 그 사회의 중심에는 칼뱅을 신봉하는 개신교, 특히 청교도가 있었다. 그런 사실로 말미암아 막스 베버의 이론을 지지하는 이가 많았다.

요컨대 칼뱅은 성직자만 하나님의 소명(召命, 신의 부름)대로 근면하게 봉사하는 것이 아니라, 모든 신자가 아무리 미천한 직업을 가지고 있더라도 그 임무에 헌신함으로써 하나님의 뜻을 지상에서 이룩해야 하는 고귀한 소명이 있다고 주장했다. 막스 베버는 그처럼 간단하게 표현될 수도 있는 칼뱅의 신학 이론이 유럽의 역사를 크게 바꾸었다고 판단했다.

나. 칼뱅의 이론과 산업사회는 무관하다는 반론

자본주의 또는 산업사회는 칼뱅의 신학과 아무런 관계가 없다는 주장도 많다. 대표적인 인물이 현대 프랑스의 역사가 페르낭 브로델(Fernand Braudel, 1902~1985)이다. 브로델은 개신교의 노동 윤리에서 자본주의가 움튼 것이 아니라고 역설했다. 그가 연구한 바에 따르면, 초기 자본주의는 종교개혁이 일어나기 전에 존재했다. 그는 중세 가톨릭 공동체에서 자본주의 맹아가 발전했다고 말했다. 그런 주장을 여기서 상세하게 설명할 겨를은 없으나, 브로델이 막스 베버의 주장을 가리켜 실증적이지 못하다고 비판한 사실이 흥미롭다.[4]

사실 막스 베버는 자본주의야말로 인류가 도달한 최종적인 경제발전 단계라고 했다. 즉 자본주의는 약속의 땅이며 진보의 최종적인 상태라는 것이다. 베버는 자본주의라고 하는 경제체제가 취약하지도 않고, 일시적 현상으로 그치지도 않을 것이라고 확신했다.

그러나 브로델의 역사적 판단은 달랐다. 그는 현대에 이르러 '자본주의의 죽음'이 일어날 수 있다고 했다. 또는 경제체제에 일련의 연속적 변화가 일어날 수 있다고 했다. 브로델은 우리 시대에 이미 자본주의가 격변하는 중이라고 판단했다. 막스 베버의 확신과는 달리 자본주의 또한 역사 발전의 최종 단계가 될 수 없다는 주장이다.

슘페터의 반격

오스트리아의 정치경제학자 요제프 슘페터(Joseph Schumpeter, 1883~1950) 역시 개신교와 자본주의의 관계를 부인했다. 슘페터는 자본주의가 처음으로 출현한 곳은 개신교 지역이 아닌 데다 종교개혁 이전이었다는 점을 강조했다. 그는 14세기 이탈리아에서 자본주의가 일어났다고 했다. 《자본주의, 사회주의 및 민주주의(Capitalism, Socialism and Democracy)》라는 저서에서 슘페터는 자본주의의 기원을 상세히 논의했다.[5] 그에 따르면, 자본주의는 경제체제라기보다는 혁신과 기업가 정신을 바탕으로 펼쳐지는 역동적 과정이었다.

알다시피 14세기 이탈리아 북부의 여러 도시에서는 혁신에 대한 열의와 기업가 정신이 널리 퍼져 있었다. 제네바와 밀라노 및 베니스(베네치아) 등에서 상업과 금융업이 크게 발전했고, 새로운 기업가 정신도 목격되었다. 슘페터는 그 당시 이탈리아 상인과 은행가들은 새로운 사업 방식을 창안했고 금융 방식도 혁신하여 경제적 번영을 이루었다고 평가했다. 그는 이야말로 자본주의 발전에 중요한 공헌이었다고 주장했다.

"기업가 정신"과 "혁신" 및 "자본 축적"이란 관점에서 슘페터는 자본주의의 등장을 설명했다. 이를 간단히 설명하면 다음과 같다. 먼저 기업가 정신에 관하여 알아보면, 14세기 이후 이탈리아 상인들은 새로운 시장을 개척하고 혁신적인 제품과 서비스를 제공하였다. 이로써 당대 경제에 큰 활력이 생긴 것은 어김없는 사실이었다.

다음은 혁신인데, 슘페터는 그것이 자본주의의 본질적 요소라고 했다. 기술적 혁신뿐만 아니라 새로운 사업 방식을 고안하고 조직 형태를 혁신하는 것까지 모두 포함된다. 슘페터는 이탈리아의 상업적 혁신은 이로써 자본주의 발전에 이바지했다고 강조했다.

끝으로 자본 축적도 중요하다. 이탈리아 상인들은 교역을 통해 자본을 축적했는데, 이러한 사업 방식이 점차 유럽 전역으로 퍼져 자본주의가 제대로 발전했다. 이것이 슘페터의 설명이다.

요제프 슘페터. 오스트리아의 정치경제학자로 개신교와 자본주의의 관계를 부인했다.

이러한 그의 학설은 자본주의의 역사적 기원을 이해하는 데 중요한 시사점을 제공한다. 요컨대 자본주의는 하나의 경제 현상에 국한된 것이 아니라, 사회 문화적 맥락 속에서 오랫동안 꾸준히 발전해온 복합적인 시스템이라는 것이다.

슘페터의 역사적 통찰에는 주목할 점이 있다. 민주주의는 자본주의와 거의 동시에 태어났고 사상적으로도 서로 긴밀히 연결되어 있으므로, 민주주의의 성장에 대해서도 똑같은 관점에서 설명할 수 있다. 사회를 주도하는 세력으로 성장하기 위해 민주주의자들은 정치제도의 변화를 추구했고, 그 덕분에 부르주아지는 그들에게 유리한 사회정치적 구조를 재편했다. 또, 부르주아지의 관점에서 그런 제도의 등장을 정당화했다. 이른바 민주적 방법이란 그러한 부르주아적 개혁을 돕는 정치적 도구로 활용되었다.

오늘날 학계에는 슘페터의 주장에 동감을 표하는 이가 많다. 다수의 거시경제학자는 막스 베버가 주창한 프로테스탄트 윤리와 자본주의 정신이 중세의 창안품이라고 주장한다. 14세기 이전에 이탈리아 수도원에서 처음으로 나타났다는 것이다.

현대 역사가들의 비판

1930년대 이후 서구 역사학계는 막스 베버의 프로테스탄트 윤리설에 대해 비판을 쏟아냈다. 1950년대까지 그러한 논조를 뒷받침하는 연구서가 쏟아졌다고 해도 과언이 아니다. 그 현상을 대표하는 저작이 스웨덴의 커트 사무엘슨(Kurt Samuelsson) 손에서 탄생했다. 사무엘슨은 1957년 스웨덴어로 출간되고, 1961년 영역본으로 발간된《종교와 경제 행동: 개신교 윤리, 자본주의 발흥, 학문의 남용》에서 산업자본

주의의 출발점은 종교개혁보다 앞선다고 했다.[6]

영국의 경제사학자 터니(R. H. Tawney)는 《기독교와 자본주의의 발흥》에서 칼뱅이 설파한 기독교 직업윤리가 실제로는 가톨릭의 영향 아래 생긴 것이라고 했다.[7] 그는 칼뱅과 자본주의 정신의 관계를 인정하면서도 기업활동과 부의 증식에 대한 칼뱅의 태도가 가톨릭교회의 전통을 수용한 것이라고 분석했다.

이어서 현대 영국의 역사학자 피터 마셜(Peter Marshall)은 칼뱅 추종자가 많은 지역에서 자본주의가 발달하지 못한 점을 지적했다. 스코틀랜드의 청교도는 자본주의와는 동떨어진 모습을 보였다는 사실을 강조한 것이다. 알다시피 스코틀랜드 경제는 영국(England)보다 항상 낙후되어 있었다.[8]

그와 비슷한 관점에서 19세기 후반 근대 독일의 산업화를 검토한 연구자도 있었다. 토마스 크나프는 독일에서 근대산업이 가장 발달한 라인-루르 지방과 슐레지엔을 예로 들며, 두 지역은 모두 가톨릭 지역이지만 산업 발달의 선구였다는 점을 상기시켰다.[9]

로드니 스타크 등의 새로운 비판

미국의 종교사회학자 로드니 스타크는 북유럽에서 자본주의가 역동적으로 발전했다고 주장했다. 그는 그처럼 선구적인 도시는 상당수가 가톨릭 지역에 있었다고 했다. 이른바 한자동맹에 속한 여러 도시에서 자본주의적 색채가 강하게 나타났으며, 이와 같은 현상은 종교개혁이 일어나기 훨씬 오래전에 일어났다고 한다. 따라서 막스 베버처럼 개신교 윤리와 자본주의의 발생을 관련짓는 것은 위험하다고 경고했다. 개신교 신자가 가톨릭 신자보다 더욱더 자본주의적 성향이라고 확신하는 것은 잘못이라는 이야기이다.

로드니 스타크는 개신교가 자본주의를 촉발했다는 이론은 신화에 불과하다고 했다. 그는 종교개혁 이후 개신교가 과학의 발전과 자본주의의 탄생을 가능하게 만들었다는 통설은 거짓이라고 했다. 개신교로 말미암아 개인주의가 발흥하였고, 그 영향으로 세속화가 전개되었다는 주장 역시 한갓 신화에 지나지 않는다는 진단이다.[10]

2024년에 노벨 경제학상을 수상한 대런 애쓰모글루(Daron Acemoglu)도 슘페터 등의 반론에 합세했다. 애쓰모글루는 네덜란드와 영국 등 개신교 국가에서 근대적 경제가 융성한 것이 사실이라 해도, 종교와 경제적 번영 사이에 직접적인 상관성은 없다고 단언했다.[11]

과연 가톨릭 지역은 개신교 지역보다 산업 발전이 뒤졌다고 무조건 주장하기는 어렵다. 막스 베버도 인정한 바이지만, 종교개혁이 일어나기 오래전에 '상당히 발전된 형태의 자본주의가 유럽에 출현'한 것이 역사적 사실이다. 그런 사실을 토대로 종교개혁이 일어나기 전부터 산업자본주의가 융성했다는 주장이 나오는 것이 현실이다. 오늘날에는 다수 역사가가 종교와 자본주의는 아예 처음부터 무관하다는 견해를 내놓고 있다.

베버의 이론에 관한 반론의 문제점

수십 년 동안 쏟아진 반론에도 불구하고 개신교 윤리가 바로 자본주의 정신의 원천이라는 주장은 아직 살아 있다. 프랑스 역사학자 페르낭 브로델은 베버의 개신교 윤리설이 "허약한 이론"이라고 비판했지만, 자신이 베버의 주장을 완전히 제압하지는 못했다고 솔직히 인정했다. 중세 말기 북부 유럽의 여러 도시에서 상업과 수공업이 크게 발전하고 교역량도 증대한 것은 부정하기 어려운 사실이다. 그들은 과거에 북이탈리아 상공업자들이 지중해 중심으로 구축한 경제적 주도권을 빼앗는 데 성공했다. 그러나 르네상스 시기 북유럽에서 생산 기술이나 경영 및 관리라는 측면에서 과연 새로운 혁신이 일어났다고 볼 수 있을까? 특정 지역에서 상공업이 상당히 발전했다는 사실만 가지고 그것이 자본주의 또는 산업사회의 성장을 의미한다고 주장할 수는 없는 노릇이다.

중세 말기에 시장경제가 발전한 데는 여러 가지 요인이 작용했다. 그때 유럽에서는 해묵은 봉건제도가 쇠퇴하고, 왕권이 강화되었다. 또, 재산권이 확립되었으며, 흑사병이 유행하고 난 직후라 노동력이 부족해 실질 임금이 증가했다. 이와 같은 제반 조건이 맞물려 상업과 수공업이 전보다 발전한 것인데, 이를 가리켜 자본주의의 발흥이라고 주장하는 것은 무리이다.

오늘날 일부 학자는 종교와 자본주의가 무관하다는 주장을 펴기에 급급한 모습이다. 2009년에 그들은 30여 개 선진국을 대상으로 통계학적 연구를 했다. 그 결과 가톨릭 지역과 개신교 지역은 직업윤리상에 뚜렷한 차이가 없다는 점이 확인되었다. 가톨릭이든 개신교든 혹은 이슬람이든 어떤 종교도 자본주의 발전이나 본질과 아무 관계가 없다는 주장이 거듭되었다.

그러나 이미 자본주의가 팽배한 현대 사회에서 위와 같이 단순한 통계학적 연구를 통해 종교 간의 가치관을 검증할 수 있을까? 의미 없는 연구라고 주장하는 이도 많은 것 같다. 게다가 현대 사회에서는 종교적 세계관이 이른바 선진국 시민의 경제활동을 강력히 구속하거나 통제할 수 없지 않은가.

설사 백번 양보하더라도 막스 베버의 개신교 윤리설을 용도 폐기하기에는 시기상조이다. 아래에 서술하는 것처럼 미국의 개신교, 특히 청교도의 직업윤리는 자본주의 경제 발전, 특히 산업사회의 도래와 떼려야 뗄 수 없는 관련이 있었다. 미국 역사에 확연히 드러난 현상이다. 역사상 개신교처럼 범인의 직업에 관해 적극적으로 관심을 표명한 종교는 없었다. 그들처럼 세속적 금욕주의와 인생의 성공을 강조한 종교도 존재하지 않았다. 따라서 우리는 개신교의 직업윤리에 관해 구체적으로 살필 필요를 느낀다.

다. 칼뱅주의와 산업사회

현대에도 개신교 윤리는 개인에게 미치는 영향이 적지 않다. 예컨대 실업자의 심리에 관한 통계 연구를 분석해보면, 개신교 신자들은 실업 상태에 관하여 일반 시민보다 훨씬 더 부정적으로 인식한다. 그만큼 개신교 신자들에게는 직업이 소중하다는 뜻이다. 물론 이러한 연구 결과를 지나치게 일반화하는 것은 위험한 일이다.

나는 21세기 초에 독일 괴팅겐에 소재한 막스플랑크 역사연구소에 체류한 적이 있었다. 그때 서양의 여러 역사학자에게 들은 '신기한 이야기'가 떠오른다. 최근에는 어느 역사책에서나 쉽게 확인할 수 있는 내용이 되었지만, 20년 전에는 무척 낯선, 새로운 발견이었다. 근대 유럽에서 시민의 문해력이 종교에 따라 큰 차이를 보였다는 사실이다.

개신교는 신자들에게 성경을 읽으라고 강조했고, 가톨릭교회는 그렇게 하지 않았다. 결과적으로 양측의 문해력에 차이가 컸다. 주로 북유럽에 거주하는 개신교 신자는 문해력이 매우 높아 문맹이 거의 없

> 북유럽에 사는 개신교 신자들은
> 남유럽에 사는 가톨릭교회 신자들에 비해 문해력이 높고 교육을 중시했다.
> 개신교는 신자들에게 성경 읽기를 강조했기 때문이다.

었다. 그러나 남유럽에 살았던 가톨릭 신자들의 문해력은 무척 낮았다. 여기서 더더욱 중요한 것은 문해력의 격차가 여러 세대 동안 이어지자 지역 간 경제력에도 차이가 생겼다는 점이다.

개신교도는 문해력이 높았고, 교육도 중시했다. 그들은 연구의 자유를 보장하는 성향도 있었다. 이것이 자연스럽게 과학혁명을 낳았고, 나아가서 자본주의적 산업 발전의 원동력이 되었다. 이러한 사실을 인정한다면, 개신교 윤리가 자본주의 및 산업사회의 도래와 유관하다고 주장한 막스 베버의 이론은 틀린 것으로 볼 수 없다.

요컨대 개신교 윤리와 자본주의 정신 또는 산업사회는 서로 밀접한 관계가 있다고 볼 수 있다. 지금도 상당수 유럽인은 그들의 사회문화적 정체성을 개신교의 직업윤리에서 발견하고 있다.

직업윤리에 대한 성경의 가르침

개신교 직업윤리는 성경의 가르침에서도 확인된다. 직업은 개인의 이익이자 동시에 사회 전체에 이익이 되는 활동이며 신성한 의무라는 관점이다. 그러므로 누구든 자신의 직업에 항상 충실해야 마땅하다. 개신교 신자는 자신의 직업에 특별한 의미를 부여했다. 즉, 자신에게 주어진 신성한 역할이라는 것이다. 신자가 구원을 얻기 위해 직업에 종사하는 것은 아니나, 적어도 직업을 통해 세상 사람들에게 복을 줄 수 있다는 믿음을 가졌다. 근면과 검소를 몸소 실천한다는 것은 하나님이 자신에게 준 능력을 유감없이 발휘하는 것이라는 인식이다.

개신교 신자의 직업윤리를 뒷받침하는 성경 구절을 찾아보자. 《구약》의 〈출애굽기〉(20: 9)에는, "엿새 동안은 힘써 네 모든 일을 행할 것"이라고 기록되어 있다. 안식일을 제외한 엿새 동안 자신의 직업에 충실하라는 명령이다.

〈잠언〉에도 다음과 같은 구절이 있다. "네가 좀 더 자자, 좀 더 자자 하고 손을 모아 좀 더 누워 있자고 하니, 네 빈궁(貧窮)이 강도같이 오며"라고 하였다. (잠언 24: 33) 이 말씀은 무책임하게 게으름을 피우면 혹독한 가난에 빠진다는 경고다.

《신약》에는 관련된 내용이 더욱더 많다. 근면과 검소를 통해 경제적인 성공을 거두어야 한다는 가르침의 예를 들어보자. 예컨대 〈누가복음〉에는 다음과 같은 비유가 있다.

"어떤 주인이 장거리 여행을 떠나면서 열 명의 종을 불러 은화를 한 잎씩 나눠주면서, '내가 올 때까지 이것으로 장사를 하여라'라고 말했다."(〈누가복음〉 19:13)

그 당시 은화는 "미나"였는데 거액에 해당했다. 농부가 3개월 동안 일하여 얻는 수입이었다. 주인은 종들에게 목돈을 맡기고, 능력껏 굴려 큰 이익을 남기라고 주문한 것이다.

〈데살로니카 2서〉(3: 10~12)에는 다음과 같은 말씀이 있다.

"우리가 여러분과 함께 있을 때 '일하기 싫어하는 사람은 먹지도 말라'는 말을 여러분에게 종종 했습니다. 그런데 여러분 가운데는 게으르게 생활하며 아무 일도 하지 않고 남의 일에 참견만 하는 사람이 있다는 말이 들립니다. 우리는 주 예수 그리스도의 이름으로 이런 사람들에게 명령하고 권고합니다. 묵묵히 일해 제힘으로 벌어먹도록 하십시오."(〈데살로니카 2서〉, 3: 10~12)

길게 설명할 필요도 없이, 인용문에서 사도 바울은 누구든 일하지 않으면 먹지도 말라고 했다. 게으르고 낭비하는 생활습관을 지닌 사람을 꾸짖는 엄중한 경고였다.

칼뱅주의의 핵심

16세기에 개신교 윤리를 힘주어 강조한 이가 칼뱅이었다. 그는 줄곧 근면과 절약의 미덕을 강조했다. 신자들에게 타이르기를, 저마다 자신의 직업에서 최선을 다하고, 그렇게 하여 얻은 수익금을 절대 낭비하지 말라고 했다. 아울러 직업을 통해 얻은 수입을 최대한 절약하여 나날이 재산을 증식하라고 권고했다. 이러한 칼뱅의 가르침은 자본주의의 기본 원칙인 생산성 향상과 효율성 제고에 직결된다.

칼뱅은 세속적 직업을 신성시했다. 일반 신자가 종사하는 세속적 직업에도 하나님이 부여한 신성한 소명이 존재한다고 가르쳤다. 이로써 어떠한 직업을 가졌든 근면한 태도로 임하여 성공하는 것이 하나님의 가르침에 합당하다는 신념이 뿌리를 내렸다.

남들이 보기에는 보잘것없는 직업이라도 열심히 일함으로써 하나님의 뜻을 구현할 수 있다는 믿음이 생겨났다. 이러한 태도는 과거 가톨릭교회에서는 찾아볼 수 없는 것으로, 자본주의 사회의 발전에 원동력이 되었다. 칼뱅은 누구든지 자신의 경제활동을 정당화할 수 있는 신학적 근거를 제공했다.

바로 그러한 이론의 연장선에서 칼뱅은 소유권과 개인주의를 강화했다. 그는 개인의 소유권을 존중해 누구든지 자신의 재산을 관리하고 자유롭게 활용할 수 있는 권리를 부여받았다는 확신을 불어넣었다. 그리고 개인의 소유권은 신성한 것으로, 권력자라도 함부로 박탈할 수 없다는 신념이 생기도록 했다. 이는 자본주의 체제를 옹호하는 도덕적 기반이었다. 요컨대 개인은 경제활동의 자유를 누리는 것이 마땅하며, 그에 부응하여 기업가 정신을 갖게 되었다.

칼뱅은 소유권을 신성한 것으로 보면서도 윤리적 소비를 강조했다. 그는 투자의 윤리성에 대해서도 언급했다. 그가 판단하기로, 경제활동의 주 요소는 소비와 투자인데, 양자는 모두 도덕적 기준에 합당한 태도를 요구한다. 칼뱅의 이와 같은 사고방식은, 자본주의 사회에서 기업이 사회적 책무를 다해야 한다는 주장이 되었고, 경영 또한 윤리성을 추구하지 않으면 안 된다는 주장으로 이어진다. 기업 경영의 윤리 및 사회적 책무를 모두 중시하는 것이다.

달리 말해, 칼뱅의 직업윤리는 개인의 이기심을 충족하는 경제활동과는 거리가 멀었다. 그는 인간의 직업 활동 또는 기업 경영이 사회적 연대를 촉진하고 공동체 의식을 강화하는 수단이라고 판단했다. 개인의 직업적 성공이 곧 공동체의 발전과 불가분의 관계에 있다는 점이 그의 사고에서 발견된다. 흔히 생각하는 것처럼 자본주의 사회에서 기업은 수단과 방법을 가리지 않고 이윤을 극대화하면 그만인 것이 아니라는 견해이다. 기업은 사회적 책무를 다해야 하며 그 과정에서 지역사회의 발전에 이바지해야 마땅한 것이다.

칼뱅의 윤리는 현실적으로 많은 약점이 있는 자본주의를 무조건 합리화하는 것이 아니었다. 그는 근면과 절약을 강조하면서 직업이 신성하다는 점을 강조했다. 그리고 개인이 정당한 직업 행위를 통해 형성한 소유권에 관하여 하나님이 부여한 권리라고 인식했다. 이러한 칼뱅의 사상은 자본주의가 발전하는 데 중요한 사상적 토대를 제공했다.

현실에서 우리는 자본주의의 여러 가지 부정적인 점을 목격하지만, 자본주의 사회에는 긍정적인 측면이 많다. 그것은 모두 칼뱅이 강조한 윤리적 개념과 긴밀하게 연결되어 있다.

개신교의 토대 위에 꽃핀 미국의
민주주의와 산업화

17세기 후반 북미 대륙에는 미국이라는 새로운 공화국이 등장하였다. 자유를 찾아 이주한 개신교, 특히 청교도가 지배하는 사회였다. 신생국가 미국에서는 민주주의가 꾸준히 발전했고, 19세기 후반부터는 자본주의에 기초한 산업사회가 융성했다. 아래에서는 그 역사를 다섯 부분으로 약술하겠다.

첫째, 자유를 얻기 위해 미국으로 떠난 개신교 신자들이 우여곡절 끝에 민주공화국을 건설했다는 사실이다.

둘째, "미국의 국부" 중에서 청교도인 벤저민 프랭클린은 가장 사랑받는 인물이다. 그의 일생을 통해 청교도 신앙이 세속적 가치와 어떻게 결합했는지를 살펴보겠다.

셋째, 19세기에 미국은 산업사회로 급전환했다. 사람들은 물질적이고 세속적인 성공을 꿈꾸며 "프론티어 개인주의"에 사로잡혀 있었다. 그 점도 우리의 관심을 끈다.

넷째, 20세기 미국에서는 기업가의 황금기가 열렸다. 그때 강철왕 카네기와 석유왕 록펠러 등은 기독교의 덕목을 실천해 자선을 크게 베풀었다. 하지만 부자들의 그러한 노력에도 불구하고 사회문제는 더욱 심각해졌다. 이를 목격한 신학자 라인홀드 니버는 현실주의적 관점에서 문제를 해결하려고 했다.

다섯째, 20세기 후반 미국에서는 종교적 열정이 부활하였으나, 그런 가운데도 물질주의가 더욱 만연하였다. 절망감이 표현되는 가운데 기독교 우파는 정치 세력화하여 미국의 또 다른 특색을 이루었다. 그 점도 주목할 것이다.

한마디로, 수세기에 걸쳐 상당한 부침은 있었으나 개신교 윤리는 미국의 정치, 사회, 문화에 엄청난 영향력을 행사했다.

가. 자유를 찾아 미국으로 간 사람들

17세기에 영국을 떠나 북미 대륙으로 건너간 이들은 영국국교회(성공회)를 반대한 "분리주의자들(the separatists)"이었다. 메이플라워호를 비롯해 초기 이민선에 승선한 이들은 자신을 "청교도(puritan)"라고 일컫지 않았다. 청교도란 호칭은 개신교 교리를 극단적으로 내세운다는 비판에서 비롯되었다. 그들은 로마가톨릭교회의 전통에서 벗어나 성경에 투철한 신앙생활을 추구했고, 금욕적인 성향이 뚜렷했다. 그들 대다수는 훗날 미국 침례교회의 구성원이 되었다.

이민자 가운데서 후세가 특히 주목하는 존재는 청교도였다. 그들은 낭비와 사치를 죄악시하고, 근면하게 생활했다. 본래 영국 중산층

- 1620년 잉글랜드 출신 청교도들은 영국성공회와의 갈등과 종교적 박해를 피해 신앙의 자유를 찾아 메이플라워호를 타고 미국 대륙으로 이주했다.

에 속한 사람들이었다. 그들은 권위와 전통을 부정하고, 삶의 기준을 성서에서 찾았으므로 영국국교회와 마찰했다. 성경만 신봉했으므로 칼뱅의 상속자라고 보아도 무방한 사람들이었다. 청교도의 일부는 영국에 남아 숱한 박해 속에서도 사회개혁을 꾀했다. 또 다른 이들은 미국으로 건너가 자신들의 종교적 이상을 실현하고자 했다.

신대륙 미국에서도 청교도 대다수는 지배층이 되었다. 그들은 교리에 집착해 "마녀사냥" 같은 불상사를 일으키기도 했다. 19세기 미국 소설 《주홍 글씨》에 나오는 끔찍한 광신도가 곧 청교도였다.[12]

청교도 존 윈스럽 - 매사추세츠 초대 총독

1630년에 청교도는 매사추세츠에 집단으로 정착했다. 그보다 한 해 전(1629년)에 그들은 영국 국왕 찰스 1세로부터 매사추세츠 만(灣) 회사에 관한 "특허장"을 받았다. 그에 따라 해당 지역의 토지를 소유하

는 것은 물론이고 그 지역에 대한 통치권까지 보장받았다. 이례적인 일이었다. 청교도는 왕정에 저항하는 경향이 있었으므로, 찰스 1세는 그들이 미국 땅으로 떠나기를 원하자 내심 환영하였다.

영국의 청교도는 성공한 사람들이었다. 지방 귀족도 많고, 의사와 변호사 등 전문직에 종사하는 이도 적지 않았다. 목사와 부유한 상인도 많았는데, 그들 중에는 케임브리지대학 출신이 많았다. 정확히는 이매뉴얼대학(Emmanuel College)에서 수학한 사람이 다수였다.

청교도가 영국국교회에 반기를 든 이유는 영국국교회가 가톨릭교회와 유사했기 때문이다. 1640년에 영국(잉글랜드)의 청교도는 스코틀랜드의 칼뱅주의자들, 즉 장로교 신자들과 함께 "청교도 혁명"을 일으켰다. 그때 그들은 찰스 1세를 처형했다. 그보다 10년 앞서 일부 청교도는 매사추세츠로 이주한 것이다.

미국으로 떠난 청교도 가운데 존 윈스롭(John Winthrop)이 있었다. 그는 매사추세츠의 초대 총독으로 선출된 인물이다. 본국에서는 장원을 소유한 영주였으며 치안 판사이기도 했다. 윈스롭 등은 아라벨라호 등 17척의 선박에 분승해 매사추세츠 찰스타운에 닻을 내렸다. 그 숫자는 1,000명쯤이었다. 이후 10년 동안 1만 8,000명이 매사추세츠로 이주했다.

선민사상과 직접 민주주의

윈스롭 등은 성경을 토대로 헌법을 만들었다. 매사추세츠에서는 오직 청교도만 참정권을 누렸으므로, 일종의 과두제(oligarchy)였던 셈이다. 그들 청교도는 마치 고대 아테네의 유산계층처럼 직접 민주주의를 실천했다. 그 배경에는 하나님과 인간 사이에 존재하는 "언약 (Covenant)"

이란 개념이 자리했다. 하나님 말씀에 순종하는 사람은 "언약한 축복(Covenant Blessings)"을 누리게 되고, 만약에 순종하지 않으면 "언약한 저주(Covenant Curse)"가 따른다는 식의 교리였다. 이는 칼뱅의 신학 이론이었다.

미국으로 이주할 때 윈스롭은 선상(船上)에서 중요한 설교를 했다. "왜 우리는 모든 것을 버리고 영국을 떠나 신세계로 가는가?" 그는 "언덕 위의 도시(A city on a hill)"를 세우기 위해서라고 대답했다. 〈마태복음〉(5:14)에 언급된 교회와 국가를 반드시 건설하리라는 의지를 표명한 것이다. 이것은 "사회적 언약(Social Covenant)"이라고 볼 수 있겠다. 매사추세츠 초대 총독 윈스롭은 "우리는 세상의 빛과 소금이어야 한다"라는 내용으로 설교하기도 했다. 성경에 근거해 개인의 도덕적 책임감을 강조하고, 공동체에 대한 개인의 의무를 망각하지 말라고 부탁한 것이다.

이와 같은 종교적 이상이 윈스롭 한 사람의 소망은 아니었다. 신대륙 미국에 발을 내디딘 이주민은 누구나 그와 같은 꿈을 가졌다. 그들은 〈신명기〉를 인용해 자신들의 소망을 표현할 때가 많았다. 먼 옛날 이스라엘 백성이 애굽(이집트)을 떠나 약속의 땅 가나안에 정착할 때를 회상하며 그들 자신이 바로 이스라엘 백성이라고 확신했다. 가나안에 들어가기 전에 이스라엘 백성이 모압 평원에서 하나님과 새로운 언약을 맺어 하나님의 백성답게 살기를 맹세하자 하나님이 사회적 축복(Covenant Blessings)을 약속했듯이 미국에 이주한 개신교 신자들은 하나님과 새로운 언약을 맺는 분위기였다. 특히 윈스롭을 비롯한 청교도는 "선민(選民)사상"에 젖어 자신들만이 정부를 운영함으로써 과두정치를 시행했다. 그들의 직접 민주주의는 이처럼 특별한 신앙적 배경에서 탄생했다.

매사추세츠에서 청교도는 선거를 통해 총독, 부총독과 행정관을 뽑았다. 그들은 "총회"에서 주요 현안을 논의했는데, 1년에 네 차례쯤 회의를 열었다. 1634년부터 인구가 많이 늘어났고 곳곳에 새로운 정착지도 많아졌다. 그러자 읍(town)마다 주민 대표를 2명씩 선출해 총회로 파견했다. 이제 대의기구가 등장한 것이다.

그 당시 읍에서는 "민회(town meeting)"를 만들어 고대 그리스의 도시국가 아테네처럼 직접 민주제를 시행했다. 매사추세츠 주민에게는 읍이 가장 중요한 단위였다. 그들은 신앙생활에 가장 큰 관심을 가졌으므로, 읍의 규모를 인위적으로 조정했다. 한 사람의 목사가 목회하기에 적합한 규모, 즉 50가구에 주민 60명 정도를 기준으로 읍을 편성했다. 그 면적은 대략 36제곱마일이었다.

읍의 주민은 모두 자유인이었으며 경제적으로 자립을 유지했다. 그들은 교육과 방위 등 주요한 안건이 있을 때마다 민회에 출석하여 투표로 처리했다. 매년 최소 1회 이상 민회를 열었다.

선민사상에 대한 비판

청교도의 선민사상에 거센 비판이 일어나기도 했다. 로저 윌리엄스(Roger Williams) 목사가 그 포문을 열었다. 케임브리지대학 출신이었던 그는 과격한 사상을 가졌다는 이유로, 청교도 모임에서 축출되었다. 1631년에 윌리엄스는 매사추세츠 세일럼에서 목사로 재직했다.

그는 종교와 정치는 완전히 분리되어야 한다고 확신했다. 또, 청교도가 아닌 다른 교파 사람들도 참정권을 가져야 한다고 주장했다. 놀랍게도 윌리엄스는 미국에 정착한 백인들이 인디언의 토지를 불법으

- 퀘이커교도였던 앤 허친슨 여사.
  청교도의 선민사상을 강력하게 비판했다.

로 약탈하였다며 비판했다.

1635년에 매사추세츠의 청교도는 총회를 열어 윌리엄스 목사를 추방했다. 그 이듬해(1636년) 윌리엄스는 자신을 따르는 신자들과 함께 남쪽으로 이주하여 로드아일랜드를 건설했다. 그들은 다른 교파 사람들까지 적극적으로 수용해 새로운 사회를 건설했다.

퀘이커교도인 앤 허친슨(Anne Hutchinson) 여사도 청교도의 선민사상을 통렬히 비판했다. "신의 은총은 모든 사람에게 똑같이 내린다." 이것이 그녀의 신앙이었다. 누구든지 자신의 마음속에서 들려오는 하나님의 목소리(양심)를 듣고 그에 따라 행동하면 영적 구원을 얻을 수 있다는 것이 허친슨의 신앙이었다. 이는 청교도의 예정설이나 언약설과는 판이한 것이었다.

퀘이커는 성직자의 권위를 인정하지 않았고, 통치자의 권위까지도 부정했다. 그들은 아나키즘을 신봉했다고 볼 수 있다. 1637년에 허친슨과 그를 따르는 82명은 이단으로 낙인찍힌 채 매사추세츠를 떠났다. 그들 대부분은 신앙의 자유를 찾아 로드아일랜드로 이주했다.

청교도의 특별한 교육관 - 하버드와 예일대학교

청교도는 세상을 잘 보살피라는 하나님의 명령을 "문화 명령"으로 인식하고, 이를 철저히 수행하는 데 힘을 쏟았다. 그들은 문화와 과학의 본질을 탐구하는 것이 신자의 마땅한 도리라고 믿었다. 이러한 관점은 중세 가톨릭교회와는 완전히 다른 것으로, 17세기에 일어난 과학혁명의 추진력이었다. 나아가 18세기에 영국에서 시작된 산업혁명의 계기를 마련한 것으로 볼 수도 있다.

앞에서 살핀 것처럼 오늘날에는 청교도 신앙이 과학혁명이나 산업혁명과 무관하다고 주장하는 역사가가 많다. 그것은 잘못된 생각이라고 본다. 아래의 설명을 경청하기 바란다.

청교도는 "오직 성경"을 중요시했으므로, 신자는 누구든지 문해력을 가져야 한다고 보았다. 그들의 스승 칼뱅은 거기에 그치지 않고, 세속의 각종 학문에도 깊은 관심을 기울여야 한다고 주장했다.

"주께서는 우리가 물리학, 변증법, 수학 등 여러 학문 분야에서 경건하지 못한 사람들(즉 세속의 학자들)의 활동과 수고를 통해 도움받기를 원하신다. 값없이 베푸시는 하나님의 이러한 선물을 무시하지 말라. 나아가 우리의 게으름 때문에 장차 형벌을 받는 일이 없도록 그러한 도움을 제대로 활용해야 한다."[13]

칼뱅은 세속의 여러 학자에게 학문을 잘 배우라고 부탁했다. 그것이 곧 하나님의 "문화 명령"이라는 말이었다. 여기서 알 수 있듯, 청교도는 종교적 열정보다는 이성을 중시하는 태도를 지녔다. 그들은 교회의 오랜 전통보다는 합리적이고 논리적인 인식과 다양한 학문을 적극적으로 탐구했다.

미국에 정착한 청교도는 성경 공부에 힘쓰는 외에도 세속의 다양한 학문을 힘껏 연구했다. 1647년 매사추세츠 총회는 읍마다 교사를 한 명씩 배정하고, 100가구를 초과하는 대읍(大邑)에는 "문법학교"를 창립했다. 이는 나중에 공립학교(public school)로 발전했다.

어떻게 하면 훌륭한 교사와 목사를 해마다 양성할 수 있을까? 이 문제의식이 공감대를 얻었으므로, 1636년에 매사추세츠 총회는 하버드대학교를 설립했다. 교과 과정은 본국의 케임브리지대학교를 모방했다. 설립 취지문에서 "우리 목사들이 죽은 다음에 우리 자리를 무식한 목사들이 차지하게 될지도 모른다는 두려움에서 이 대학을 세운

> 청교도는 목사를 양성할 목적으로
> 하버드대학교를 설립했으나 점차 세속 학문에 힘쓴 결과
> 세계 최고의 대학으로 성장했다.

다"라고 명기했다는 사실만 보아도 미국 청교도가 신학과 더불어 세속 학문을 얼마나 중요시했는지 알 수 있다.

청교도가 창립한 대학교들은 나중에 미국이 강대국으로 성장하는 데 공헌했다. 위에서 언급한 하버드대학교와 예일대학교가 특히 그러했다. 두 대학교는 목사를 양성하는 것이 주된 목적이었으나, 차츰 세속 학문에 힘써 세계 최고의 학술기관으로 성장했다. 하버드대학교 창립을 회상하며 한 청교도는 다음과 같이 서술했다(1643년).

하나님께서 우리를 무사히 뉴잉글랜드(미국)로 데려다주시자 우리는 집을 짓고, 생필품을 조달하고, 하나님께 예배드리기 편한 교회를 세우고, 시민 정부를 만들었다. 그런 다음에 우리는 간절히 바라고 또 간

절히 구하기를, 학식을 증진하고 그것을 대대로 자손에게 물려주고자 했습니다.

청교도 교육에도 약점이 있었다. 초창기 미국 학교에서는 공립이든 사립이든 모두 성경을 중심으로 신앙과 도덕을 가르치는 데 중점을 두었다. 자연히 미국 사회는 개신교 신앙을 바탕으로 발전했다. 그로 인해 미국인은 당시의 차별적인 악습을 비판하고 새로운 사회 제도를 모색하기보다는 기존 질서에 순응하는 사람들이 되었다. 가령 미국인은 원주민과 흑인 노예에 대한 사회적 차별을 순순히 받아들였다.[14)]

공화주의자들

청교도를 비롯해 미국 이주민은 본래 공화주의자가 대다수였다. 그들은 본국(영국)의 폭정이 계속되자 정치적으로 반감을 품었다. 1765년 존 애덤스가 〈교회법과 봉건법에 관한 논문〉에서 주장했듯, 초기 이주민들은 영국의 전제적 통치에 불안과 공포를 느꼈다. 특히 청교도는 본국에 있었을 때부터 칼뱅의 가르침에 따라 왕권을 제한하고자 했으므로, 본국의 왕정에 대한 불만이 더욱 많았다. 그들은 17세기 유럽에서 유행하던 왕권신수설도 강력히 반대했다.

그들은 영국 왕의 압제에서 벗어나기를 꿈꾸며 "미국혁명(독립전쟁)"을 일으켰다. 그 이론적 기반이 공화주의와 사회계약설이었다. 공화주의라면 칼뱅의 신학적 노선에 일치하는 것이요, 사회계약설은 선구적 사상가인 존 로크의 영향을 받은 것이었다. 그들이 영국의 지배에서 벗어나자 "모든 사람은 평등하므로 자유롭다"라고 선언한 것은 사회계약설로 유명한 철학자 존 로크. 그의 저서는 미국혁명뿐만 아니라 여러 사상가에게도 영향을 미쳤다.

당연한 일이었다.

미국혁명 당시 개신교는 미국의 시민종교였다. 그 신앙과 공화주의 또는 미국혁명은 이념적인 공통점이 있었다. 인간의 본성에 대한 이해라든가 자유와 이상사회를 향한 열망, 또는 공적 윤리를 강조하는 점에서 개신교 신앙과 공화주의 정치사상은 일치했다. 그러므로 미국인은 종교적 개념과 수사를 동원해 그들이 "타락한" 영국 왕정보다는 훨씬 우월한 정치공동체를 가지고 있다며 자부심을 표현했다.

목사들은 설교를 통해 식민지 상태에 있던 주민들에게 미국에 대한 애국심을 고양했다. 애국심을 행동으로 표현하도록 고무하는 데도 열성이었다. 목사들은 금식일 등 종교적으로 특별한 날이 되면 본국(영국)은 악의 편, 식민지 미국은 선한 존재라고 주장하면서 이제는 영적, 정치적인 결단을 내려야 한다고 주민을 선동했다. 아울러 설교를 통해 사악하고 부패한 본국을 물리치라고 혁명군 대열에 나선 병사들의 사기를 북돋웠다.

개신교는 시민종교로서 미국인들이 공동체라는 뚜렷한 정체성을 확립하는 데 이바지했고, 시민에게 열정적인 애국심을 고취하는 데 성공했다. 그러나 미국을 하나로 '통합'하는 데 미치지는 못했다. 종교적 열정과 이념적 정의감이 너무 컸던 나머지 미국혁명에 참전하지 않는 사람들을 증오했다. 심지어 그들을 시민공동체에서 축출하기를 부추기는 등 사회적 분열을 키웠다.[15]

요컨대 미국혁명은 청교도를 비롯한 개신교 신앙으로부터 큰 영향을 받았다. 오늘날에는 미국 건국과 기독교는 무관하다고 주장하는 학자들도 적지 않으나, 그것은 미국혁명의 본질을 제대로 이해하지 못한 결과이다. 미국인 다수는 영국국교회가 상징하는 국가교회를 부정하였고, 개인의 신앙과 양심에 따른 종교적 자유를 실천했다. 알다시피 개신교는 "자유 의지"를 강조하는 경향이 컸으므로, 무슨 행동이든 그에 대한 개개인의 책임을 강조했다. 이로부터 금욕적 윤리관이 나타났으며, 특히 식민지 미국에서는 왕정 타파와 공화정 수립으로 이어졌다.

미국인들은 본국과 전쟁까지 불사해 마침내 정치적 간섭을 벗어났다. 그들은 국가를 창건하고, 개신교 교리를 바탕으로 개인주의를 옹호하고, 시민의 삶을 간섭하지 않는 "작은 정부"를 채택했다. 이로써 미국은 인류 역사에 새 장을 연 것이다.

리처드 백스터의 직업윤리

17세기 미국 청교도에게 정신적으로 가장 큰 영향을 준 신학자는 리처드 백스터(Richard Baxter, 1615~1691)였다. 그는 시인이자 찬송가 작가요, 청교도 신학자였다. 미국으로 이주하지는 않았으나, 저술을 통해 영향력을 행사했다. 백스터의 신학 이론은 "칭의론"과 "성화론"이 대표적이다. "보편구원론"을 지지하고 "제한속죄론"을 거부하여 신학적으로 큰 논쟁을 일으켰다. 여기서는 신학적 측면에 관한 상세한 논의는 그만두고, 청교도 직업윤리에 관한 주장만 간단히 소개하겠다.[16]

백스터는 현실을 중시해, 직업에 관해서도 세부적으로 거론했다. 가령 그는 직업을 다음 세 가지로 나누었다.

첫째, 지주라는 직업이 있다. 백스터는 지주가 임대료를 높게 책정하는 것은 잘못이라고 했다. 지대가 높아지는 원인이 지주의 사치 때문이라고 비판하며, 지대를 최대한 낮추라고 요구했다.

- 미국 청교도에게 정신적으로 가장 큰 영향을 미친 신학자 리처드 백스터.

둘째, 종업원 또는 노동자라는 직업이다. 그들이 하는 일은 비교적 간단하고 쉬운 일이므로 높은 대가를 요구하지 말라고 했다. 오직 하나님을 기쁘게 하는 삶을 추구해, 자신의 영혼도 구제하고 주인을 성실하게 섬기는 데 힘쓰라고 했다. 함부로 불평하지 말고, 항상 정직하라고 부탁했다.

셋째, 상인이라는 직업이다. 매매와 계약을 할 때면 신앙과 정의를 기준으로 이웃을 사랑할 것이며, 자신의 이익만 따르지 말라고 했다. 상행위도 하나님의 율법에 따라야 한다는 것이다.

직업 선택에 관해서도 백스터는 세 가지를 강조했다.

첫째, 하나님의 부르심이 있어야 한다는 점이다. 목회자도 세속의 직업을 가질 수 있으며, 은둔생활을 하지 말라고 했다. 세속의 직업은 무척 중요한 것이므로, 부자라 해도 게으름 피우지 말고 하나님의 부르심에 따라 항상 근면해야 한다는 것이다.

둘째, 직업은 주의 깊게 선택해야 한다고 했다. 어떤 직업을 선택할지 망설여질 때는 공공에 이익이 더 많이 되는 직업을 선택하라고 충고했다. 교사가 되는 편이 공장 근로자가 되거나 술집 종업원이 되는 편보다 우선이라는 식이었다.

셋째, 직업으로 부르심에 따른다면 누구든지 자신의 직업에 최선을 다해야 한다고 했다. 게으름은 가장 큰 죄악이기 때문에 안식일 외에는 날마다 이마에 구슬땀을 흘리며 일해야 한다고 했다. 시간 낭비는 도둑질이나 다름없으므로, 장차 하나님의 심판을 받을 것이라고 경고했다.

청교도의 직업윤리

미국의 청교도 목사는 세속의 직업을 존중했으며, 신자들에게 금욕적인 태도의 중요성을 강조했다. 그들은 무절제한 향락과 사치성 소비를 죄악이라고 비판했다. 이처럼 그들은 금욕주의적이었다. 그러면서도 정당한 이윤을 추구하는 것은 잘못이 아니라고 믿었다. 한걸음 더 나아가 하나님이 그러한 이익을 바란다고 설교했다. 그런 점에서 중세 가톨릭교회 신부들이 강론한 것과는 큰 차이를 보였다. 요컨대, 청교도는 재화 획득 자체를 부도덕한 일로 치부하기는커녕 이를 권장하는 분위기였다.

탐욕스럽게 재화를 축적하려는 태도는 죄악으로 간주하면서도, 청교도는 개인이 직업을 통해 얻은 재부(財富)는 청부(淸富) 또는 하나님의 축복이라고 여겼다. 이러한 청교도의 경제 관념은 인간의 충동적 소유욕을 부정하는 가운데 자본주의에 관한 독특한 윤리를 구현한 셈이었다. 이를 달리 표현하면, 금욕적인 생활을 통해 자본을 형성하는 것이 미덕이라고 하는 새로운 가치관이 등장했다고 볼 수 있다.

직업을 통해 획득한 재물을 낭비하지 않고, 생산에 재투입하는 방식으로 투자자본을 늘리는 삶이 종교적 관점에서 보아도 매우 훌륭하다는 사고방식, 이것이 청교도의 인생관이었다. 그러므로 17세기 이후 미국에서는 청교도와 함께 자본주의가 급속도로 발달했다. 장차 대규모 공장제와 함께 산업사회가 도래하리라는 전망은 당연했다.

그럼 이상에서 살핀 바를 요약해보자. 17세기 이후 미국에서는 청교도적 가치관이 유행했고, 그 결과 귀족 태생보다 자수성가한 평민을 윤리적으로 더욱더 높이 평가하는 현상이 나타났다. 가난한 집안에서 태어나 온갖 고난을 이기고, 드디어 훌륭한 성품과 능력을 발휘해 자립 기반을 조성하고 나아가 크게 성공한 인물이 존경받는 사회적 분위기였다. 청교도의 직업윤리가 미국 사회에 뿌리를 깊이 내리자 미국은 유럽의 여러 나라와는 확연히 구별되는 역동적인 나라, 빠르게 발전하는 나라가 되었다.

나. 청교도 벤저민 프랭클린 - 사랑받는 "미국의 국부"

"미국의 국부(Founding Fathers of the United States)"란 미국 혁명기의 위인을 가리킨다. 그중에서도 후세에 가장 사랑받은 인물이 벤저민 프랭클린(Benjamin Franklin, 1706~1790)이다. 오늘날에도 프랭클린의 정신이 곧 미국의 정신이라고 호평하는 이가 적지 않다.

프랭클린은 18세기의 계몽사상가로서 미국이 아직 영국의 식민지였을 때 자치권을 획득하려고 영국 관리들과 토론을 벌였다. 나중에는 토머스 제퍼슨과 함께 〈미국독립선언서〉(1776)를 기초하기도 했다. 1778년, 미국혁명이 일어나자 외교 무대에 올라 프랑스의 경제 군사적 원조를 얻어냈다. 이윽고 혁명이 성공해 영국과 종전 협상이 열렸을 때 미국 대표로 회의에 참석해 13개 주의 독립을 쟁취했다(1782). 그리고 나서 미국 헌법의 초안도 만들었다(1787). 그는 신앙심이 깊었으므로 헌법에 기도에 관한 조항을 넣으려고 노력했는데, 반대하는 목소리가 커서 뜻을 이루지 못했다. 다른 한편으로, 과학에도 조예가 깊어 번개란 전기 현상임을 실험으로 확인하고 피뢰침을 발명했다. 이로써 인류 문명의 발전에 크게 공헌했다.

프랭클린은 젊은 시절부터 남다른 모습을 보였다. 1726년에는 자

- "미국 건국의 아버지"로 불리는
  벤저민 프랭클린

신의 미래를 설계하며 〈인생 설계〉를 작성했다. 스물한 살 때의 일이었다. 놀랍게도 노년에 이르도록 한결같이 그대로 실천에 옮겨 세상을 놀라게 했다. 〈인생 설계〉에는 다음 13가지 덕목이 기록되어 있었다. 절제, 침묵, 질서, 결심, 절약, 근면, 진실, 정의, 중용, 청결, 침착, 순결, 겸손.

프랭클린은 매주 13개 덕목 가운데 하나를 선택해 집중적으로 실천했다고 한다. 해마다 네 번씩 반복해 위의 덕목을 빠짐없이 지켰다는 사실이 놀랍기만 하다. 과연 청교도다운 삶이었다. 프랭클린은 후세에 많은 격언을 남기기도 했는데, 가장 유명한 말은 "오늘 할 일을 내일로 미루지 말라"이다.

미국인의 필독서 《프랭클린 자서전》

그는 생전에 자서전을 쓰기도 했다. 그의 자서전은 오늘날까지도 미국인의 필독서로 손꼽힌다. 자서전을 펼쳐보면 프랭클린의 청교도 신앙이 솔직하고 상세하게 서술되어 있다.

> 나는 장로교회의 일원으로 경건한 가르침을 받으며 자라났다. 하나님이 살아계신다는 점, 하나님이 세상을 창조했고 그의 섭리대로 세상이 다스려지고 채워진다는 점, 영혼은 없어지지 않는다는 점, 모든 악행은 살아서든 죽어서든 반드시 그 값을 치른다는 점을 나는 의심한 적이 없다. 비록 공식적인 예배에는 참석하지 못할 때가 있었으나, 나는 필라델피아에 있는 유일한 장로교회를 위해서, 즉 목사님과 회중을 후원하기 위해서 규칙적으로 헌금하는 것은 한 해도 빠뜨리지 않았다.

프랭클린의 조상들은 영국국교회를 반대한 청교도였다. 그들은 고난을 겪다 못해 1682년에 미국으로 이주했다. 정확히는 그의 아버지와 큰아버지가 이민선을 탄 것이었다. 프랭클린은 보스턴의 가난한 집안에서 열일곱 자녀 중 열한 번째로 태어났다. 그의 아버지는 아들 가운데 한 사람은 목사로 키우겠다는 바람으로 나이 어린 프랭클린을 '문법학교'에 입학시켜 라틴어를 가르쳤다.

그러나 집안 형편이 너무 빈곤해 입학한 지 2년 만에 프랭클린은 학교를 그만두었다. 그는 아버지를 도와 양초를 만들었다. 그러다가 열두 살이 되었을 때 이복형 제임스가 경영하던 인쇄소에서 수습공으로 일하기 시작했다.

어린 시절부터 프랭클린은 책 읽기를 좋아했고 필력도 대단했다. 16세에 그는 〈뉴잉글랜드 신보〉라는 지역 신문에 "사일런스 덕우드 부인"이라는 필명으로 연재를 시작했다. 점차 관심 분야가 확대되어, 문학과 예술, 정치, 종교, 교육, 철학 및 과학까지 그의 붓이 미치지 않는 곳이 없었다.

스물한 살 때는 기술자와 기업인을 모아 토론 모임을 만들었다. 이 모임이 '미국철학회'의 전신이다. 조합 도서관도 만들었는데, 이 도서관이 발전해 필라델피아 도서관으로 자라났다. 1736년에 그는 열 효율을 개선하여 '오픈 스토브'를 발명하기도 했다. 그 밖에도 미국 최초의 보험회사인 필라델피아 화재보험을 창설하기도 했다. 프랭클린은 그야말로 다양한 분야에 정통한 만능 수재였다. 그가 청교도였다는 사실을 고려하면, 세속의 다양한 학문과 기술을 중시하고 합리적이고 이성적인 삶을 개척한 것이 우연은 아니었다는 느낌이 든다.

과학 발전과 산업화의 기수

1752년 프랭클린은 연(鳶)을 이용해 번개의 실체를 밝히는 실험을 했다. 그것이 전기가 방전하는 현상임을 증명하고, 그는 낙뢰로 인한 피해를 막을 수 있는 피뢰침까지 만들어 실용화에 성공했다. 번개 때문에 해마다 많은 인명과 재산이 손상되었던 사실을 고려할 때 피뢰침 발명이 갖는 의미는 굳이 설명할 필요가 없다.

전기의 양극에 대해 플러스(+)와 마이너스(-)라는 개념을 최초로 적용한 이도 프랭클린이었다. 영국 왕립협회와 프랑스 과학아카데미는 그를 정회원으로 받아들였다. 1780년 프랭클린은 어느 목사에게 보낸 편지에서 과학이 급속하게 발전하는 현실에 경이로움을 표시했다. 그는 과학의 진보에 기대를 걸었다.

프랭클린은 사업 감각도 뛰어났다. 1753년에 미국 최초로 우체국장에 임명되자 우체국 수를 대폭 늘렸고 역마차를 도입해 소포 사업도 시작했다. 훗날 미국이 독립되었을 때 그는 노령이었음에도 체신부 장관에 기용되었다.

청교도 신앙의 세속화

앞서 언급했듯, 프랭클린은 13가지 덕목을 정해 놓고 항상 이를 지켰다. 도덕적이고, 정의롭고, 근면하며, 진실하고, 편향되지 않은 태도로 그는 일생을 살았다. 그는 오랜 청교도 가문 출신이었으므로, 종교적 이념을 세속적인 형태로 재구성해 13개 덕목을 선정한 것으로 보인다. 마지막 계명은 겸양인데, 예수와 소크라테스를 모범으로 삼는다고 했다. 여기서도 확인되듯이 프랭클린은 감정을 앞세운 종교적 열정보다는 이성과 합리성을 추구했다. 이와 같은 청교도 특유의 정신은 후세 미국인을 이끄는 정신적 지주가 되었다.

영국 과학사학자 찰스 길리스피는 프랭클린의 생애를 논하면서 청교도 신앙이 과학에 대한 사랑으로 바뀌었다고 했다. 청교도 윤리가 과학이란 세속 학문과 정치로 전이했다는 뜻으로, 조금 더 폭넓게 해석할 수도 있겠다. 알다시피 미국은 19세기 후반부터 산업사회의 길에 매진하여 20세기에는 세계 최강의 강대국으로 우뚝 솟았다. 미국이 그렇게까지 성공한 데는 프랭클린을 모범으로 여긴 사람들이 무척 많았기 때문이다.

칼뱅의 영향

거듭 강조하지만, 미국의 청교도는 직접 간접으로 칼뱅의 제자들이었다. 그러므로 미국 사회에는 은연중에 칼뱅의 사상이 만연했다. 그런데 칼뱅은 국가와 종교가 분리되기를 바랐고, 만약에 국가를 지배하는 정치 권력이 법을 해석하고 적용하는 과정에서 하나님의 말씀에 어긋날 때는 교회가 개입해 잘못을 수정해야 한다고 했다. 요컨대, 교회는 국가의 간섭에서 벗어나 하나님의 말씀을 자유롭게 전할 수 있고, 정의롭지 못한 권력을 비판해야 한다고 보았다.

그러므로 신앙과 전도 활동은 개인의 '사적인 일'이 아니라, '공적인 행동'이다. 이것이 칼뱅의 신학적 관점이다. 따라서 국가는 시민에게서 종교의 자유를 빼앗지 못하며, 만일에 국가가 불가피한 사정으로 종교의 자유를 제한할 때는 반드시 좁게 한정된 한계 안에서 하라고 했다.

칼뱅의 가르침에 따르면, 교회는 국가와 긴밀하게 협력하는 가운데 하나님의 나라를 건설하는 주체다. 그러므로 신자 교육에 힘써 의식 수준이 높은 시민을 최대한 많이 양성하는 것이 교회의 책무요, 기독교적 세계관을 세상의 문화 및 사회제도에 반영해야 할 사명이 있었다.[17] 돌이켜보건대, 근대 미국에서는 이와 같은 칼뱅의 주장이 하나의 엄연한 상식이었다.

"국교" 폐지

아직 미국이 영국의 식민지였을 때는 주(州)마다 그 나름의 "국교"가 존재했다. 가령 노스캐롤라이나, 뉴욕, 버지니아, 메릴랜드, 사우스캐롤라이나, 조지아 등에서는 영국국교회가 국교였다. 매사추세츠, 뉴햄프셔, 코네티컷에서는 청교도가 "회중 교회(Congregationalism)"를 세워 사실상 국교로 기능했다. 당시 교회는 주민에게 거둔 세금으로 운영되었다. 청교도와 영국국교회와는 달리 국교가 되지 못한 장로교회, 침례교회, 퀘이커교회는 여러모로 불리한 처지였다. 식민지 시기 미국에서 종교적 자유가 보장된 곳은 뉴저지, 로드아일랜드, 펜실베이니아 등이었다.

이후 미국혁명이 성공하자 "국교"를 폐지하자는 운동이 일어났다. 그 선두에는 버지니아 출신 토머스 제퍼슨과 제임스 매디슨 등이 있었다. 1785년 버지니아 의회는 가장 먼저 "신앙의 자유에 관한 법"을 제정하고, 모든 주민에게 신앙의 자유를 보장했다.

버지니아를 모범으로 삼아 다른 주에서도 국교가 폐지되었다. 그러나 매사추세츠에서는 그런 조치가 수월하게 이뤄지지 않았다. 청교도는 "회중 교회"의 정통성을 주장하며 종교적 자유를 인정하지 않았다. 그러나 그들 또한 1833년에 이르러 종교의 자유를 전적으로 보장했다. 미국혁명으로 전국 어디서나 종교적 자유가 확립된 것은 특기할 만한 역사적 진보였다.

다. 19세기의 미국-개인주의와 산업사회의 도래

19세기 미국에서는 기업인의 사회 경제적 활약이 현저했다. 그리하여 누구나 재물 축적을 선망하는 시대, 즉 "프론티어 개인주의(frontier individualism)" 시대가 왔다. 특히 1860년대 남북전쟁을 겪은 뒤 산업 사회로의 전환이 빠른 속도로 일어나, 미국은 세계에서 가장 현대적인 강대국이 되었다.

① 프론티어 개인주의 시대

1830년대 미국에서는 '서부 개척' 활동이 활발했다. 바로 그때 프론티어 개인주의가 꽃을 피웠다. 개인주의란 본래 자기실현을 최고 목표로 삼는데, 그 당시 미국의 개인주의는 경제적 성취에 쏠려 있었다. 경제적 자립을 이룩하고, 나아가 무한한 사회 경제적 기회를 잡으려는 욕망이 폭발한 상태였다. 가히 팽창의 시대정신이라 일컬어도 좋을 정도였다.

이처럼 특수한 현상을 미국적 특성으로 이해한 지식인이 있었다. 프랑스 출신의 토크빌(Alexis de Tocqueville). 그는 1831년부터 1832년까지 약 9개월 동안 미국 여행을 마치고 나서 《미국의 민주주의》라는 책을 저술하였다.[18] 토크빌이 보기에 미국은 사회적 유동성이 워낙 큰 나머지 계급 구분도 없고 사회적 갈등도 극단적이지 않았다. 신분 이동의 가능성이 너무 컸으므로, 미국인은 전통 따위를 함부로 경시했다. 그 대신에 그들은 실질을 숭상했으며, 언젠가 완전한 사회를 건설할 수 있다고 믿는 낙관주의와 진보(progress)를 숭상했다. 또, 유동성이 가져다주는 희망에 사로잡혀, 미국인은 대중의 의지에 따른 정치 체제, 즉 민주주의를 선호한다고 했다.

　찰스 디킨스 등 당시 유럽의 전형적 지식인들은 미국 사회를 격렬하게 비판했다. 싸구려 개인주의에 사로잡힌 미국은 천박하고, 철학적으로도 빈곤하다는 악평이었다.

　하지만 위와 같은 외부 세계의 혹평에도 아랑곳하지 않고, 미국인은 자국의 특성에 자부심을 느꼈다. 역사가 조지 밴크로프트는 주장하기를, 개인주의에 바탕을 둔 미국식 민주주의야말로 인류가 지향하는 궁극적 목표라고 했다(1834년).

청교도를 벗어나 "유니테리어니즘"으로

19세기 초반 미국에서는 "유니테리어니즘(Unitarianism)"이라는 새로운 정신적 지향점이 마련되었다. 과거에 청교도는 칼뱅의 신학에 몰입했으나, 근대 미국인은 새로운 세계관에 매료되었다. 윌리엄 엘러리 채닝이 그 선구자였다. 1825년 채닝은 칼뱅의 "원죄설(original sin)"을 부정하고, 인간의 자유 의지를 강조했다. 그에 따르면, 모든 인간은 초월할 수 있고, 이를 통해 하나님과 하나가 될 수 있다. 채닝은 "초월주의(transcendentalism)"라는 새로운 신앙의 문을 활짝 열었다.

　랄프 왈도 에머슨은 초월주의를 한 단계 끌어올렸다. 즉, 우주에는 모든 생명체에게 생명을 선사하는 존재이자 모든 영혼의 근원이 되는 중심 정신이 있다고 보았다. 그것이 "대 영혼(the oversoul)" 또는 하나님이었다. 모든 인간은 직관을 통해 하나님의 보편적 진리에 도달할 수 있다. "대 영혼"이란 열쇠를 이용하여 인간은 현실 문제를 해결할 수 있다는 것이다. 에머슨의 이러한 사상은, 절대자인 하나님에게서 인간이 자립할 수 있다는 결론으로 이어졌다.

에머슨 사상에 공감하는 미국인이 적지 않았는데, 그들은 이미 청교도의 예정설과 원죄설에서 멀찍이 벗어났다. 19세기 미국 사회는 여전히 종교적이었으나, 대단히 세속화된 신앙이었다.

② 산업사회의 도래

남북전쟁(1861~1865)을 겪고 나서 미국은 산업혁명을 본격적으로 경험했다. 전통적 농업사회가 아니라 공업 중심의 도시사회로 탈바꿈했다. 1890년에는 국내총생산(GNP)에서 공산품이 차지하는 비중이 농산물을 완전히 추월했다. 이러한 변화의 추세에 발맞춰 산업주의가 새로운 가치로 자리 잡았다.

산업사회는 초유의 경제적 번영을 미국 시민에게 선사했다. 물론 그 이면에는 빈곤과 부패 및 계급 갈등 같은 문제가 하루가 다르게 자라났다. 작가 마크 트웨인은 19세기 미국 사회의 모순을 풍자하며 "도금 시대(Gilded Age)"라고 비웃었다. 겉만 그럴듯한 세상이라는 뜻이었다.

미국의 산업화는 유럽 여러 나라에 비해 고속으로 추진되었다. 크게 보아 세 가지 이유가 있었다.

첫째, 남북전쟁 때 북부 상공업자가 자신들의 경쟁 세력인 남부 대농장주를 완전히 압도했기 때문이다. 이제 북부 기업가들은 마음껏 경제적 이익을 추구할 수 있었다. 그러나 유럽에서는 귀족과 지주가 산업사회의 도래를 방해하였으므로, 산업사회로의 전환에 큰 걸림돌이 되었다.

둘째, 미국은 천연자원도 많고 내수시장도 방대했다. 유럽 여러 나라와는 달리 구태여 해외로 뛰쳐나가 식민지를 개척하는 데 큰 비용을 지급할 이유가 없었다. 미국은 지리상 외딴 섬이나 다를 바 없어 외부의 침략을 염려하지도 않았다.

셋째, 미국은 마음만 먹으면 유럽 각국에서 얼마든지 많은 노동력을 동원할 수 있었다. 1860년부터 1900년까지 40년 동안에 1,400만 명의 이민자가 미국으로 건너왔는데, 그들은 청장년층이 대부분으로 입국하자마자 산업전선에 투입되었다.

기업가, 산업사회의 주역

19세기 후반 미국 기업가들은 하루가 다르게 철도와 공장을 신설하였다. 대부분은 하층계급 출신으로, 이른바 자수성가한 이들이었다. 앤드루 카네기와 존 데이비슨 록펠러가 대표적인 인물이었다. 둘 다 청

랄프 왈도 에머슨은 19세기 중엽 초월주의 운동의 중심 인물이었다.

교도 집안 출신이었는데, 그 밖에도 대다수 기업가가 개신교 신자들이었다. 막스 베버는 이러한 현상을 직접 목격하고, "프로테스탄트 윤리와 자본주의 정신"이라는 명제를 창안했다.

그러나 주의할 점도 있다. 대다수 기업가는 개신교 윤리를 철저히 따르지 않았다. 그들은 매수, 부패 및 음모를 통해 부를 획득하였다. "나에게는 힘이 있지 않은가?" 철도 부설을 통해 거부가 된 밴더빌트는 이렇게 주장했다.

성공한 기업가들은 대체로 "사회진화론"을 신봉하였다. 이는 생물의 진화에 관한 찰스 다윈의 이론을 인간 사회와 경제생활에 적용한 이론이었다. 영국인 허버트 스펜서와 미국인 윌리엄 그레이엄 섬너가 주장한 바였다. 사회진화론은 "적자생존" 원리에 의해 사회와 경제가 운영된다고 설명했다. 즉, 경쟁을 이기고 올라간 강자가 세상을 지배하는 것은 당연하다는 식의 위험천만한 이론이었다. 돈벌이에 성공한 미국 기업가는 사회진화론이야말로 자신의 처지를 웅변하는 것으로 인식했다.

요컨대 경쟁 원리가 인간의 삶을 지배하며, 성공과 실패는 전적으로 당사자의 책임이라는 것이다. 따라서 국가는 경제활동에 깊이 간섭할 필요가 없으며, 오직 개인의 생명과 재산을 보호하는 것으로 충분했다. 법과 질서를 유지하는 것 이상으로 국가가 나설 일은 없다고 했다. 가령 빈민구호와 같은 복지정책은 생존경쟁이라는 자연법칙을 위배하고, 나아가 사회 발전을 방해하는 요인이라고 했다. 19세기의 사회진화론은 복지국가와는 한참 거리가 멀었다.

자수성가와 개신교 윤리

산업사회가 더욱 발달하고 성공한 기업가가 많아지자 그들은 자신들의 경제활동을 정당화하는 이론을 더욱 강력히 지지했다. "근로 윤리"를 호평하는 "프로테스탄트 윤리"야말로 기업가의 취향에 맞았다. 17세기부터 미국에 유행한 청교도 사상, 즉 칼뱅주의를 신봉해 근면과 검소를 실천하였으므로 재물이 모였다는 식이었다. 만약 게으르고 사치와 낭비를 좋아했더라면 가난에서 벗어날 방법이 없었다는 것이다. 부자의 정당성을 인정하는 최상의 이론이었다. 20세기 초 독일의 사회학자 막스 베버는 그런 이론을 학술적으로 정리해 《프로테스탄트 윤리와 자본주의 정신》이라는 명저를 출간하였다. 과연 베버는 사실과 동떨어진 주장을 편 것일까?

　그럴 리가 없었다. 19세기 말 호레이쇼 알저(Horatio Alger) 목사는 자수성가한 미국 기업인의 성공 사례를 광범위하게 수집해 130여 권이나 되는 시리즈를 출간하였다. 많은 미국 청소년이 그의 책을 읽고 용기를 냈다. 아무리 불우한 사람이라도 근면과 절약을 실천하고 도덕적 생활에 힘쓰면 자수성가할 수 있다는 믿음, 그런 신념이 미국 사회에 깊이 뿌리내렸다. 알저의 주장이 맞고 틀리고를 떠나 미국 사회에는 긍정적이고 낙관적인 기풍이 조성되었다. 이처럼 19세기 미국에서 개신교는 새로운 기업문화를 촉진하였다. 누구도 부정할 수 없는 사실이었다.

라. 20세기 미국-세속적 신앙의 승리

산업사회로의 전환은 도도한 역사적 흐름이었다. 1920년대의 미국은 기업가의 황금기를 누렸다. 그 시절 미국 개신교는 제도적으로 사회 문제를 해결하기보다는 개인의 신앙 활동을 통해 풀려는 경향을 띠었다. 강철왕 카네기와 석유왕 록펠러의 선행이 증명하는 바이다. 갈수록 세속화된 미국에서 라인홀드 니버처럼 탁월한 신학자까지도 이상을 버리고 지극히 현실적인 관점에서 인류의 근본 문제를 진단하였다.

① 1920년대 – 기업가의 황금기

1923년 여름, 미국 하딩 대통령은 탄핵 위기에 직면하였다. 그런데 그는 알 수 없는 이유로 사망하였고, 부통령인 캘빈 쿨리지(Calvin Coolidge)가 대통령직을 승계했다. 쿨리지는 근면, 절약, 검소와 같은 청교도 가치관을 실천하는 인물이었다. 그 덕분에 미국은 기업가 전성시대를 맞았다.

청교도 대통령의 친기업 정책

쿨리지가 이끄는 공화당은 친기업 정책을 펼쳐 기업활동에 불리한 규제를 대폭 완화하였다. 예컨대 공정 거래를 감시하는 연방통상위원회(FTC) 및 기업의 독점행위를 제재하는 법무부 트러스트 국(局)이 활동을 중단했다. 철도 회사의 횡포를 감시하는 주간통상위원회(ICC)도 사실상 폐지되었다. 그에 더해 쿨리지는 부유층의 세금도 대폭 삭감했다. 부자 감세를 진두지휘한 이는 재무장관 앤드루 멜론(Andrew Mellon)이었다. 멜론은 세계적 거부였다. 그는 과도한 세금 때문에 경제 성장이 더디다고 판단해, 초과 이윤세를 없애고, 누진 소득세와 법인 소득세도 깎았다. 상무 장관 허버트 후버(Herbert Hoover)도 발 벗고 나서 기업의 생산 원가를 줄이는 데 도움이 된다며 표준화 운동을 일으켰다. 1929

청소년 소설을 여러 권 쓴 미국의 작가 호레이쇼 알저. "빈민에서 부자로"라는 서사를 가진 그의 작품은 당시 미국 사회에 큰 영향을 미쳤다.

년 초까지 쿨리지 대통령은 대통령직을 수행하였다. 그의 재임 기간에 미국은 사상 최고의 번영을 누렸다. 미국 기업가들에게 황금시대가 따로 없었다.

복지자본주의의 출현

1920년대 미국에서는 기술이 폭발적으로 발전하였다. 기업마다 생산성과 능률을 높이려고 치열하게 경쟁했다. 그 결과 미국민의 생활 수준이 향상되었다. 전기 사용량이 유례없이 늘어난 사실만 보아도 알 수 있다. 1930년 미국의 도시 및 교외에 거주하는 주민은 대부분 전기를 사용하였다. 또, 전체 가정의 40퍼센트가 라디오를 보유하였다.

자동차 보급도 신기록을 세웠다. 과거에는 자동차를 상류층의 사치품으로 간주했으나, 1930년에는 1가구당 1대를 소유할 정도가 되었다. 자동차왕 헨리 포드(Henry Ford)가 "모델 티(Model T)"를 개발해 대중화를 선도하였다.

포드는 노동자에 대한 대우도 파격적으로 개선하였다. 대중에게 자동차를 판매하려면 파격적으로 임금을 올리는 정책이 필요했다. 포드는 복지자본주의를 실험한 셈이었다.

이런 분위기 속에서 미국 기업가는 번영과 복지를 가져온 공로자로 국민적 영웅으로 평가되었다. 1920년대 미국에는 기업의 시대가 열렸으며, 기업가는 시대의 주역으로 사람들이 존경하고 부러워하는 존재였다.

전통과 현대의 맞대결

1920년대에 미국은 적어도 세 가지 갈등을 겪었다.

첫째, 개신교 근본주의자들이 과학적 이론을 부정하였다. 1925년에 열린 스콥스 재판이 유명하다. 존 스콥스(John Scopes)는 테네시주의 고등학교 과학 교사였는데, 학생들에게 찰스 다윈의 진화론을 가르쳤다. 그곳의 법률에 따르면 진화론은 진리가 아니었다. 스콥스에 대한 재판이 열리자 미국 여론은 둘로 나뉘었고, 전통주의자들은 스콥스에 대한 처벌을 요구하였다. 결국에 스콥스는 유죄 판결을 받았으나 형사 처벌은 면제되었다.

둘째, 그 시기 미국에서는 충동과 욕망을 중요시하는 지그문트 프로이트와 존 왓슨의 심리학이 인기였다. 알다시피 충동이라면 성적(sexual) 충동을 가리키는 경우가 대부분이었으므로, 그 시기에는 "성의 해방"을 부르짖는 대중문화가 유행하였다. 자유로운 성생활을 추구하고, 이혼을 당연시하는 사회 풍조가 크게 일어났다. 1920년대 미국에서는 현대와 전통이 정면충돌하는 양상이었다.

한편에서는 청교도의 덕성에 따른 기업가 정신을 찬양하며 종교적 근본주의를 신봉하였다. 다른 한편에서는 자유분방한 삶을 주장하는 신여성이 인기를 끌었고 관능적인 재즈가 사랑을 받았다.

셋째, 전통과 현대의 충돌이 정치적 현안이 되었다. 1928년 대통령 선거에서 공화당 후보 허버트 후버는 전통적 가치를 대변했다. 그는 농촌에 거주하는 보수적인 개신교도의 지지를 받으며 금주(禁酒) 운동가의 표를 모았다. 그와 반대로 민주당 후보 알 스미스는 현대의 정서를 대변했다. 도시에 거주하는 가톨릭 신자와 금주법 폐지 운동가들이 스미스에게 환호했다. 당시 선거에서는 후버가 이겼으나, 스미스가 대표하는 진보적인 세력은 꺾이지 않아 1930년대에 맹위를 떨쳤다.

- 1920년대 고등학교 과학 교사였던 존 스콥스는 학생들에게 다윈의 진화론을 가르쳤다는 이유로 유죄 판결을 받았다.

② 강철왕 카네기와 석유왕 록펠러의 선행
– 세속화된 미국 사회

기업가들은 사회 경제적 문제가 심각하다는 점을 알아차렸다. 하지만 제도 개혁을 통해서 해결하기보다는 개인의 종교적 심성에 기댄 선행으로 문제에 접근하였다. 후세가 높이 평가하는 자선사업가라면 앤드루 카네기와 존 데이비슨 록펠러가 있는데, 일부에서는 두 사람을 '악덕 자본가'라고 비난한다. 록펠러는 석유 사업을 확장할 때 불법으로 독과점을 일삼았고, 노동자를 착취한 데다 산업스파이를 고용

해 경쟁업체의 비밀을 탐지하였다. 불법적인 정치 로비도 꺼리지 않은 부패한 기업인이었다고 한다. 카네기 역시 독점으로 거대한 재산을 모았다고 한다. 게다가 금품으로 국회의원을 매수해 경쟁업체에 세금 폭탄을 던졌다는 기록도 있다. 카네기와 록펠러가 모은 재물이 과연 윤리적이었는가에 대해서는 의문이 적지 않다.

필자는 그들에게 쏟아진 비방과 혹평의 진위를 가리는 데는 별로 관심이 없다. 여기서는 그들이 실천에 옮긴 덕행에 초점을 맞출 것이다. 카네기와 록펠러는 세속적 기업가였으나, 종교적 선행을 통해 당대는 물론이고 후세의 호평을 받고 있기 때문이다.

앤드루 카네기는 왜 기부 천사가 되었나

앤드루 카네기(Andrew Carnegie, 1835–1919)는 공익을 위해 거액의 기부를 아끼지 않았다. 그가 저술한 책의 제목 그대로 '부의 복음(the gospel of wealth)'을 전파한 것이었다.[19] 오늘날에도 양극화란 극복하기 어려운 사회적 현상인데, 카네기와 같은 거부는 자신의 재산을 공동체에 바쳐 사회 통합을 촉진한 것으로 평가된다.

카네기는 역사상 가장 부유했던 10인 가운데 한 명이다. 생전에 그가 기부한 액수는 3억 5천만 달러(현재 가치로 약 30억 달러)였다. 기부야말로 부자의 도덕적 의무임을 온몸으로 실천한 최초의 인물이 바로 그였다. 1889년에 카네기는 기록하기를, 이웃의 안녕을 위해 노력할 때 인간의 삶은 가장 가치 있다고 했다.

인생 전반기에 카네기는 "호모 에코노미쿠스(homo economicus, 경제적 인간)"처럼 살았다. 오로지 이익을 최대화하는 것을 생의 목표로 삼았다는 말이다. 그러나 생의 후반기에 이르자 카네기의 생각은 싹 바

- "강철왕" 앤드루 카네기. 인생 전반기는 돈을 버는 데 몰두했고, 후반기는 기부 천사로 살았다.

뛰었다. 그는 2,500개 이상의 도서관을 건립하는 데 자신의 부를 아낌없이 쏟아부었다. 이로써 "호모 소시올로지쿠스(homo sociologicus, 사회적 인간)"가 되었다.

왜 그는 기부에 몰두하였을까. 그 심층적 이유가 궁금해진다. 카네기가 막대한 자본을 사회에 환원한 것은 종교적 신념에 따른 것이다. 그는 기부로 '부의 복음'을 전파하는 사람이 되기를 바랐다(고후 5:15). 카네기를 순전히 종교적 인물이라고 주장하려는 것이 아니다. 그의 내면에 자리했던 미국 개신교의 오랜 덕목이 그를 기부 천사로

만들었다는 점이 여기서는 중요하다.

  20세기에도 미국 개신교의 덕목은 엄연히 살아 있었다. 기부왕 카네기를 미국 사회가 유난히 호평한 사실을 보라. 미국은 그에게 다양한 형태로 보상하였다. 평생 노력해서 모은 재산을 공익을 위해 기부할 때 부자의 영향력은 문화적으로나 사회적으로 더욱더 강화되며, 사업적으로도 상당한 이익을 되돌려 주었다. 미국 사회의 이러한 보상 시스템은 카네기가 기부에 적극적으로 나서게 만드는 요인이었다.[20]

카네기의 기부 방식

1889년에 카네기는 《부의 복음》을 저술했다. 그는 사회진화론을 신봉했으므로, 재물이 소수의 수중에 집중되는 것이 당연하다고 보았다. 하지만 아무리 부자라 해도 하나님으로부터 재물을 위탁받은 것에 지나지 않는다고 확신하였다. 따라서 부자는 자신이 거둔 이익을 세상에 되돌릴 의무가 있다고 믿었고, 그를 통해 사회가 개선되고 세계 평화가 증진되기를 바랐다.

  카네기의 자선은 궁지에 빠진 가난한 사람을 직접 도와주는 방식이 아니었다. 무조건 빈민을 돕는 것은 수혜자의 게으름과 의타심을 조장해 도리어 그를 타락하게 만든다고 걱정했다. 그래서 카네기는 교육기관, 도서관, 종교단체에 막대한 돈을 기부하였다. 훗날 에즈라 코넬과 존스 홉킨스, 코넬리어스 밴더빌트와 제임스 듀크 등도 카네기가 남긴 선례를 따랐다.

  20세기 초반 미국에서는 기업가를 일컬어 "강도 귀족(Robber Barons)"이라고 불렀다. 노동자와 소비자의 희생을 바탕으로 축재한 혐의가 있기 때문이었다. 그러나 그들은 "산업 지도자"로 미국의 경제 및 사회 발전에 이바지했다. 그들은 미국이 세계 최강의 나라로 성장하는 데 결정적인 역할을 했다. 그러므로 부정적인 점보다는 긍정적인 면이 컸다고 본다. 그들은 사회적 책임감을 느끼고 자선을 실천하였으니, 다시 말할 필요가 없다.

석유왕 록펠러의 신앙

존 데이비슨 록펠러(John Davison Rockefeller, 1839~1937)의 생애도 특별했다. 한마디로 정말 미국적인 삶이었다. 매우 가난한 집안에서 태어났지만, 33세에 백만장자가 되었다. 43세에는 미국 최고의 갑부로 손꼽혔으며, 53세에는 전 세계에서 가장 큰 부자로 이름을 떨쳤다.

그러다가 55세에 불치병에 걸린 사실이 확인되었는데, 의사는 1년 이상은 살 수 없다고 진단을 내렸다. 어느 날, 록펠러는 휠체어를 타고 병원에 갔다가 로비에서 성경 말씀을 연상시키는 액자를 발견했다.

"주는 자가 받는 자보다 복이 있다."

그가 액자를 물끄러미 바라보고 있을 때 시끄러운 소리가 들려왔다. 병든 어린이가 병원비를 내지 못한다는 이유로 입원을 거부당했다. 아이의 어머니가 병원 측에 통사정하고 있었다.

록펠러는 비서를 통해 병원비를 대납했다. 그날 이후로 록펠러의 인생은 완전히 달라졌다. 세계적인 거부 록펠러는 가난하고 병든 이웃의 친절한 보호자가 되었다. 역사상 그보다 더 많은 재물을 기부한 예가 없다고 한다. 그래서였을까. 그는 98세까지 장수하였다. 불치의 병에서 회복된 것은 물론이요 매우 건강하게 살았다.

그는 인생 철학을 세 가지로 요약했다.

첫째, 예배를 소중히 여기라고 했다. 그는 주일 예배를 한 번도 거르지 않았다. 주일 예배에 참석하기 위해 먼 도시에서 출장을 마치고 서둘러 비행기를 탔다는 이야기도 있다.

둘째, 성경의 중요성이다. 매일 아침 그는 성경을 읽었다. 아침 식사를 건너뛰어야 할 정도로 바빴을 때조차 그는 성경 읽기를 빠뜨리지 않았다고 한다.

셋째, 교회에 십일조를 바치라고 했다. 록펠러는 수입을 헤아려 십일조를 내는 것은 물론 때로는 소득의 9할을 헌금으로 바쳤다. 사업 규모가 워낙 컸던 까닭에 십일조를 계산하기도 쉽지 않은 일이었다. 그래서 록펠러는 회사에 전담 부서를 설치하였는데, 직원이 무려 40명이나 되었다는 전설이 있다. 록펠러의 신앙은 어머니에게서 물려받은 것이었다. 어머니는 아들에게 10가지 신앙생활의 규칙을 가르쳤다.

첫째는 하나님을 삶의 중심에 놓으라는 것이요, 둘째는 목사님을 받들라는 것, 셋째는 주일을 반드시 지켜라, 넷째는 십일조를 반드시 내라는 것이요, 아홉 번째는 매일 아침 성경을 읽으라는 것이었다. 착실한 아들 록펠러는 어머니의 가르침을 따라 훌륭한 신자가 되었다고 한다.

록펠러 재단

록펠러가 자선사업에 본격적으로 뛰어든 데는 앤드루 카네기의 영향이 컸다. 카네기가 쓴 책을 읽고 느낀 바가 있었기 때문이다. 1913년 그는 록펠러재단을 설립해 후원 사업을 본격적으로 시작했다. 오늘날 록펠러재단은 세계 모든 자선 단체 가운데서도 최대 규모를 자랑한다. 세계에서 가장 영향력 있는 NGO로 손꼽히기도 하는데, 2009년 현재 기금 총액이 330억 달러였다.

자선, 부자의 사회적 책임

개신교 관점에서 '부(富)'란 무엇인가? 그것은 하나님이 인간에게 허락한 유한한 자원을 개인이 일시적으로 소유하는 것이다. 소유의 근원은 하나님에게 있으며, 당사자의 노력과 재능만으로 성취된 것도 아니다. 여러 가지 사회 문화적 조건이 합쳐진 결과이다. 그러므로 개인의 소유라고 하더라도 재물은 다른 사람과 함께 누릴 때만 본연의 가치가 발휘된다. 부자에게는 사회적 책임이 있다는 뜻이다.

부자는 재물을 사회에 기부함으로써 공동체에 대한 책임감을 표현한다. 기부 행위를 실천함으로써 하나님의 뜻을 따른다는 뜻이다. 성경에는 어느 부유한 청년이 영생을 구하려고 예수를 찾아왔을 때 "네가 가진 것을 팔아 가난한 사람에게 주라"라고 하자 실망하고 떠나갔다는 일화가 기록되어 있다.

그 일화가 상징하는 것처럼 재물의 원천은 하나님에게 있으므로, 사회에 환원하는 것이 마땅하다. 성경에 기반해서 보면 그러하다. 부자는 재물을 독점적으로 소유하는 존재가 아니라, 하나님의 물건을 잠시 맡아서 가지고 있는 "청지기"이다. 그런 점에서 미국의 거부였던 카네기와 록펠러가 자선에 힘쓴 것은 개신교 세계관의 반영이었다.

③ 신학자 라인홀드 니버 – 현실주의 관점에서
인류 문제를 바라보다

20세기 미국은 대다수 다른 나라가 그러하듯 세속화된 사회였다. 자본주의를 신봉하며 끊임없는 기술 혁신으로 미국은 산업사회의 최선봉에 나섰다. 그런데 산업화의 결과, 인류는 역사상 최초로 기현상

존 D. 록펠러. 세계에서 가장 영향력 있는 엔지오로 손꼽히는 록펠러재단을 설립했다.

을 경험하게 된다. 공산품 공급이 수요를 훨씬 초과해 이른바 "대공황(1923~1933)"이 일어나, 산업국가에서 대량 실업이 발생했다. 동시에 수백 년 동안 순조롭게 발전해온 것으로 믿었던 민주주의 역시 큰 허점을 안고 있다는 사실이 드러났다. 인류는 당혹감을 느끼며 위기의식을 갖게 되었다.

1_개신교와 근대 산업사회 081

그러자 미국의 개신교 신학자 라인홀드 니버(Reinhold Niebuhr, 1892~1971)는 "위기의 신학"을 주창하였다. 그는 20세기의 현실을 날카롭게 직시하고 인간, 윤리, 역사 등의 문제를 깊이 분석했다. 무엇보다도 그는 인간의 양면성을 파헤쳤다. 한편으로는 하나님의 사자(使者)이면서 다른 한편으로는 숱한 한계를 지닌 피조물에 불과하다는 점을, 그는 솔직히 인정했다. 그러고는 인간의 역사란, 이기적이고 비합리적인 인간의 자유 의지가 하나님의 의지와 끊임없이 충돌하는 무대라고 단언했다. 근본적 사회 개조는 불가능하다는 진단이었다. 니버의 눈에 비친 모든 역사는 타협의 결과일 뿐이었다.

여기서 보듯, 신대륙 미국에 첫발을 디딘 17세기 청교도의 장밋빛 이상은 완전히 시들었다. 하나님의 언약에 따라 신대륙에서 이상사회를 건설하리라는 다짐은 역사 속 한 장면으로만 남았다.

민주주의의 한계와 미국의 역할

권력의 속성을 깊이 분석한 끝에 니버는 민주주의의 한계를 통찰하고 개선 가능성을 탐구했다. 나아가 개신교가 사회적으로 어떠한 역할을 해야 할지도 통찰하였다. 결론적으로, 좀 더 나은 세상을 건설하기 위해서 개신교가 공공 영역에서 맡아야 할 사명이 있다고 확신하였다.[21]

한걸음 더 나아가 미국이 인류 사회를 이끌어야 한다는 주장도 했다. 미국은 개신교 신앙공동체이자 다양한 문화적 경험을 가진 이민으로 구성된 복합 사회라는 독특한 역사적 경험을 바탕으로 국가 정체성을 형성해왔다. 그런 미국은 국제사회에서 가장 강력한 국가이기도 하므로, 자유와 민주주의의 확대라는 거대한 목표를 적극적으로 추진해

라인홀드 니버. 기독교 신앙을 현실 정치와 사회에 접목한 개신교 신학자이며 기독교 윤리학자. 훗날 지미 카터 전 미국 대통령은 니버의 저서에서 미국의 국제적 역할을 배우고자 했다.

야 한다고, 니버는 요청했다. 그러한 사명을 수행할 때 미국은 국제사회에서 그 정당성을 높이 평가받을 수 있다고 보았다. 니버가 제시한 미국의 국제적 역할은 현실적 대안이었다. 그것은 세력 균형을 통해 인류 평화를 지키자는 것인데, 정치학적 또는 기독교 사회 윤리적 측면에서 미국의 역할을 저울질한 것이다. 비판적인 관점에서 보면, 미국의 제국주의적 패권을 합리화한 것으로 볼 수도 있겠다.[22]

지미 카터(Jimmy Carter) 전 미국 대통령은 니버의 책을 애독했다. 카터는 "정치학의 성서(political Bible)"라고 부르며, 니버에게서 미국의 역할을 배우고자 했다. 정치철학자 한스 모겐소(Hans Morgenthau) 역시 니버를 존경해, "나는 라인홀드 니버야말로 미국의 가장 위대한 정치철학자라고 생각한다"라고 말했다. 니버는 신학의 세계에서는 물

론이고 현실 정치와 정치 사상계에도 큰 영향력을 행사했다. 오늘날에도 미국은 여전히 개신교 신앙의 나라인 것이다.

경제 정의

20세기 인류 사회의 가장 무거운 과제는 경제 민주화였다. 니버는 그 문제에 관해서도 깊이 성찰했다. 그는 신정통주의 신학의 눈으로 경제 불평등 문제를 고찰했다. 성경을 떠난, 타락한 인간 본성이 문제를 초래했다고 판단하고, 현실적 관점에서 "근사치 정의"를 실천하자고 했다. 거듭 말하지만, 그는 이상주의자가 아니었으므로, 점진적인 문제 해결을 바랐다. 그는 경제 정의를 두 가지로 나누었다.

첫째, 사회 민주주의 관점에서 경제 민주화는 경제 정의를 구현하는 가장 중요한 요소라고 판단했다. 둘째, 1940년대 후반에 이르러 그는 기왕의 관점을 수정해 복지자본주의를 선포하였다. 니버는 뉴딜과 페어딜 등의 경제 개혁을 지지하고, 수정자본주의라는 틀 안에서 경제 정의를 실현하고자 했다.[23] 이러한 니버의 주장은 양극화 문제에 시달리는 21세기 한국 사회에 시사하는 바가 없지 않다고 본다.

마. 금욕주의의 소멸과 기독교 우파의 정치 세력화

산업사회가 고도로 발달하자 미국에서는 역설적인 상황이 일어났다. 수세기 동안 개인과 국가를 살찌운 개신교의 "금욕주의 정신"이 점차 쇠퇴하고, 재물의 유혹에 굴복하는 사람이 많아졌다. 도덕으로 엄격히 규제되던 미국인의 가치관이 무너지고, 자만심에 빠져 향락만 즐기려는 세태가 널리 퍼졌다.

이는 시대적 위기였으므로, 한편에서는 종교적 열광이 다시 일어났다. 하지만 문제가 제대로 해결되지 못해 절망감을 표현하는 이가 많았다. 어쨌거나 미국 사회에서는 개신교의 영향력이 상당한 편이라 그중에서도 기독교 우파는 정치 세력화를 서둘렀다. 논란의 여지는 있겠으나, 미국의 최고 지도자인 대통령은 건국 초기와 마찬가지로 여전히 개신교 윤리로 무장하고 있다는 관측도 있다.

종교적 열광의 시대

산업사회의 발달로 대중의 삶은 점차 무미건조하게 되었다. 인생의 참된 의미와 목표를 되찾기 위해 종교를 강화해야 한다는 인식이 등장했다. 1950년대는 종교가 "붐"이었다고 해도 과언이 아니다. 아이젠하워 대통령은 기도로 각료 회의를 개시하였다. 국회의사당을 비롯하여 국제연합 본부, 국제공항, 심지어 공장에도 기도실이 설치되었다.

또, 빌리 그레이엄 같은 인기 부흥사가 나타나 백만 명이 운집하는 대규모 종교 집회를 이끌었다. 그사이 잊힌 종교 음악이 다시 인기를 끌었고, 종교 서적이 베스트셀러로 등장했다. 예컨대 노먼 빈센트 필(Norman Vincent Peale) 목사의 《긍정적 사고방식(Positive Thinking)》이 사랑을 받았다.[24] 필 목사는 이 책에서 불안감을 추방하고 자신감을 얻으려면 신앙을 가져야 한다고 말하였다. "의심하지 말라. 의심은 힘이 솟는 것을 막는다." 이런 식의 주장이었다.

종교에 관한 관심이 미국 사회에서 되살아난 것은, 신앙생활이 직업적 성공에 도움이 된다는 원초적 믿음 때문이었다. 또, 냉전 상황에서 미국이 공산주의 국가인 소련을 이기려면 종교적 도움이 필요하다고 확신한 시민도 많았다. 그 밖에도 산업사회에서 정체성을 잃고 고립된 대중에게 소속감을 부여한다는 점에서 종교의 필요성을 말하는 이도 있었다.

이처럼 미국 사회 일각에서는 개신교를 비롯한 종교가 인생의 중요한 관심사가 되었다. 그러나 그 반대편에 선 사람이 수적으로 훨씬 더 많았다. 표면상으로는 미국의 재(再)종교화가 대세처럼 보였을지라도, 실제는 물질주의에 휩싸인 대중이 대부분이었다.

마틴 루터 킹 목사의 한탄

하나님의 나라를 열렬히 추구하던 종교적 태도는 빈 껍질만 남았다는 한탄이 쏟아졌다. 사람들은 노골적으로 경제적 이윤을 추구하며, 그것만이 바람직한 삶의 기준이라고 여겼다. 20세기 후반 미국인의 전형적인 사고방식이 그러했다. 민권운동가 마틴 루터 킹 주니어(Martin Luther King Jr.) 목사는 다음과 같이 미국 사회를 비판했다.

> 우리는 자본주의가 근면과 희생이라는 개신교 윤리로부터 성장하고 번영했다는 신화를 믿도록 자신을 속였습니다. 자본주의는 사실 흑인 노예에 대한 착취와 그들의 고통 위에 세워졌으며, 국내외에서 흑인과 백인 모두는 가난한 사람들을 착취함으로써 계속 번영을 누리고 있습니다.

킹의 주장은 20세기 미국의 현실을 충실히 반영한 것이다. 그러면서도 실은 역사적 사실과는 거리가 있다. 그는 현대 자본주의 사회의 어두운 면을 파헤치는 과정에서 개신교 윤리의 본 모습을 왜곡했다. 이것이 그 한 사람의 잘못은 아니지만, 17세기 이후 미국 사회를 지배

민권운동가 마틴 루터 킹 주니어 목사

한 개신교 직업윤리는 그처럼 얄팍한 것이 아니었다. 2003년 6월 8일자 〈뉴욕타임스〉에서 영국의 역사학자 니얼 퍼거슨(Niall Ferguson)은 다음과 같이 말했다.

"지난 25년 동안에 서유럽이 경험한 것은, 개신교 윤리에 대해 우리가 미처 예상하지 못한 확증을 제공해준다."

퍼거슨은 경제협력개발기구(OECD)가 제시한 여러 데이터를 분석한 결과, 개신교를 믿는 현대 서유럽 국가의 노동시간이 다른 여러 나라보다 훨씬 적다는 사실을 확인하고, 그 이유를 개신교가 쇠퇴했기 때문이라고 분석했다. 개신교 쇠퇴가 노동시간의 단축, 또는 노동에 대한 회피로 나타났다는 해석이다.

1_개신교와 근대 산업사회

기독교 우파의 정치 세력화

20세기 후반 미국에서 기독교 우파는 강력한 정치세력으로 등장했다. 그들은 공화당과 연계해 권력을 행사했고, 공화당의 주요 파벌로까지 떠올랐다. 이러한 과정에서 기독교 우파는 가치를 둘러싼 갈등을 정치적 이슈로 제기해 보수적 종교계를 결집하고 대중적 지지까지 얻었다. 이를 목격한 공화당 지도부는 선거 때마다 기독교 우파의 목소리를 적극적으로 활용하였다. 이로써 기독교 우파와 공화당과의 정치적 연대는 나날이 강화되었다.

기독교 우파와 공화당의 연대는 두 세력 모두에게 내부 분열을 일으키기도 했다. 기독교 우파와의 연합을 통해 공화당은 민주당에 치명타를 줄 수 있었다. 그러나 기독교 우파로 인해 공화당 내부에 분열이 촉진되어 공화당의 정치적 노선이 혼란에 빠지기도 하였다.[25]

현대에도 미국에서는 개신교가 정치 사회적으로 중요한 역할을 한다. 다만 그 기능은 예전과 달라졌다. 17~18세기에 개신교는 신대륙인 미국에 활기를 불어넣었고, 19세기와 20세기 초에는 개인적 신앙을 통해 사회 통합이라는 순기능을 발휘하였다. 그러나 20세기 후반에는 극도로 보수적인 가치를 전면에 내세워 사회를 분열하고 문명의 진보를 가로막는 등 부정적 측면이 적지 않다고 평가된다.

역대 미국 대통령, 개신교 윤리로 무장했다

개신교 윤리가 미국의 정치 및 사회에 미치는 영향은 어느 정도일까? 그다지 크지 않았다는 견해가 지배적이지만, 종교역사가 닐슨(Niels C. Nielsen)은 그러한 통념을 반박하였다.

그는 역대 대통령 20명의 성장 배경과 인성을 신앙의 관점에서 깊이 분석하였다. 결론적으로, 미국 대통령은 대체로 종교를 통해 자신의 삶을 개척하였고 정치적으로도 상당한 업적을 남겼다는 것이다.[26] 기존 미국사 연구에서는 이와 같은 주제를 천착한 연구가 거의 없었다. 닐슨은 다양한 사료를 정밀하게 분석해 역대 대통령의 신앙심과 그들이 추구한 사회 정의 사이에 깊은 관련이 있다는 점을 발견하였다. 다소 과장된 측면도 있으나, 개신교와 가톨릭을 통틀어 기독교가 미국을 지탱하는 종교 철학적 이념이었다는 역사적 사실은 인정하는 것이 마땅하다.

2장

유학의 나라 조선의 특징

────── 이 장에서는 다음 네 가지 측면에서 조선 사회의 특징을 살피려고 한다.

첫째, 조선 유학의 지향점을 두 가지로 나누어 조금 더 깊이 분석하겠다. 하나는 선비들의 우주관을 검토하는 작업이며, 또 하나는 유교적 이상을 현실에서 구현하기 위해서 선비들이 어떠한 노력을 기울였는지를 알아보는 것이다.

둘째, 조선의 정치 사회적 특징도 검토 대상이다. 강조할 점은 다음 두 가지이다. 하나는 조선의 왕과 신하는 한쪽의 일방적 지배가 아니라 '군신공치(君臣共治)'를 추구하였다는 사실이며, 다른 하나는 군신공치라는 목표에 걸맞게 관리의 전문지식을 높이고 통치 효율을 높이기 위해 부단히 노력했다는 점이다.

셋째, 조선왕조의 기록 문화에도 주목할 점이 있었다. 예컨대 역대에 조정에서 편찬한 실록(實錄)은 왕조의 편년사(編年史)에 그친 것이 아니다. 실록은 국가 경영을 위한 문화적 도구로써, 조선 문화의 특징을 명확히 보여준다. 알다시피 조선은 "사관(史官)"이라 불리는 전문관리를 대거 양성해, 상세하고 정확한 국가 기록물인 실록을 편찬했다. 그뿐만 아니라, 다양한 공식적 기록물을 생산 보관하며 이를 토대로 국정 운영의 효율을 높이고자 했다.

넷째, 조선의 유학은 사회적 영향력이 매우 컸을 뿐만 아니라 독창적인 모습으로 진화했다. 지나친 유교 문명화는 뜻하지 않은 부작용도 가져왔으나, 그로 인한 장점과 이점이 더 많았다. 널리 인재를 키울 수 있었으며, 인재들이 조정에 진출해 기득권 세력을 효과적으로 견제했다. 후기에는 교육의 주도권이 관청에서 민간으로 이양되어, 지식사회의 기반이 확대되었다는 사실도 중요하다. 놀랍게도 조선은 지식 중심 사회로 전환 중이었다. 현대 한국 사회가 이러한 조선의 지적 전통에 힘입은 바 크다는 점을 기억하자.

16세기 이후 미국과 영국 등 서구 여러 나라에서는 개신교가 사회 문화적으로 큰 영향력을 행사하였다. 그 시기 조선에서는 유학이 국시(國是, 국가 이념)였다. 알다시피 조선왕조는 시작부터 일본의 침략으로 완전히 멸망하게 될 때까지 500년 넘게 유학을 국가 운영의 근본으로 삼았다. 특히 제4대 임금인 세종은 유교적 문명화를 목표로 세우고, 여러 분야에 창의적인 정책을 세워 큰 효과를 얻었다. 후대의 왕들도 세종의 노선을 충실히 따랐다. 조선은 시일이 흐를수록 더욱더 유학의 나라가 되어 갔다. "유학"을 떠나 조선 사회의 성격이라든가 본질을 논하는 것은 불가능하다.

01

유학의 지향

조선 유학의 지향점을 요령 있게 설명하기란 어려운 일이다. 여기서는 조선 선비의 지향점을 백과사전식으로 서술하는 대신에, 유학이 산업사회로 전환하는 데 어떠한 영향을 주었느냐는 필자의 문제의식에 따라 서술 방향을 결정했다. 긴 숙고 끝에 다음 두 가지 주제를 다루기로 한다.

첫째, 소우주에 비견되는 인간이 대우주인 자연과 일치해야 한다는 신념 또는 인간이 자연과 조화를 이루어야 한다는 지향이 갈수록 뚜렷해졌다는 사실이 중요하다. 이는 현대 한국인의 사유에 중요한 기반이 되기 때문이다.

둘째, 유학의 이상은 '대동사회'를 건설하는 것인데, 그것을 이루고자 하는 열망이 500년 동안 일관하였다는 점도 중요하다. 현대 한국인 역시 그 전통에 따라 미래의 사회 경제적 지향점을 정립할 수 있을 것이라 믿는다.

가. 인간과 자연의 합일

16세기부터 조선의 유학자, 즉 선비들은 유학의 형이상학에 깊은 관심을 표했다. 머나먼 중국 고대에는 형이상학을 천착한 학자가 거의 없었다. 공자와 맹자도 예외가 아니었으므로, 원시(原始) 유학에는 형이상학적 요소가 거의 없었다고 해도 틀린 말이 아니다.

그러나 한나라 때 불교가 중국에 들어오자 사상계의 지도가 달라졌다. 더구나 당나라 이후에는 불교의 형이상학에 매료된 중국인이 많아져 유학자까지도 그 영향을 받았다. 송나라 때가 되자 유학자들도 불교의 영향 아래 형이상학적 체계를 구상했다. 특히 그들은 성리(性理)에 주목하여 유학에 형이상학적 토대를 제공했다. 후대는 송대 유학의 이러한 변신에 주목해 "신(新)유학"이라고 부르기도 하였고, "성리학(性理學)"이라고도 일컬었다. 또는 송나라의 성리학을 대표하는 인물 주희(朱熹)의 이름을 따서 "주자학(朱子學, 주 선생님의 학문)"이라고도 하였다.

성리학이 고려에 본격적으로 수용되기는 14세기의 일이었다. 이후 고려의 탁월한 학자들은 대체로 성리학을 연구했다. 14세기 말 삼봉(三峯) 정도전(鄭道傳)을 비롯한 여러 성리학자가 고려를 멸망시키고 새 나라 조선을 건국하는 데 앞장섰다. 그들이 세운 조선왕조는 당연히 국가 통치 이념을 성리학에서 찾았다.

조선 초기의 왕들 가운데도 성리학에 정통한 이가 있었다. 그가 곧 세종이었다. 15세기 초 세종은 대신 변계량의 건의를 수용하여 집현전을 창설하고 당대 제일의 성리학자들을 양성하였다. 집현전의 성공으로 성리학에 관한 이해 수준은 한층 더 깊어졌다. 16세기에는 선비들 사이에서 형이상학적 이론에 관한 연구와 토론이 더욱더 활발해졌다.

천인합일

성리학의 우주론을 살펴보면, 그 중심에 "천인합일(天人合一)"이란 이론이 있다. 인간과 우주는 떼려야 뗄 수 없이 긴밀하게 연결되어 있으므로, 인간은 우주 또는 자연과 일치된 삶을 영위해야 한다는 주장이다. 이는 도덕을 추구하는 무욕(無慾)한 삶을 지향한 것이다. 인간과 자연은 별개의 존재가 아니므로 자연과의 조화를 추구하는 것이 당연하다는 가르침이다.

조선의 선비는 이처럼 독특한 자연관을 공유하였다. 16세기의 큰 선비 하서(河西) 김인후(金麟厚)는 〈자연가(自然歌)〉라는 시가에서 탈속한 천인합일의 삶을 아래와 같이 노래하였다.

> 청산(靑山)도 절로 절로 녹수(綠水)도 절로 절로/ 산(山) 절로 수(水) 절로
> 산수(山水) 간에 나도 절로/ 이 중에 절로 자란 몸이 늙기도 절로 절로
> 青山自然自然 綠水自然自然 山自然水自然 山水間我亦自然

자연의 이치대로 사는 것은 천리(天理) 또는 천명(天命)에서 조금도 벗어나지 않는 것이다. 삶이 그렇게 되면 인간은 본연의 사명을 순리대로 이루게 된다고 보았다. 이른바 "무위이화(無爲而化)"라는 경지, 즉 일부러 애쓰지 않아도 천명이 절로 이뤄지는 상태에 도달한다는 긍정적이고 낙관적인 전망이다.

천명도

조선에서는 성리, 곧 인간의 본성과 우주 자연의 이치에 관한 철학적 토론도 활발하게 전개되었다. 그 중심에 《천명도설(天命圖說)》이 자리했다. 논의의 시발점이 된 것은 추만(秋巒) 정지운(鄭之雲)이 그린 〈천명도〉였다. 당대의 석학 하서 김인후와 퇴계 이황은 정지운의 도설(圖說)을 깊이 감상하고, 그에 관한 견해를 제시하였다. 다수의 큰선비도 깊은 관심을 가지고 김인후 등의 토론을 끝까지 주시하였다.

《천명도설》에 관한 토론의 주역인 김인후와 이황은 서로 친밀하였다. 두 선비는 성균관에 유학할 때부터 친한 사이였다(중종 28년, 1533). 그로부터 7년이 지난 중종 35년(1540), 김인후는 문과에 급제하자마자 이황을 비롯한 당대 최고의 젊은 문신들과 함께 동호(東湖)의 독서당에서 사가독서(賜暇讀書)를 하였다. 곧이어 김인후는 홍문록(弘文錄)에 선발되어, 또다시 이황과 더불어 홍문관에서 여러 해 동안 함께 일하였다. 나중에 김인후와 이황은 나란히 문묘(文廟)에 배향되어 "동국 18현"으로 불렸다.

명종 5년(1550)에 이황은 경상도 풍기(지금의 경상북도 영주시 풍기읍) 군수로 내려갔다. 그때도 그는 김인후와 편지를 주고받았다. 이황의 제자 정유일(鄭惟一, 1533~1576)이 기록한 바에 따르면, "김하서(金河西, 김인후)는 만년에 식견이 매우 정밀하고, 의리를 논하는 데 쉽고도 분명하였기 때문에 선생(이황)이 못내 칭찬하였다."[1] 영호남의 석학이 서로를 몹시 존중한 것인데, 그들이 내적으로 더욱더 가까워진 것은 《천명도설》에 관한 이해가 서로 비슷했기 때문이다.

하서 김인후의 학문적 영향

후세가 놓치고 있는 사실이지만, 김인후는 조선 유학사에서 대단히 중요한 인물이다. 그는 형이상학인 "도(道)"가 형이하학인 "기(器)"와 명확히 구별된다는 점을 강조하였고, 사물의 시원인 형이상학적 태극은 그것의 운동을 좌우하는 형이하학적 음양과는 완전히 구별되는 별개의 존재라고 언명하였다. 또한, 김인후는 명나라 때 유행한 양명학을 비판하고, 16세기 조선에서 유행한 여러 종류의 주기론(主氣論, 리기설의 한 종류)도 오류에 가득한 주장이라며 물리쳤다. 바로 그런 점에서 이황 역시 다르지 않았다.

나아가 김인후는 사단(四端, 인의예지)은 칠정(七情, 감정), 곧 기쁨〔喜〕, 노여움〔怒〕, 슬픔〔哀〕, 두려움〔懼〕, 사랑〔愛〕, 싫어함〔惡〕, 바람〔欲〕과 본질에서 다르다고 주장하였다. 김인후는 칠정에 관해 리기(理氣)가 함께 발현하거나 결합할 때 표현된 것으로 보았다. 따라서 사단과는 달리 칠정에는 선악(善惡)이 실려 있는데, 그것은 감정적 행위의 외적 규범이 조화로운가 또는 그렇지 못한가에 달린 것으로 인식했다. 이러한 김인후의 견해는 지각론(知覺論)이라고 할 수 있다. 매우 독창적인 학설로, 후배 고봉 기대승에게 그대로 계승되었다.

기대승은 16세기의 큰선비였다. "사단칠정논변(四端七情論辨)"을 통해 그는 스승 이황에게도 지적 자극을 주었다. 그 결과, 이황은 선험적 리(理)를 강조하게 되었으므로, 따지고 보면 김인후의 영향을 받은 것이었다. 또 다른 큰선비 율곡 이이도 김인후의 학설을 통해서 경험론적 리(理)를 신봉하였다. 이렇게 볼 때 김인후는 이황과 이이가 서로 다른 방향에서 지각론을 전개하는 데 영향을 준 것이었다.[2]

- 하서 김인후의 성리학 이론은 조선 유학사에서 중요한 역할을 했다.

사단칠정론

《천명도설》에 관한 이해가 깊어짐에 따라 조선 선비들은 "사단칠정"의 차이를 둘러싸고 열띤 토론을 전개하였다. 고봉 기대승과 퇴계 이황 사이에서 벌어진 논쟁이 매우 유명하다. 기대승은 김인후를 종유(從遊)했으므로 '사칠논변(四七論辨)'도 본래는 김인후와 함께할 생각이었다. 그런데 김인후가 갑자기 작고했으므로, 이황과 토론을 벌이게 되었다. 이황에게 보낸 그의 편지, 〈퇴계 선생 좌전에 답하여 올림〉에 다음과 같은 글귀가 있다.

> 이곳 장성(長城)에 하서(河西) 선생 김공(金公, 김인후)이 사셨습니다. 저의 집과는 단지 오우명(五牛鳴, 약 25리)이므로, 저는 벼슬을 그만두고 돌아가 선생(김인후)께 의지하여 전에 배운 바를 강습하려고 하였습니다. 그런데 선생께서 1월 16일에 병으로 갑자기 별세하셨습니다. 사도(斯道, 성리학)에 이보다 더 큰 불행이 있겠습니까마는 제 불행은 더욱 심합니다. 사색하다가 의심스러운 것을 여쭈어볼 곳이 없을 때면 늘 선생 생각이 나는데, 다시 뵐 수 없어 말없이 조용히 앉아 슬픔을 참아 보려고 하지만 억누르기 어렵습니다. 선생(이황)께서도 하서 선생과 오랫동안 서로 친하게 지내셨으므로, 부음을 듣고 상심하고 애통해하셨을 줄 압니다. ...[3]

기대승이 이황과 더불어 사단과 칠정을 논의하게 된 배경에는 김인후의 갑작스러운 죽음이 있었다. 기대승과 이황의 토론은 두 선비에 한정된 학문적 연찬이 아니라 각지의 여러 선비가 간접적으로 참여한 16세기 조선의 대토론회였다.

- 성리학자 기대승의 위패를 모신 빙월당

   이 논변에서 기대승은 리(理)가 유일한 근본이라는 점을 강조했다. 오늘날 기대승의 철학적 출발점을 기(氣)에서 찾는 학자도 있으나 그것은 그릇된 판단이다. 기대승의 핵심 주장은 "이기공발설(理氣共發說)"로, 리와 기가 함께 발동한다는 뜻이다.[4] 이황이 주장한 "이기호발(理氣互發)", 즉 이와 기가 상호작용을 일으킨다는 설과는 약간의 차이가 있다. 누가 옳고 그르고를 따지는 것은 별로 중요한 문제가 아니라고 생각한다. 중요한 것은 그처럼 고상한 철학적 논의가 세상의 관심을 끌었다는 점이다.

리기설

《천명도설》에서 비롯된 형이상학적 탐구는 만물의 생성과 변천에 관한 논의로 심화되었다. 16세기 성리학계의 주역 이황, 화담 서경덕 그리고 이이는 저마다 리와 기의 관계를 천착하였다. 그들의 견해는 후대에 영향을 주었다. 조선 말까지도 형이상학에 침잠한 성리학자가 매우 많았다. 이것이 조선 성리학의 특징으로 손꼽힌다.

필자는 두 가지 공통된 인식이 중요하다고 본다. 하나는 리로 표현되는 도덕성이 우주 만물의 근본이라는 인식이요, 또 하나는 그러한 형이상학적 이해가 맹자의 성선설과 서로 안팎을 형성했다는 점이다. 달리 말해, 생각을 선하게 하고 선행을 실천해야 만물의 이치에 정확히 부합한다는 확신이었다. 이를 강화하는 것이 형이상학인 리기설이었다.

종합하면, 사단칠정에 관한 논의든지 《천명도설》이든지 조선 선비들은 리기론을 토대로 삼았다. 혹자는 리기설을 그 밖의 형이상학에서 분리하려고 하지만, 그것은 처음부터 틀린 것이다.[5]

다만 반드시 언급해야 할 예외적 현상이 있다. 17세기에는 리기설에 대한 비판도 등장하였다는 점이다. 교산 허균이 그 중심이었다. 그는 대다수 성리학자와는 달리 감정이 이성보다 훨씬 더 중요하다고 믿었다. 식욕과 성욕 등 기본 욕망이 인간의 삶에 가장 결정적인 요소라고 보았다.

그러자 허균은 짐승만도 못한 사람이라는 비판이 성리학자들에게서 쏟아져 나왔다. 심지어 20세기 초의 성리학자 간재 전우까지도 허균을 매도하기에 여념이 없었다. 알고 보면 허균의 경험론적이고 주정적(主情的) 사고는 양명학 좌파의 영향을 받은 것인데, 조선 성리학계는 이를 철저히 배척했다.

김인후와 이황부터 후세의 성리학자에 이르기까지 그들은 리를 중시하였다. 사고의 폭이 매우 제한되어 있었다. 그러나 리기론을 통해 인간의 도덕성에 관한 확신이 깊어진 점은 큰 수확이었다.

인물성동이론

17세기부터 조선 성리학계에는 새 바람이 불었다. 인성(人性)과 물성(物性)에 본질적인 차이가 있는지를 탐구하기 시작한 것이다. 학자들은 동물에게도 성선설이 적용될 수 있는지를 궁리했는데, 큰 틀에서 보면 이 역시 천인합일에 관한 검증 작업이었다.

성리학자들은 호론(湖論)과 낙론(洛論)으로 나뉘어 치열한 공방전을 벌였다. 그중에서도 인성과 물성은 똑같다는 견해, 즉 도덕성은 인간의 전유물이 아니라는 주장은 서울에 사는 선비들의 지지를 받았다. 그래서 낙론(서울 측 주장)이라고 하였는데, 그 중심에 외암 이간이 있었다. 그와 달리 도덕성은 인간의 전유물이라는 주장도 팽팽하였다. 이는 주로 충청도 선비들의 환영을 받았으므로 호론(충청도 측 주장)이라고 했는데, 남당 한원진이 주도했다. 호론과 낙론의 주창자들은 모두 노론의 영수 우암 송시열 문하에서 나왔다.

경기도 안산에 살던 실학자 성호 이익도 그와 같은 주제에 관심을 표명했다. 이익은 자신이 기르는 닭의 행동을 관찰한 결과, 닭에게도 도덕성이 있다는 결론을 얻었다. 결과적으로 보면, 낙론에 가까운 견해였다. 그보다 후대의 실학자 담헌 홍대용도 동물에게도 도덕성이 있다는 쪽으로 기울었다. 이처럼 19세기까지도 도덕성을 둘러싼 논의는 계속되었다.

성호 이익 초상화

인성과 물성에 대한 논의의 출발

그 논변의 발단은 본래 영남에 사는 남인에게서 비롯되었다. 효종 9년 (1658)에서 현종 5년(1664) 사이에 존재(存齋) 이휘일(李徽逸)과 갈암(葛菴) 이현일(李玄逸) 및 항재(恒齋) 이숭일(李嵩逸) 3형제가 인성과 물성의 차이를 처음으로 검토했다. 이휘일과 이현일은 인간만 도덕성을 지녔다고 주장했으나, 이숭일은 그렇지 않다며 아래와 같이 반론을 폈다.

> 리(理)는 오직 하나(一)이므로 어디에서나 같은 보편적인 것이요, 하늘의 천명(天命) 또한 어떠한 사물이든 다르게 작용할 리가 없다고 하면 인간이나 동물은 모두 '오상(五常, 오륜)의 성(性)'을 가졌다.[6]

이 논쟁은 여러 선비에게 깊은 영향을 주었다. 결과적으로는, 인성과 물성이 같다는 주장이 더 많은 지지를 받았다. 얼마 뒤에는 이 주제를 둘러싼 논쟁이 서울과 경기에 거주하는 서인들 사이에서도 일어났다. 소론의 대학자 서계(西溪) 박세당(朴世堂)이 《사변록(思辨錄)》에서 인성과 물성의 차이를 거론한 데서 이 논쟁이 본격화했다. 그리하여 앞에서 언급한 것처럼 낙론과 호론이 일어나기까지 했다. 무려 2백 년 동안 이 논쟁이 계속되자 처음에는 뚜렷이 달랐던 두 입장이 점차 절충점을 발견해 나중에는 서로 비슷해졌다.[7]

필자가 보기에 후세에 큰 영향을 준 것은 낙론이었다. 인간과 동물은 모두 도덕적 성품을 갖고 있다는 것, 즉 인간과 자연이 일체라는 점을 다시 확인한 것이 논쟁의 큰 수확이었다. 본래 성리학에서는 '성즉리(性卽理)'라고 하여 본성(性)이 만물의 이치(理)와 함께 선(善)하다고 간주했다. 그러므로 모든 사물은 도덕적 주체라는 명제에 도달할 수 있었다.

동학의 삼경설

19세기 후반에는 동학이 등장해 "시천주(侍天主, 하늘을 섬기라)"와 "인내천(사람이 곧 하늘이다)"이라는 종지(宗旨)를 내세웠다. 더구나 제2대 교조 해월 최시형은 거기서 한걸음 더 나아가 "삼경(三敬)"을 설파했다. 인간과 사물과 하늘, 이 세 가지가 모두 지극히 존귀하다는 것이었다. 현대적으로 해석하면 우주 자연은 모두가 하늘이라는 뜻이다. 삼경설을 통하여 최시형은 신분도 초월하였고, 젠더와 연령의 차이까지도 초월했다. 그는 인간의 존엄성을 발견하였을 뿐만 아니라 만물이 동등하다는 주장으로 나아간 것이다.

20세기 초에도 대다수 성리학자는 형이상학적 리기설의 테두리에 갇혀 지냈다. 그러나 유학의 전통을 창조적으로 발전시킨 동학이 인식의 지평을 넓힌 것이다. 해월은 인간 평등을 넘어 생태계의 평등과 공존을 추구했다는 점에서 호평받을 만하다.[8]

최시형은 천지를 인간과 절연한 물리적 자연으로 보지 말고 부모님처럼 섬기라고 하였다. 그의 눈에 비친 만물은 인간과 형제자매나 다름없었다. 현대적 관점에서 보면, 인간과 자연이 우주적 연대를 바탕으로 화해와 공경의 차원으로 나아가야 한다는 뜻이다. 이야말로 사해동포주의적 평화라는 이상을 선포한 것이요, 생태적 전환을 촉구한 것이다.[9]

요컨대 조선의 성리학자는 수백 년 동안 "천인합일"에 관한 형이상학적 논의를 벌였고, 마침내 동학에 이르러서는 만물 평등을 인정하고 생태주의적 세계관을 수립하였다.

나. '대동사회'라는 이상향

유학이 소망하는 이상향이 대동(大同)에 있다는 점은 누구나 안다. 《예기(禮記)》의 〈예운(禮運)〉에 실려 있는 것처럼 대동 세상에는 강도나 좀도둑, 반역자가 한 명도 없어 밤이든 낮이든 문단속이 필요하지 않다. 지극히 평화롭고 복된 세상이 바로 대동사회이다. 조선 선비들은 이런 세상을 현실에서 이룩하고자 했다.

조선을 건국할 때 정도전은 전제(田制) 개혁으로 대동사회의 토대를 마련하려고 했다. 그 뒤에 세종은 민본사상으로, 또 조광조는 개혁 정치로, 후세의 실학자들은 토지개혁론으로 대동 세상을 추구했다. 나아가 동학의 "후천개벽(後天開闢, 지상낙원)"도 그랬고, 동학농민혁명 때 농민이 실천한 "유무상자(有無相資, 부자와 가난한 사람이 서로 돕고 살기)"의 삶도 대동을 향한 열망에서 나왔다.

대동사회의 특징과 방법론

유교의 궁극적 목표인 대동사회는 어떠한 특징을 가졌을까. 구체적으로 말하려면 다섯 가지에 주목해야겠다.[10]

첫째, 천하는 어느 개인의 소유물이 아니라 모든 구성원의 공유물이란 점이다. 둘째, 구성원 모두의 도덕적 수준이 높아야 모두가 행복해진다는 믿음이다. 셋째, 대동 세상을 이룩하려면 현명하고 능력 있는 인재가 이끌어야 한다. 넷째, 구성원이 서로 신뢰해야 화목해진다는 믿음이다. 다섯째, 사회적 약자를 배려함으로써 아무도 소외되지 않는 세상이 대동이다.

대동 세상을 이루는 방법 또한 다섯 가지로 요약할 수 있다.

첫째는 개인의 수양이다. 성선설의 토대인 네 가지 덕목, 즉 인의예지(仁義禮智)를 회복하는 일이 급선무이다. 둘째, 교육으로 사회 전반에 도덕심을 널리 장려해야 한다. 셋째, 신뢰를 토대로 서로 조화롭게 사는 것이다. 넷째, 경제적 불평등을 해소하여 최소한의 복지를 이룩해야 한다. 다섯째, 천인합일 상태가 곧 대동이다.

이상에 서술한 것과 같이 현실의 부조리를 극복하고 이상사회를 건설하려면 비상한 각오와 노력이 필요하다. 조선 성리학자들은 천인합일이란 상위 개념을 소화하여 대동사회를 건설하고자 했다. 이를 실천하는 과정에서 널리 인간을 이롭게 한다는 홍익인간(弘益人間) 정신이 발휘되었다. 한국사 첫머리에 등장하는 단군신화의 근본 정신이기도 한 홍익인간의 가치, 그것이 조선 성리학자들의 이상에도 부합하였다는 점은 여간 흥미로운 일이 아니다.

정도전의 전제 개혁

조선왕조 창업에 큰 공을 세운 정도전은 "계구수전(計口授田)"이라고 하여, 식구 수를 헤아려 농사지을 땅을 백성에게 나눠주려고 했다. 조선의 건국 세력은 그런 뜻에 부응하여 낡은 토지 대장을 수집해 모두 불살랐다. 알다시피 고려 말에는 양극화가 극도로 심해 소수 특권층이 전국 농경지를 거의 독점하다시피 했다. 정도전 등은 그러한 폐습을 청산하고 자영농 중심의 새 세상, 또는 든든한 중농 중심으로 새 왕조를 일으키려고 했다.

가난에 시달려온 평민도 먹고살 만큼 농경지를 소유한 나라, "경자유전(耕者有田, 농민이 농경지를 소유함)" 세상을 만드는 것이 정도전의 소망이었다. 그와 조준 등 조선을 일으킨 성리학자들은 태조 이성계의 후원 속에서 양인이라고 불린 평민의 생활을 안정시키는 데 매진했다. 그 결과 또한 긍정적이었다.

정도전의 사상은 유학에서 비롯된 것으로, 전라도 회진(현 전남 나주시)에서 유배 생활을 할 때 직접 목격한 농촌의 피폐상을 통해 깊어졌다고 한다. 그는 다방면에 걸쳐 뛰어난 업적을 남긴, 그야말로 보기 드문 인재였다. 정도전은 이상주의자이자 실용주의자였다. 그가 추구한 애민과 실용주의 노선은 상호보완적으로 작용해 민생에 큰 도움을 주었다.[11]

세종의 민본사상

유학의 가르침대로 민본의 나라를 만들고자 심혈을 기울인 이가 세종이었다. 왕은 사회적 약자를 깊이 배려했으며, 백성이 내는 세금이 공정하고 정확한 근거에 따르도록 공법(貢法, 세법)을 만들기도 했다. 세종은 한국 역사상 최초로 조선식 의약 제도를 확립했다. 그리고 조선의 약재를 총망라하여 《향약집성방》을 편찬하였고, 역대 중국의 의서(醫書)를 총정리하여 정확하고 사용에 편리한 《의방유취》를 만들었다. 이러한 세종의 가장 큰 소망은 조선을 온전한 유교적 문명국가로 만드는 것이었다.[12]

세종은 백성을 "천민(天民)", 즉 하늘이 낸 백성이라고 인식하였고, 자신의 임무를 "대천이물(代天理物)"이라고 하여 하늘을 대신해 백성과 만물을 다스리는 것으로 보았다. 그는 유학의 가르침을 신봉해 나라의 근본인 백성에게 득이 되는 보살핌의 정치를 펼치는 데 자나 깨나 힘을 썼다. 생명을 존중하고, 민생 문제를 해결하는 동시에 교화와 소통을 추구하는 유교적 통치였다.[13]

세종은 유교 도덕을 백성들에게 가르치기 위해《삼강행실도》를 편찬했다.

　세종의 업적은 헤아릴 수 없이 많으나, 가장 눈길을 끄는 것은《삼강행실도》를 편찬해 유교 도덕인 충효열(忠孝烈)을 실천하고 한글을 창제한 것이다. 아울러 유학 경전인 사서삼경을 한글로 언해하기 시작한 사실도 특기할 만하다. 한마디로, 유교적 문명화를 달성하기 위해 세종은 최선을 다했다.

　그런 소망을 달성하기 위해 세종은 '문장 강국'을 건설하는 데 힘썼다. 후세가 칭찬하는 집현전은 문장 강국으로 나아가는 디딤돌이었

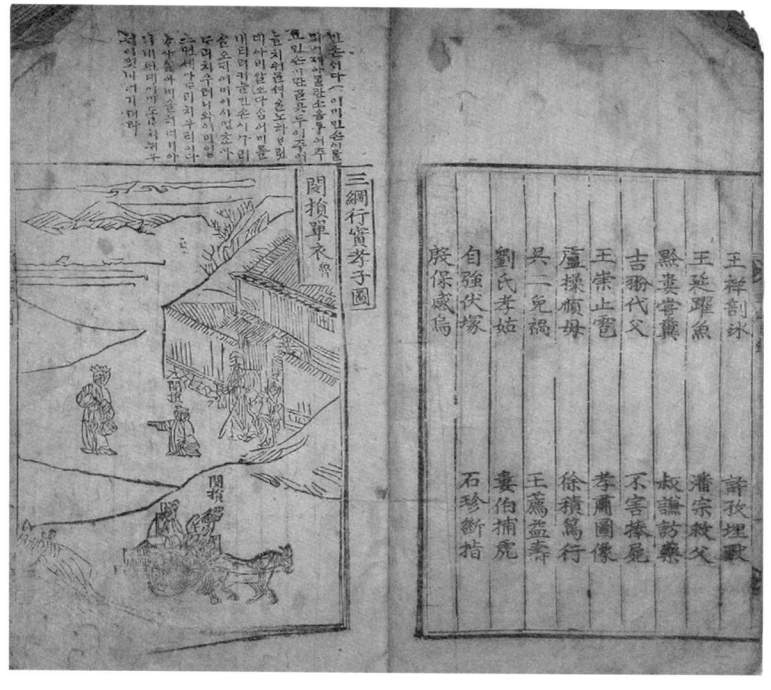

2_유학의 나라 조선의 특징　109

다. 오늘날 현대인이 보기에는 문장이 그다지 중요하지 않은 것처럼 보이나, 세종의 생각은 달랐다. 바르고 아름다운 문장이 아니고서는 인격을 닦을 수도 없고, 학술과 기예를 발전시켜 문명국가로 발돋움할 수도 없기 때문이었다. 인품과 학식 그리고 무엇보다도 문장이 뛰어난 대제학(大提學)을 뽑아 학술과 외교를 북돋는 것은 꼭 필요한 일이었다. 따라서 세종은 문장력이 탁월한 학사를 많이 길러, 그들이 각 방면의 저술과 편찬 사업을 통해 국가 발전에 이바지하게 하였다.

김종직의 문장 미학

세종이 추구한 '문장 강국'의 길을 완성한 이는 점필재(佔畢齋) 김종직(金宗直)이었다. 그는 성리학 이념에 충실한 "평담(平淡)" 미학을 완성해, 후세의 사표가 되었다.[14] 김종직이 도달한 보편주의적이고, 객관적이며, 도덕 지상주의적인 표현 양식은 조선 시대를 지배하는 문장의 기준이었다.

김종직은 "사림(士林)의 종장(宗匠)"으로 일컬어졌다. 퇴계 이황과 율곡 이이 등은 그를 "백세(百世)의 스승"이라고 우러렀는데, 김종직의 문장에는 "도학", 즉 성리학의 정수가 꾸밈없으면서도 격조 있는 문장에 실렸다고 평가했다.

제자로는 김굉필, 정여창, 남효온, 이심원, 김일손 등이 있다. 그들은 한 시대를 이끈 선비들로 칭송이 자자했다. 그러나 모두 연산군 때 일어난 무오사화(연산군 4년, 1498)와 갑자사화(연산군 10년, 1504)에 얽혀 큰 피해를 보았다.[15] 알다시피 무오사화는 김종직이 쓴 〈조의제문(弔義帝文, 의제를 애도하는 글)〉이란 글을 빌미 삼아 훈구파가 일으킨 끔찍한 사건이었다. 성리학적 이념에 충실한 "사림"이 조정의 특권층인 훈구(勳舊, 공신)에게 일망타진되고 만 것 같아도, 사림은 사화를 겪은 뒤에도 와해되지 않고 도리어 저변이 확대되었다. 16세기 이후 조선 사회를 이끈 힘은 사림에서 나왔다.

조광조의 개혁 정치

김종직의 손(孫) 제자요, 김굉필의 수제자인 정암(靜庵) 조광조(趙光祖) 이야기를 빠뜨릴 수 없다. 조광조는 중종의 조정에 혜성과 같이 등장하여 대대적인 개혁 정치를 펼친 것으로 유명하다. 향약을 시행하였고, 역사상 처음이자 마지막으로 추천제 과거시험인 현량과를 치렀다. 또, 성리학의 필수 교양서적 《소학》의 중요성을 강조했다. 조광조의 개혁은 조선이 대동사회에 한발 더 가까이 다가선 사건이었다.

조광조 일파는 공적 가치를 강화하였는데, 무엇보다 선비들의 공론을 중시했다. 그들 개혁파가 조정의 실권을 장악한 것은 불과 수년이었으나, 개혁의 효과는 컸다. 그들의 노력 덕분에 사림이 널리 퍼졌다. 조광조는 만물이 "유기적 전체"를 이룬다는 사실을 깊이 인식해 누구나 "보편적 진리"를 공유하기를 소망했다. 그는 원활한 의사소통으로 "공론"이 형성되는 것이 바람직하다고 믿었다. 개인의 인식에는 오류가 있을 수 있으므로, 공공의 논의를 통해 항상 올바른 견해에 도달하기를 바랐다.[16] 달리 말해, 공론이라야 대동사회를 이룰 수 있다는 뜻이었다.

실학자들의 토지개혁론

조광조가 실각하자 대동사회를 추구하는 흐름이 한동안 미약했다. 16세기를 지나는 동안에 조선의 사회 질서는 무너져, 민생이 나날이 피

- 동학의 최고지도자 정봉준은 토지와 임야를
  모두에게 고루 분배하는 꿈을 꾸었다.

폐해졌다. 설상가상으로 임진왜란과 정유재란 그리고 정묘호란과 병자호란의 후유증까지 더해졌다. 이처럼 큰 환란이 닥치면 사회적 약자는 더더욱 큰 피해를 본다.

17세기 후반이 되자 세상은 더욱더 시끄러워졌다. 그러자 여러 명의 실학자가 등장해 민생을 살리는 데 필요한 제도를 개혁하자고 주장했다. 그들이 가장 비중을 둔 것은 토지제도 개혁이었다. 실학자들은 이상적인 토지제도로 정전제(井田制)를 염두에 두었다. 이는 《맹자》에 나오는 중국 고대의 토지제도로 대동의 가치에 부합하는 것으로 여겨졌다.

이이, 한백겸, 정약용 등은 기자(箕子)에 의해 고대 우리나라에서도 정전제가 시행되었다고 확신하였다. 비록 조선 후기의 실상은 정전제와 거리가 멀었으나, 실학자들은 '공전(公田)' 개념을 되살리려는 노력을 멈추지 않았다. 몇 가지만 간단히 소개한다.

반계(磻溪) 유형원(柳馨遠)은 공전을 바탕으로 국가체제를 혁신하려고 했다. 그는 《반계수록》에서 토지제도와 사회 전반에 관한 대수술을 시도하자고 제안했다. 조선 후기에 최초로 제기된 경세(經世) 담론이었다. 그 뒤를 이어 다산 정약용 또한 '공전'을 바탕으로 점진적이면서도 전면적인 토지제도의 개혁을 주장했다. 《경세유표》에는 그러한 의지가 뚜렷이 나타나 있다. 사실대로 말하면, 《맹자》에서 언급한 정전제는 역사적 실체가 확인되기 어렵다. 하지만 조선의 실학자들은 현실의 다양한 요구를 고려해 저마다 "분전(分田, 토지 분배)" 가능성을 검토했다.[17]

가장 특이한 것은, 성호 이익이 주장한 한전제(限田制)와 정약용이 꺼낸 여전제(閭田制)였다. 이익은 토지 소유에 상한선을 둠으로써 차츰 자영농 중심의 농촌사회를 만들 수 있다고 믿었다. 그와 달리 정약용은 마을 단위로 농경지를 소유·경작하고, 노동력에 따라 분배하는 여전제를 시행하면 대동사회가 올 것으로 기대했다.

이러한 기대는 실현 가능성이 없는 이상론이었다. 조선 후기에는 인구가 꾸준히 늘어났으나 경작지 면적은 도리어 감소했다. 따라서 국가가 권력을 총동원하여 농경지를 재분배한다고 하더라도 백성이 안정된 생활을 영위할 수 없었다. 실학자들의 토지제도 개혁론은 탁상공론을 벗어나지 못한 셈이다.

후천개벽과 유무상자

19세기가 되자 민생이 더욱더 궁핍해졌다. 각지에서 민란이 자주 일어났는데 내우외환까지 겹치자 1984년에는 동학농민혁명이 일어났다. 동학농민군의 최고 지도자 전봉준은 장차 토지와 임야까지 분배할 꿈을 가졌다. 하지만 혁명은 실패로 돌아갔고, 그는 형장의 이슬로 사라졌다.

혁명 기간에 농민혁명군은 유무상자(有無相資)를 실천해 후세에 영감을 주었다. 생활이 넉넉한 지주와 먹고살기 어려운 농민이 서로 도우며 상생을 구현했다. 그에 더해 동학은 "포접(包接)"이란 제도를 통해 교단을 운영하였다는 점도 중요하다. 그들은 공론을 중시하고 구성원의 인격을 서로 존중하며 아낌없이 도움을 베풀었다. 이러한 사실도 역사적으로 평가받아야 할 점이다. 동학 농민군은 향약의 정신을 제대로 실천한 것으로 보인다.

동학이 후천개벽을 추구했다는 사실 역시 인상적이다. 이는 유학의 이상인 대동사회를 현실에서 건설하려는 시도였다. "낙세(樂世)" 또는 "낙토(樂土)"로 표현되는 지상천국을 그들이 열망한 사실은 누구나 안다. 이것은 동학의 큰 스승들이 강조한 "후천개벽"의 또 다른 표현이었다.

"후천개벽"은 19세기 이전에 한국인이 꿈꾼 미래와는 질적으로 다른 점이 있었다. 상생과 화해를 실천하는 새 세상을 이룩하고자 한 점이 새로웠다. 동학 경전과 여러 법설에는 장차 "도래할 낙세(낙토)"를 "다시 개벽"이라거나 "후천개벽"이라고 설명했다. 우연히 일어날 수 있는 종교적 기적이 아니라 동학 구성원들이 자성과 일상적 실천 행위를 통해 힘 모아 건설해야 할 새 세상의 이름이었다.[18] 동학이 유학의 전통을 물려받으면서도 그것을 다른 차원으로 승화하였다는 점에서 의의를 발견할 수 있다.

정치 사회적 특징

조선은 중국이나 일본과는 달리 왕과 신하가 '공치(共治, 함께 다스림)' 하는 나라를 지향했다. 전통적으로 한국의 왕은 힘이 약하기도 했거 니와 조선왕조는 유학의 가르침에 충실하였기 때문에 공치를 이상으 로 삼았다. 그에 걸맞게 조선에서는 통치를 분담할 관리의 전문성을 높이고자 큰 노력을 하였다. 그 결과 국정 운영이 점차 효율적으로 개 선되었다는 점도 중요하다.

가. 군신공치

유학, 그중에서도 성리학은 군신공치를 정치의 이상으로 삼았다. 고 대 중국의 법가와 묵가가 공치를 철저히 부정한 것과는 근본적인 차 이가 있다. 법가에서는 왕이 정한 법과 왕의 통치행위라야 공공성이 보장된다고 믿었다. 묵가 역시 왕에게 복종하는 것이 정치 질서를 확립하는 방법이라고 가르쳤다.

그러나 유학은 달랐다. 공자와 맹자는 왕이 현명한 신하를 스승으로 삼아 스승의 의사를 존중할 때 비로소 이상적인 정치가 가능하다고 했다. 이처럼 서로 엇갈린 가르침으로 인해 중국에서는 유가를 존중하는 듯하면서도, 실제는 황제의 절대 권력을 주장하는 사회 분위기가 지배적이었다.

조선왕조는 처음부터 군신공치를 지향했다. 《조선경국전》에서 정도전은 왕의 정통성을 인정하면서도 재상이 행정집행권을 가지고 대간이 왕과 재상을 비판하는 언론권을 행사해야 한다고 주장했다. 서로의 능력과 지혜가 합쳐지기를 바란 것이다. 정도전의 견해는 권력분립론 또는 군신공치론이라 하겠다. 조선 500년 동안에 정도의 차이는 있었으나 대체로는 그와 같은 태도가 대세였다. 특히 세종 때는 정도전이 주장한 공치란 개념이 현실에 그대로 적용되었다.[19]

경연의 힘

군신공치를 가능하게 만든 현실적 조건은 무엇이었을까. 왕과 신하가 만나 하루에도 세 번씩이나 유학을 학습하고 국정을 토론하는 모임, 즉 경연(經筵)의 힘이었다. 경연에서 가장 중요한 부분은, 왕도 선비의 한 사람으로서 수신에 힘쓰기를 강조한 것이다. 지배자의 역할을 제대로 하려면 왕은 무엇보다도 먼저 유학 경전에서 설명하는 수신의 핵심을 정확히 알아야 했다. 나아가 그것을 몸소 실천에 옮겨야 했는데, 이를 촉구하는 신하들의 요청이 날마다 반복되었다.

초기에는 왕이 경연을 통해 유학 경전을 학습하는 데 그쳤다. 그러나 세종 때부터 분위기가 변하여 왕도 수신에 힘써야 한다는 점이 끊임없이 강조되었다. 경연에서 왕은 주요 경전을 강독하였고 역사 서적 등 정치에 참고할 다른 지식도 틈틈이 학습하였다. 큰 틀에서 보면 그 또한 왕의 수신을 위한 학습이었다.

경연에 나온 당대 제일의 선비들은 왕과 더불어 유학 이론을 기반으로 정치 현안을 깊이 있게 토론하였다. 경연에서 논의를 주도한 이는 왕이 아니라 신하들이었다. 그런 분위기가 날마다 이어졌으므로, 왕은 국정의 주요 과제를 독단적으로 처리하지 못하였다. 항상 신하들의 의견을 경청해 신중하게 판단하는 것이 왕의 역할이었다.[20]

관리 임용

고려 시대와는 달리 조선 시대에는 주요 관직을 문과 급제자가 독점하였다. 유학에 관한 지식이 빼어나고, 선비로서 조행(操行)이 탁월한 사람만 고위관리로 승진해 어전에서 중대 사무를 논의했다. 요컨대, 유학으로 철저히 무장한 선비만 요직을 담당하였다.

조선 시대에도 음직(蔭職)이 있기는 했다. 그러나 혈통을 가장 중시하던 고려의 음서와는 겉으로만 비슷하였으며, 내용상으로는 현격한 차이가 있었다. 고려 시대든 조선 시대든 지배계층이 음서를 통해 신분적 특권을 유지한 것은 어느 정도 사실이었다. 그러나 유교화의 결과 고려와 크게 달라졌다.

조선 시대에 음서로 등용된 사람은 대체로 학술이 뛰어나거나 유교 도덕인 충효를 실천해 타인의 모범이 되는 선비들이었다. 혈통이 훌륭하다는 이유만으로 중요 직책에 관리로 임명되는 일은 거의 없었다. 조선은 과거제도를 강화하고 음서제는 약화했다.

다만 조선 시대에도 대가제(代加制)라는 것이 존재해 음서의 전통을 이었다. 직계 조상이나 지친(至親)이 국가에 상당한 공을 세우면 그로 인해 후손이 품계를 거저 얻었다는 말이다. 가령 선무공신 제1등에 선정된 아버지 덕분에 큰아들의 품계가 3단계 높아지는 혜택이 주어졌다. 대가제를 시행하는 과정에서 비리와 혼란이 발생한 것이 사실이었다. 한편으로 대가제의 폐단을 없애려고 제도적 변화가 시도되었다.[21]

여기서 가장 중요한 것은, 조선왕조는 능력 위주로 인사정책을 폈다는 점이다. 그리고 왕을 비롯해 누구라도 장기간 인사권을 독점하지 못했다는 것도 강조할 필요가 있다. 유학의 영향으로 조선에서는 인사권까지도 군신이 협의하여 시행하는 것이 풍습이었다.

상소와 봉사

왕과 선비가 공치하는 사회라서 선비는 "봉사(封事)"를 비롯하여 상소를 올려 자신의 의견을 왕에게 진술하였다. 때로는 왕의 요구로 "대책"을 지어 바치기도 했다. 조선은 어느 왕조와 견주어보아도 선비의 의견 개진이 가장 활발한 사회였다.

벼슬에 나아가지 못한 유생도 국가 현안에 관해 상소를 올릴 수 있었다. 세계 어느 나라에서도 유례를 찾아보기 어려운 일이었다. 유생의 상소가 본격적으로 등장한 것은 16세기부터였다. 그 출발은 15세기였으나, 유교적 문명화가 심화함에 따라 한 세기 뒤부터 유생의 정치 참여가 활발했다.

15세기에는 유생의 상소가 두 가지에 국한되었다. 그 하나는 "응지상소(應旨上疏)"라고 하여 임금이 유생에게까지 상소를 요구했을 때 비로소 가능했다. 또 하나는 "벽불상소(闢佛上疏)"로, 유학자로서 불교의 세력 확장을 반대한 상소 활동이었다.

그러나 15세기만 하여도 유생의 응지상소에 대해 왕과 조정 대신의 반응은 부정적일 때가 대부분이었다. 그들은 유생의 상소문에서 크고 작은 실수며 잘못을 찾아내어 법률 위반으로 몰아갔다. 유생의 상소문에서 부적절한 표현 또는 사소한 오류까지 들추어 처벌하기에 힘썼으므로, 사실상 유생의 언론을 대놓고 탄압하기 일쑤였다.

벽불상소는 조금 달랐다. 왕이 불교에 대한 애정을 드러낼 때마다 대신 가운데 일부가 재야의 유생과 힘을 합쳐 왕을 공격하였다. 그럴 때 대신들이 벽불상소를 이용하는 것이 보통이었다.

한 가지 분명한 사실은, 15세기에 일어난 숱한 상소 사건을 거치며 유생들은 정치적 경험을 축적했다는 점이다. 그들은 선비가 지키는 것은 도이며, 도에 어긋난 일이라면 조정 대신은 물론이고 왕까지도 얼마든지 비판할 수 있다는 신념을 키웠다. 아무런 관직도 없는 선비가 도학(道學)의 파수꾼을 자처했다는 점에 조선의 특징이 있었다.[22]

성균관 유생의 권당

권당(捲堂)이란 현대적 표현을 빌리면 동맹휴학에 해당한다. 이는 성균관 유생이 집단으로 벌이는 시위였는데, 초기에는 유생들이 성균관을 떠나 문자 그대로 공관(空館, 집을 비움)하였다. 그러다가 인조 때부터는 성균관에서 운영하는 식당에 들어가지 않는 시위로 바뀌었다. 숙종 때는 공재(空齋)라고 하여 유생들이 기숙사를 비우는 방식으로 다시 시위가 변모하였다.

조선 전기에는 권당이야말로 왕의 정치적 행위를 비판하는 강력한 시위 수단이었다. 이는 대부분 조정의 공론과 맥락을 같이하는 사림의 동조 현상으로 이해되었다. 그러나 후기에는 유생들이 유교적 명분에 따라 당쟁에 참여하는, 소극적이고 온건한 시위에 지나지 않았다. 그 시절에는 삼사(三司, 사헌부, 사간원과 홍문관)와 승정원 등 언론기관이 당쟁의 주요 수단이었으므로, 공관은 당쟁의 부차적인 방법이었다.[23]

유생의 권당은 별로 효과를 내지 못할 때가 많았다. 그렇지만 조선은 사림의 공론정치를 추구한 나라였으므로, 성균관 유생들도 사림의 일부로서 자신들의 견해를 표현하는 방식을 포기하지 않았다. 이러한 전통은 훗날 대학생들의 시위 문화와 시민사회의 정치 활동으로 계승되었다.

• 성균관 대성전

나. 관리의 전문성 제고

조선의 신하는 공치의 주역이므로 뛰어난 역량을 갖춰야 했다. 세종은 유능한 관리를 양성하려고 집현전을 설치하였는데, 이는 훗날 홍문관 또는 규장각으로 이름을 바꾸어가며 유능한 학사를 양성하는 전통으로 이어졌다. 학사들 가운데 일부는 독서당에 머물며 "사가독서"라고 하는 특권을 누렸다. 이는 일종의 연구년제와 같은 것으로, 그 혜택은 극소수 신하에게 돌아갔으나 관리의 전문성을 높이기 위해 마련한 효율적인 제도였다.

세종의 집현전

앞에서 거듭 말한 것처럼 세종은 유교적 문명화를 이룩하려고 선비를 기르는 데 깊은 관심을 표했다. 학사들은 저마다의 재능에 따라 한두 가지 전문 분야에 관한 학식을 탐구했다. 그들은 국책사업을 추진하는 데 있어 소중한 전문인력으로 성장했다. 세종은 경연과 집현전을 서로 연계하여 유교 의례와 각종 통치 제도를 연구하게 하고 실무적으로도 큰 도움을 주었다.

집현전 학사는 초기만 해도 정원이 10명에 지나지 않았으나 점차 늘어나 가장 많을 때는 32명에 이르렀다. 학사들은 집현전에 장기근속하며 연구에 몰두하였으며, 연공서열에 따라 한 단계씩 승진하였다. 집현전은 최고의 연구기관으로서 세종의 명에 따라 예악(禮樂)을 정리하고 각종 국가 제도를 정비하였다. 또, 수학과 토목, 의약과 군사 및 천문에 이르기까지 많은 업적을 냈다. 집현전 학사들이 국가 운영 전반에 걸쳐 자문 임무를 수행하였다는 점은 특기할 일이다.[24] 세종의 시대는 한국사의 황금기로 손꼽히는데, 그 저변에는 민본 국가를 지향하는 유교적 이상이 있었다.

홍문록

세조의 왕위 찬탈을 반대한 사육신의 대다수가 집현전 출신이었다. 그러므로 세조는 정치적 안정을 위해 집현전을 일단 폐지했다. 그러나 국가에 인재가 필요하다는 사실을 부정할 수 없어 다시 홍문관을 설치했다. 이번에는 젊고 유능한 학사를 엄선하여 홍문관에서 실력을 닦아 국가의 기둥이 되게 하였다.

홍문관에 보임할 인재는 모든 인재 중에서도 으뜸이었다. 그러므로 〈홍문록(弘文錄)〉을 작성해 장차 홍문관에서 일할 인재를 미리 뽑아두었다. 선발 방식을 간단히 알아보면, 홍문관에 후보자를 추천하게 하고 해당 인물에 관해 이조가 꼼꼼히 검토하였다. 그렇게 해서 만든 인명부를 의정부 대신들이 논의한 다음에 왕에게 추천했다. 왕은 이를 검토하여 최종적으로 확정했다.

〈홍문록〉에 이름이 오르면 해당자는 청요직을 두루 역임하게 되었다. 별 탈이 없는 한 국가의 대신으로 성장하기 마련이었다. 후대에는 홍문관의 추천이 더더욱 큰 비중을 차지하였고, 이조와 의정부의 심사는 유명무실해졌다. 그런데 홍문관의 추천에는 친소관계가 개입될 여지가 있었으므로 잡음이 일어나기도 했다.[25]

조선의 역사를 통틀어 다산 정약용의 집안은 〈홍문록〉에 오른 인물이 가장 많았다. 그 집안에는 성종 때부터 내리 8대에 걸쳐 자자손손 〈홍문록〉에 뽑힌 조상이 있어, "팔대 옥당"이라는 별칭까지 생겼다.

다양한 인재 양성

세조는 인재를 기르는 일에 깊은 관심을 가져 유능한 무사를 선택해 〈무재록(武才錄)〉에 이름을 기록하고 차례로 요직에 등용했다. 성종은 외교문서를 담당할 관리를 양성하고자 후보자의 이름을 적어 〈승문록(承文錄)〉이라 불렀다. 또, 중종은 〈사유록(師儒錄)〉을 작성하여 성균관 학관으로 등용할 인재를 확보했다. 유생을 지도할 큰선비를 꾸준히 공급하는 것이야말로 유교적 문명화를 꾀하는 조선왕조로서는 중대한 사업이었다.

이처럼 15세기부터 조선왕조는 다양한 인재를 미리 선발하여 장기간 교육함으로써 요긴한 임무를 맡길 수 있었다. 인재를 미리 선발하여 직무에 대비하게 한 것은 조선 사회의 독특한 점이었다. 그처럼 장기간에 걸쳐 인재를 기른 결과, 나라에는 전문적인 사무를 담당할 인재가 항상 끊이지 않았다.

규장각 초계문신

18세기 후반 정조는 대궐 안에 규장각을 설치하였다. 마치 세종이 집현전을 통해 국가를 융성하게 했듯, 정조 또한 왕실도서관이자 연구소인 규장각에 큰 기대를 걸었다. 규장각에서 일하는 학사는 "초계문신(抄啓文臣)"이라고 불렀다. 문과에 급제하고 승문원에서 수습 중인 관리로 37세 이하인 유능한 인재들이었다. 의정부 대신이 왕에게 추천하여 뽑은 이들인데, 규장각에 머물며 학문에 힘쓰다가 만 40세가 되면 규장각을 떠나게 했다.

규장각 학사들은 학업에 열중했다. 정조는 학사들에게 〈불기록(不欺錄)〉이라는 일종의 독서록을 작성하게 명령한 적도 있다. 정조 22년

(1798) 11월 25일에 주자소(鑄字所)에 입직한 여러 학사에게 공책을 나누어 주고 한 달 동안 각자가 읽은 책을 빠짐없이 기록하라고 지시했다. 속이지 말고 성실히 기록하라는 뜻에서 공책 이름을 〈불기록〉이라고 하였다.

학사는 읽은 책의 제목과 항목, 독서 방법까지도 꼼꼼히 기록했다. 자신이 작성한 제술(製述)과 강경(講經) 시험에 관해서도 빠짐없이 서술했다. 아울러 주자소에서 자신이 편찬한 서적의 편집과 교정에 관한 사무도 약술했다. 이런 예를 통해서 확인한 것처럼 정조는 규장각 학사를 철저히 통제 관리하였다.[26]

한 가지 아쉬운 점은 있었다. 세종의 집현전에서는 학사들이 각자의 재능에 따라 한두 가지 전문 분야를 깊이 연구해 독창적인 성과를 냈다. 박연은 음악 공부에 힘써 아악을 정리하였고, 김담은 수학에 정통해 천문학과 토목 사업을 도왔다. 그러나 정조의 규장각에서는 그들과 견줄 만한 다양한 인재가 배출되지 못하였다. 세종은 창의와 실용을 중시한 데 비하여 정조의 관심은 성리학에 편중되어 있었기 때문이다.

특수 전문직에 종사하는 중인

조선에는 실무에 종사하는 특수 전문관리도 있었다. 이른바 잡과 출신 중인들이었다. 그들은 전공에 따라 의학, 율학(律學, 형법), 산학(算學, 회계), 어학(語學, 통역), 풍수지리, 천문학(天文學, 천문학 및 점성술), 명리학(命理學, 점술) 등을 익혔다.

그중에서도 풍수지리, 천문학 및 명리학은 음양과라고 했는데, 여기서는 음양과 관리에 관해서 설명하겠다. 음양과를 전공해 관리가 되려면 우선 여러 권의 교재를 충분히 학습했다. 그런 다음에 잡과를 통하거나 취재(取才, 임용시험)에 합격해 관상감에 관직을 얻었다.

관리 후보자는 전직 또는 현직 관상감 관리에게 추천을 받아 "생도(生徒, 학생)"가 되는 것이 필수였고, 전공별로 정원이 있었다. 천문학은 20명이요, 지리학은 15명, 명과학은 10명이었다. 45명의 생도는 잡과를 준비했는데, 관상감 관리들의 투표를 거쳐 음양과에 응시할 자격을 부여받았다.

조선 초기를 기준으로 음양과의 합격자 수는 어느 정도였을까. 1차 시험에서는 천문학에서 10명, 지리학 및 명과에서는 각기 4명을 선발했다. 2차 시험에서는 그 절반이 합격했다. 정확히 말해, 천문학은 5명, 지리학과 명과는 2명씩만 뽑아, 3차 시험을 거쳐 잡과 합격자로 인정했다. 합격자는 무보수 수습관리로 관상감에 출근하였다. 그러다가 빈자리가 생기면 차례로 정식 관원에 충원되었다.

천문학 관리는 하늘의 재상(災祥, 점성술)과 기상 현상을 관측하고, 물시계를 관리하는 동시에 시각을 정확히 재는 일을 맡았다. 지리학 관리는 양택(집)과 음택(묘소)의 길흉에 관한 업무와 지도 제작 사무를 담당했다. 명과 관리는 책력을 간행하고, 국가의 여러 일에 관해 길흉을 점치며, 각종 행사에 길일을 선택하였다.[27] 이처럼 중인들 역시 복잡하고 까다로운 절차를 거쳐 국가의 특수한 사무를 전담했다.

어사 제도

국정의 효율성을 높이려고 나라에서는 여러 가지 노력을 기울였다. 중요한 직책이라고 판단되면 임기를 늘려서 책임 있는 행정을 보장하였고, 지방에 파견된 관리가 감히 직무에 소홀하거나 권한을 남용하지 못하게 단속하였다.

　불시에 지방에 파견되어 관리들을 감독한 이는 어사 또는 경차관이었다. 어사는 임금이 특명으로 보낸 관리라는 뜻이고, 경차관은 특수한 사정이 있을 때 조정에서 보낸 관리였다. 그 밖에도 때때로 암행어사를 보내 어사가 내려온 사실을 현지에서 누구도 알지 못하게 행차를 숨겼다. 그들은 지방의 행정, 재정, 군사, 구휼(복지) 등 민생에 관한 사항을 자세히 살폈다.

추고경차관

추고경차관(推考敬差官)이란 관리도 있었다. 이는 강상(綱常, 윤리)에 관한 범죄를 담당하는 '특별수사관'이었다. 15세기 중반부터 조선 말기까지 이 제도가 운영되었는데, 초기에는 도적을 체포하는 등 경찰 임무를 수행하였다. 그러다가 16세기부터는 패륜 사건을 전담하였다. 조선은 성리학 국가요, 시일이 흐를수록 유교화가 심화되었으므로 강상에 관한 사건은 매우 엄하게 다스렸다.

　추고경차관은 사건이 발생한 지방으로 내려가 사건의 내막을 정밀하게 조사하고 피의자를 직접 심문하기도 했다. 그는 죄인에게 최후 진술을 받아 왕에게 보고하였다. 조선 후기에는 그들의 활동 규정이 더더욱 자세히 정비되어 〈추고경차관 재거사목推考敬差官齎去事目〉에 임무와 권한이 상세히 명시되었다.[28] 이러한 사실만 보아도 조선왕조가 국가 운영에 효율성과 전문성을 높이기 위해 꾸준히 노력한 사실을 알 수 있다.

별견어사

영조 때는 특별한 현안이 발생하면 "별견어사(別遣御史, 별도로 파견한 어사)"를 보냈다. 그들은 일종의 암행어사로 지방관의 비리를 조사하기도 하였고, 때로는 정체를 밝힌 상태로 재해 지역을 찾아가 진휼(구제 활동)을 직접 감독하고 백성을 위로했다.[29]

이른바 정미환국(丁未換局, 영조 3년, 1727)으로 소론이 조정의 실권을 쥐었다. 그때 영조는 별견어사를 파견했는데, 이광덕, 박문수, 이종성 등이었다. 그들은 영조의 탕평책에 호응하는 소론의 관리로, 지방으로 내려가서 영조가 백성을 사랑하는 마음을 전하였고 재해가 일어난 지역을 순회하며 진휼에 힘썼다. 영조는 별견어사에게 특정한 지역에서는 암행(暗行)하기를 요구했다.

별견어사를 파견할 때 왕은 〈봉서(封書, 밀봉한 편지)〉를 내려주었다. 그 편지에 어사가 암행할 지역을 명시했다. 그 밖에도 별견어사에게 특별히 명하여 오가는 길에 다른 지역도 둘러보아 지방관의 근무 상태를 살피고, 필요하면 봉고파직(封庫罷職, 파면)할 수 있는 권한도 주었다.

별견어사를 보낼 때는 보통 사무를 공개적으로 추진하였다. 그에 따라 파견이 결정된 어사가 며칠간 더 서울에 머물며 진휼에 필요한 재물을 마련하였다. 그 과정에서 어사는 조정 대신은 물론이고 왕과도 업무를 협의했다. 그런데 영조 말년에는 암행어사의 임무가 확장되어 별견어사 파견은 폐지되었다.

인사제도 개혁 - 이조와 삼사

영조와 정조 때는 인사제도가 많이 바뀌었다. 영조는 "이조낭선(吏曹郎選)" 제도를 완전히 바꾸었다. 이조의 정랑과 좌랑, 즉 전랑(銓郎)은 인사권을 행사하던 실무 관리였는데, 그 선발 방식을 개혁한 것이다. 본래 이조 전랑은 전임자가 후임자를 추천하는 전통이 있었다. 그 때문에 선조 이후 전랑 자리를 둘러싸고 동인과 서인 사이에서 당쟁이 격화되었다. 그 뒤에도 당파마다 전랑 자리를 차지하려고 심하게 다투었다. 이에 영조는 전랑에 대한 임명권을 신하들로부터 회수해 자신이 직접 행사했다.

명목상으로는 당쟁이 일어날 소지를 줄이는 것이라 했는데, 실제로는 왕권을 강화하는 방편이었다. 이러한 제도 개편에는 한 가지 치명적 약점이 있었다. 즉, 조선왕조의 가장 큰 장점이었던 견제와 균형의 정치 구조를 무너뜨려, 19세기에는 왕권을 등에 업은 외척의 세도 정치가 출현하였다.

영조는 조정의 또 다른 요직인 홍문관에 대해서는 미처 손대지 못했다. 이전 방식대로 홍문관에서는 선배가 후배를 선택하게 내버려두었다. 그 결과 영조 때부터는 홍문관이 당쟁을 촉발하는 기관이 되었다.[30] 사헌부와 사간원도 홍문관과 다르지 않았으므로, 영조는 장차 삼사, 즉 언관 선발 방식을 개혁해야 한다고 확신하였다.

그러한 의지는 정조에게 계승되어 삼사의 권한도 많이 축소되었다. 이로써 왕과 재상 및 삼사가 서로 견제하는 정치제도가 더욱더 흔들렸고, 훗날 권신이 등장해 세도정치를 하기에 이르렀다.

하지만 그때도 홍문관원을 선발하는 방식은 그대로였다. 홍문관은 우문(右文, 문을 숭상함) 정치의 실질적인 조력자였고, 문서 작성을 통해 왕권을 뒷받침하는 제도적 장치이기도 했다. 그래서 영조나 정조처럼 권력 의지가 강한 왕들도 함부로 흔들지 못했다.

청백리

유교 국가 조선에도 부정부패에 물든 관리가 적지 않았다. 특히 영조와 정조가 인사개혁을 통해 이조 전랑과 삼사의 권한을 크게 제약한 다음에는 조정에서 견제와 균형의 기능이 거의 사라지고 말았다. 그때부터는 특정한 정치세력이 국정을 농단해도 어찌할 방법이 없었다. 우리는 영조와 정조를 르네상스 군주라고 호평하지만, 사실은 그들이 후세에 남긴 그늘은 상상 이상으로 깊었다. 권력이 세도가에 집중된 뒤에는 가렴주구와 부정부패를 일삼는 관리가 부쩍 늘어났다. 민생은 도탄에 빠져 19세기에는 각지에서 민란이 일어났다.

그러나 18세기까지도 조정에는 청렴을 숭상하는 분위기가 있었다. 그 시절에는 당파 싸움의 여파로 여러 당파가 서로를 심하게 견제하였으므로, 누구도 부정부패를 함부로 자행하기 어려웠다.

조선은 유교 국가라서 민본을 추구했고, 그에 따라 청백리도 많았다. 중종 9년(1514) 11월, 조정에서는 처음으로 청백리를 녹선(錄選, 뽑아서 기록함)하였다. 이 제도는 명종과 선조 때를 거치며 조선의 미풍양속으로 정착했다. 숙종 때는 그 규정도 상세하게 마련되어, 2품 이상의 대신이 각기 청백리를 뽑아 명단을 비변사에 보냈다. 그러면 비변사 당상관들이 재심하여 왕에게 보고하였다.

물론 청백리 또는 염근리(廉謹吏) 선발을 둘러싸고 불평과 비판도 있었다. 때로는 공정성 시비에 휘말려 청백리를 선발해 놓았다가도 명단을 취소하였다. 그 영향으로 인조 때는 청백리로 선발된 인원이 대폭 줄었고, 광해군과 효종, 현종과 경종 때는 단 한 명의 청백리도 추가로 선정하지 않았다. 그만큼 선정 작업이 어려웠다. 결국, 순조 이후에는 아예 녹선이 폐지되다시피 하였다.[31]

- 조선 시대 대표적인 청백리 중 하나였던 황희 정승

청백리나 염근리로 선정된 관리와 그 후손의 이름은 따로 기록해 〈청백리안(淸白吏案)〉 또는 〈청백리자손록(淸白吏子孫錄)〉이라고 했다. 인사를 담당하는 이조에 그 책자를 비치하고 관리 임용에 참고하도록 했다. 그런데 왜란과 호란을 겪으면서 그 책자가 유실되었으므로, 효종 10년(1659)에 여러 문헌을 참고해 다시 작성하였다.

거기에 덧붙여 후대에 몇 명의 청백리를 추록한 〈청백리안〉이 있었는데, 원본은 사라지고 말았다. 그런데 다행히도 순조 때 홍경모(洪敬謨)가 편찬한 《대동장고(大東掌攷)》에 〈청리고(淸吏攷)〉라는 항목 아래 청백리 명단이 발견된다. 1906년경에 편찬한(편자 미상) 《청선고(淸選考)》에도 〈청백편(淸白篇)〉이 있어 청백리의 이름이 기록되어 있다. 학계의 연구 결과에 따르면, 홍경모의 《대동장고》는 당대의 〈청백리안〉을 등사한 것이며, 《청선고》는 그것을 이어받은 것이다.

《대동장고》에 수록된 청백리는 총 113명이다. 효종 때 확정한 88명에 더하여 숙종 이후 선정한 25명을 합친 것이다. 이러한 기록은 다산 정약용이 《목민심서》에 수록한 110명의 청백리와 큰 차이가 없다.

청백리는 왜 뽑았을까. 청백리의 자손을 우대하기 위해서였다. 그러나 청백리의 자손 중에는 조상 덕에 관직에 등용된 이가 별로 없었다. 그래도 이 제도는 사회적으로 유의미했다. 청백리야말로 "훌륭한 관리(良吏)"의 대명사로, 모든 선비의 모범이 되었기 때문이다. 청백리로 선정된 인물이나 그 자손에게 실질적 혜택은 거의 없었으나, 가문의 명예를 드높이는 구실을 한 것은 틀림없다. 게다가 사회적으로 청백리를 숭상하는 분위기를 조성했으므로, 이 제도는 유교적 도덕 정치를 구현하는 데 도움이 되었다고 본다.

03

'실록'이라는 특별한 통치 도구

유학을 존숭한 국가답게 조선왕조는 기록을 중시했다. 기록하지 않으면 성찰할 수 없으므로, 개인이든 국가든 일상적으로 반복되는 일까지도 정성껏 기록하고 성실하게 보관하였다. 그리고 참고할 필요가 생길 때마다 기록을 꺼내 읽었다. 《조선왕조실록》과 《승정원일기》 등이 '유네스코 세계기록유산'으로 지정된 것은 우연이 아니다.

2025년 6월 현재 총 20건이나 되는 한국의 기록유산이 유네스코 세계기록유산 목록에 수록되어 있다. 그 가운데 유학과 관련된 것이 7건이다. 《훈민정음(해례본)》을 비롯하여 《조선왕조실록》, 《승정원일기》, 《조선왕조의궤》, 《일성록》, 《한국의 유교책판》, 《조선왕실 어보와 어책》이 그것이다. (등재 연도순)

여러 기록물 중에서 가장 빛나는 것은 《조선왕조실록》이다. 실록의 역사는 중국에서 시작되었으나, 양적으로든 질적으로든 《조선왕조실록》은 자타가 공인하는 최고의 걸작이다. 조선은 유학의 가르침대로 사관의 독립성을 최대한 보장했다. 그리고 정성껏 편찬한 실록을 국가 운영의 지침으로 삼았다. 조선 시대에는 감히 누구도 실록과 같이 귀중한 역사 기록을 사유화하지 못하게 제도적으로 차단했다. 후세는 그런 점도 주목해야겠다.

사관의 독립성

조선왕조는 유능하고 덕성이 뛰어난 선비를 뽑아 사관으로 정했다. 그들은 춘추관(春秋館)의 벼슬을 겸직하며 평생에 보고 들은 바를 충실히 기록하였다. 기록을 작성할 때 사관은 누구의 간섭이나 통제도 받지 않았다.

그러다가 왕이 붕어(崩御, 사망)하면 실록청(實錄廳)이 설치되고, 사관은 죽은 왕의 시대에 관계되는 사초(史草, 초고)를 모두 제출하였다. 실록청의 고위관리들은 사관이 제출한 사초를 모아서 연대기를 편찬했다. 이것이 곧 실록이었다. 같은 사건이나 인물에 관해서도 사관의 평가는 저마다 다를 수 있었는데, 견해가 특별히 다르다는 이유로 사관이 처벌받은 적은 없었다. 그만한 독립성이 제도적으로 보장되었다.

실록은 금속활자로 인쇄하여 전국 4곳에 설치한 사고(史庫)에 보관하였다. 그리고 손상을 염려해 정기적으로 사관이 사고를 방문해 포쇄(曝曬, 볕에 말림)하였다. 또한, 국가적 필요가 있을 때마다 사관을 사고로 보내 실록 일부를 발췌하거나 요약해서 통치에 참고하였다.

어떠한 경우든 왕은 실록이나 사초를 직접 열람하지 못하였다. 사관의 독립성을 철저히 보장하기 위해서였다.

《영조실록》 편찬 5단계

실록을 어떻게 만들었는지 구체적으로 알아보자. 《영조실록》을 예로 들어볼까 한다. 《영조실록》을 편찬한 과정은 《영종대왕실록청의궤(英宗大王實錄廳儀軌, 본래 영종인데 훗날 영조로 높임)》에 상세히 기록되어 있다.[32] 그에 따르면, 편찬 과정은 5단계였다.

먼저 사관이 공식적으로 작성한 〈시정기(時政記)〉를 정리했다. 이어서 다른 사료를 보충하여 실록의 초고인 "초초(初草)"를 작성했다. 초초를 손질해 "중초(中草)"를 작성하였다. 중초는 거의 완성된 원고였으므로, 시험적으로 인쇄해서 교수(校讐, 교정교열)하였다. 이로써 실록 정본(正本)을 확정하고, 준비된 용지에 인출(印出, 간행)하였다.

초고를 작성할 때 주로 참고한 것은 《승정원일기》 등 주요 관청에서 작성한 문서였다. 실록을 시험 인쇄할 때는 "초견(初見, 1차 교정)"과 "재견(再見, 2차 교정)" 두 단계를 거쳤다. 그 사업을 주관한 곳은 총재관이요, 그 아래 도청과 몇 개의 방(房)이 있었다. 방에는 책임자인 당상(堂上)과 실무자로 구성된 낭청(郎廳)이 있었다.

편찬 사업을 실질적으로 담당한 이들은 "도청당상(都廳堂上)"이었다. 당대를 대표하는 학문과 문장의 달인으로 인정받은 대제학 등이 그 역할을 맡았다. 도청당상의 지휘 아래 실록청 당상과 낭청이 편찬 사업에 종사하였다. 그들은 여러 가지 특혜를 입었으며, 그 반대급부로 각자에게 부여된 임무를 기한 내에 성실히 완수했다.

편찬 과정에서 가장 요긴한 자료로 사용한 것은 〈시정기(時政記)〉와 《승정원일기》였다. 전자는 사관이 날마다 어전에서 시정(時政)을 기록한 것으로, 입시사초(入侍史草)라고도 했다. 알다시피 사관은 경연을 비롯하여 왕의 편전과 어전회의 및 각종 행사 때마다 왕의 측근에 머물면서 자신이 보고 들은 바를 그대로 기록하였다. 입시사초는 춘추관에 보관하였는데, 이를 뼈대로 삼아 여러 관청에서 정리한 관련 자료로 내용을 보충해 〈시정기〉를 만들었다. 〈시정기〉에 《승정원일기》 내용을 추가하면 실록 초본이 완성되었다.

사관이 개인적으로 소장한 가장사초(家藏史草)는 《영조실록》 편찬에 사용되지 않은 것 같다. 《영종대왕실록청의궤》에도 사관이 개별적으로 소장한 가장사초를 언급하지 않았다. 짐작건대 조선 후기에는 공문서 중심으로 실록을 편찬한 것 같다. 그만큼 관청에서 생산한 양질의 문서가 풍부했다는 뜻이다. 조선 후기에는 국정 운영이 전기보다 투명하고 합리적으로 운영되었다는 증거이다.

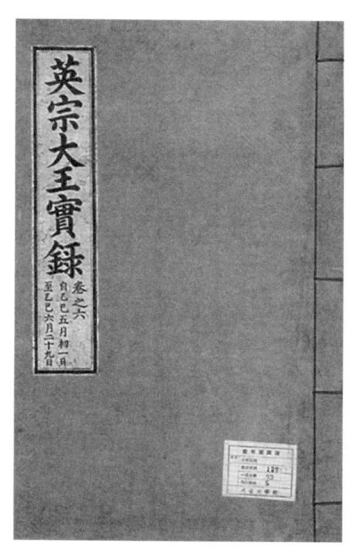

《영조실록》 표지

2_유학의 나라 조선의 특징

춘추관의 실록

사관의 모체는 춘추관인데, 당연히 그곳에도 실록을 보관하였다. 그러나 조선 후기에는 큰 사건이 일어날 때마다 춘추관이 소실되었고, 보관 중이던 실록도 무사하지 못했다. 인조 2년(1624) 이괄의 난이 일어났을 때도 춘추관이 불탔으며, 인조 14년(1636)에는 병자호란으로 춘추관이 화를 입었다. 순조 11년(1811)에도 뜻밖의 화재가 일어나 춘추관은 또 한 번 잿더미로 변하였다. 그때마다 춘추관에 소장한 실록은 피해를 보았다.[33)]

알다시피 조선왕조는 지방에 사고를 두고 실록을 보관하였다. 그와 동시에 서울 춘추관에서도 실록을 비장(祕藏)하였으나, 완질을 소장하지는 못했다. 가령 순조 11년의 기록을 분석하면, 그해 화재가 일어났을 당시 춘추관에는 인조 이후에 간행한 실록만 소장했다. 세월이 흘러 헌종 때가 되자 왕은 순조 때 소실된 실록을 모두 등사하여 춘추관에 봉안했다. 실록을 새로 편찬할 때는 항상 5부를 간행하여 그중 1부는 춘추관에 두었다. 이것은 조선의 오랜 전통이었다.

왕이 거처를 옮기면 춘추관도 따라서 옮겼고, 그때마다 실록도 이봉(移奉, 옮겨서 보관)하였다. 길한 날을 골라 실록을 왕의 처소를 따라 옮긴 것이다. 그리고 3년마다 한 번씩 볕에 말려 실록이 습기와 벌레에 상하지 않게 했다.

1894년 갑오개혁이 일어나 근대적 관제가 시행되었다. 춘추관은 폐지되었고, 이제부터 실록을 담당하는 부서는 궁내부였다. 그때도 왕 또는 황제 가까이에 실록을 보관하였다. 실록에는 조상들의 업적과 고뇌가 오롯이 담겨 있다고 믿었기 때문이다.

그 전통도 1904년 4월 14일(양력)에 끝이 났다. 경운궁이 화마에 휩

싸여 건물이 대부분 불탔다. 궁 내부에서 소장하던 실록도 모두 소실되었다. 힘을 잃은 왕실은 실록을 다시 등사하지도 못한 채 6년이 지난 1910년에 완전히 망해버렸다.

이견이 공존하는 실록

실록 편찬을 객관적이고 공정하게 하려고 힘썼으나 정치적 이해관계 때문에 사관들 사이에 갈등이 생기는 것은 피할 수 없었다. 실록의 역사를 돌아보면 당파마다 자신들의 편의대로 실록을 편찬하려는 시도가 되풀이되었다. 그런 점에서 필자는 《숙종실록》 편찬사에 주목한다. 편찬 과정을 살펴보면 《조선왕조실록》의 역사적 가치가 더욱 뚜렷이 증명된다.

숙종 때는 당쟁이 심했는데, 과거의 서인이 노론과 소론으로 갈라져 극단적으로 대립하였다. 《숙종실록》은 영조 초에 편찬되었는데, 노론과 소론이 서로 실록 편찬을 주도하려고 했다. 처음에는 실권이 노론에게 있어, 그들이 《숙종실록》 편찬을 완료하였다. 그러나 곧 정미환국(영조 3년, 1727)이 일어났고, 소론이 정권을 장악하였다. 그들은 《숙종실록》을 고쳐 "보궐(補闕, 증보)"과 "정오(正誤, 수정)"를 마쳤다. 결과적으로, 《숙종실록》에는 노론과 소론 두 당파의 상반된 평가가 나란히 수록되었다.[34]

《숙종실록》은 영조 초기에 노론과 소론이 벌인 치열한 정치 투쟁의 산물이자 탕평책을 펼치려고 각 당의 견해를 존중한 영조의 신중한 처신을 보여준다. 알고 보면 선조 이후 조정에는 여러 당파가 등장해 서로 각축하였다. 그러므로 정도의 차이는 있을망정 선조 이후의 모든 실록은 《숙종실록》과 마찬가지로 여러 당파의 엇갈린 시각을 담고 있다.

거듭 말하지만, 조선 시대에는 왕의 권위로도 실록을 열람할 수 없었다. 이는 사관의 공정성과 독립성을 보장하기 위해서였다. 연산군 때 이극돈과 유자광 등은 반대파 김일손의 사초를 가지고 연산군에게 고자질하여 무오사화를 일으켰다. 그 사건의 교훈이겠지만, 조선 왕조가 끝날 때까지 다시는 사초를 둘러싼 정치적 사건이 되풀이되지 않았다. 실록의 공정성을 둘러싼 시비는 여러 차례 거듭되었으나, 사관이 사초 때문에 처벌된 일은 없다. 이처럼 사관의 지위를 보장한 결과, 《조선왕조실록》은 세계 어느 나라의 연대기와도 비할 수 없이 가장 상세하고 정확하며 폭넓은 역사 서술이 되었다.

국가 운영에 관한 매뉴얼

조선은 왜, 그토록 심혈을 기울여 정확하고 객관적인 왕조실록을 편찬하려 했을까. 역사에서 교훈을 발견하라는 유학의 가르침 덕분이었다. 실록 내용에서도 거듭 확인되듯, 조선의 왕들은 역사를 통해 현실 문제를 해결하려는 의지가 뚜렷하였다. 그들에게 역사란 현실과 미래를 미추는 거울이요, 가장 신뢰할 수 있는 통치의 기준이었다.

왕을 위한 역사 강의

조선 초기부터 왕이 공부하는 경연에서는 역사책을 강의하였다. 특히 세종 때는 중국의 대표적인 역사서 《자치통감》과 《자치통감강목》 및 《송감(宋鑑)》을 깊이 있게 다루었다.[35] 그러한 역사 교육에 힘입어, 세종은 집현전 학사들과 함께 《자치통감훈의》라고 하는 수작(秀作)을 직접 편찬하였다.

역사에 관한 이해가 깊었으므로, 세종은 신하들과 함께 《고려사》를 다시 편찬하는 문제를 수차례 논의하였다. 문종 때 《고려사》가 완성된 것은 그 덕분이었다. 후대의 경연에서 《고려사》는 역사 교재로 채택되어 왕들이 우리 역사에 관해 폭넓은 지식을 얻는 계기가 되었다.

성종은 실록에 나오는 선왕의 업적을 간추려 《국조보감》을 만들게 하고, 경연에서 교재로 활용했다. 성종은 제왕학의 걸작으로 손꼽히는 《정관정요》도 경연에서 읽고 토론하였으며, 《자치통감강목》과 《고려사》까지도 연구하였다. 실록을 자세히 읽어보면, 조선의 역대 왕들이 중국과 한국의 역사서를 얼마나 소중하게 여겼는지를 알 수 있다.

《국조보감》, 왕을 위한 참고서

조선의 왕은 실록을 직접 읽을 수 없었으므로, 실록을 발췌한 《국조보감》을 가지고 왕조사를 학습하였다. 그들은 조선의 역사를 제대로 배운 셈이다. 《국조보감》은 중국 고대의 역사서인 《상서(尙書)》를 비롯하여 당 태종의 치적을 기록한 《정관정요(貞觀政要)》를 모범으로 삼았다. 아울러 송나라와 명나라 때 편찬한 《보훈(寶訓)》까지 참작하였다.[36] 알다시피 《상서》 등은 통치자에게 정치적 교훈을 주기 위해 편찬한 역사책이다.

《국조보감》은 통치에 참고하기 위한 참고서였다. 그러므로 국정에 필요한 내용을 찾아볼 수 있게 편집해야 했다. 정조 때 편찬한 《국조보감》은 검색도 편리하고 열람하기 쉽게 만들었다는 평을 들었다.

통치에 참고할 서적인 만큼 그 내용도 국가의 책무와 왕의 수신에 관한 서술이 많았다. 《국조보감》은 실록에서 발췌한 내용이 큰 비중을 차지했는데, 《영종조보감(英宗朝寶鑑)》은 다른 문헌에서 인용한 내용이 더욱 많아 이채를 띠었다.

문헌의 생산과 보전

조선은 유학의 나라여서 조정 관리들은 문헌을 중시했다. 그들은 실록 외에도 다양한 공문서를 체계적으로 생산하고 보존하는 데 힘을 쏟았다. 《승정원일기》 또는 《일성록》을 비롯하여 《비변사등록》과 《각사등록》 등은 주요 관청이 생산한 문서였다. 위에 언급한 문서들은 왕의 통치행위를 샅샅이 기록한 것이다. 유교적 신념에 의하면, 왕의 통치행위란 투명하게 공개되어야 하므로 일거수일투족도 빠뜨릴 수 없었다.[37]

일단 생산한 기록은 영구 보존하는 것이 마땅하다고 보았다. 이것이 당시 선비들의 의지였다. 따라서 깊은 산골에 사고를 설치했고, 강화도처럼 서울에서 가까우면서도 외침에 노출되지 않는 곳에 따로 외사고(外史庫)를 설치해 주요 공문서와 서책을 보관하였다. 이처럼 국가의 문서와 주요 서책을 철저히 보존한 것은 유교를 국시로 삼은 조선의 또 다른 특징이었다.

법성창

세금을 모아두었다가 서울로 수송하는 창고, 이를 조창(漕倉)이라고 했다. 조선 전기 전국 최대의 조창은 전라도 영광에 있는 법성창(法聖倉)이었다. 무려 29개 읍에서 거둔 조세를 법성창이 관리하였다. 조선 후기가 되자 조창이 재편되어 법성창 담당은 12개 읍으로 줄었다. 이 조창은 본래 39척의 조운선을 부렸으나, 후기에는 24척으로 감축되었다.

어쨌거나 선비의 나라 조선에서는 통치에 관한 것이라면 무슨 일이든지 기록을 충실하게 남기는 훌륭한 전통이 있었다. 법성창도 예외가 아니어서 직간접으로 관련된 문서가 수십 건이나 남아 있다.[38]

그중에서도 필자의 눈길을 끄는 것은 《법성창조선발선성책(法聖倉漕船發船成冊)》과 《전라도삼조창거추등조수용유재회계성책全羅道三漕倉去秋等漕需用遺在會計成冊)》이다.

앞의 책자는 고종 2년(1865) 법성창에서 서울로 출발한 조운선의 출항 기록이다. 조운선의 자호(字號, 명칭)를 비롯하여 조운선에 세곡을 적재한 방식이며 배에 탄 사람들에 관한 인적 사항을 기록했다. 《전라도삼조창거추등조수용유재회계성책》은 헌종 2년(1836)부터 고종 25년(1888)까지 반세기 동안 법성창을 비롯하여 전라도에 설치된 덕성창과 영산창 등 세 곳의 조창에서 내역을 연대기적으로 기록한 것이다.

조창은 재정을 확보하기 위해 꼭 필요한 기관이기는 하지만, 하나의 창고에 지나지 않았다. 관리자는 문과에 급제한 선비가 아니요, 무과 출신인 법성첨사(法聖僉使, 종3품)였다. 그러나 조선 후기에는 유교적 문명화가 고도로 달성되어, 무관이라도 선비 못지않게 각종 문서를 생산하고 보관하는 데 익숙하였다. 법성창에 관한 문서는 조선의 문화 수준이 얼마나 높았는지를 보여준다.

사유화 방지

조선 시대에는 관공서마다 통치 자료를 줄기차게 생산하였다. 대개의 문헌은 사무를 처리하는 과정을 기록한 일종의 "일기"이자 업무용 설명서였다. 따라서 개인의 주관적 평가가 개입할 여지가 없는 자료였다. 그런 객관적 자료가 갈수록 많이 축적되었으므로, 조선 후기에는 누가 어떤 임무를 맡더라도 이미 작성된 문서를 참고하여 착오 없이 임무를 수행할 수 있었다. 조선은 국정 운영 시스템을 나름대로 훌륭하게 정비해, 유교적 근대화를 이루었다고 평해도 좋겠다.

국가가 생산한 문서 중에서 가장 돋보이는 통치 자료는 다름 아닌 실록이었다. 국정 전반을 폭넓게 다루면서도, 정밀함과 공정성을 잃지 않았기 때문이다. 이는 고도로 훈련된 사관이 존재했고, 그들에게 독립성을 보장하는 문화가 있어서 가능한 일이었다. 앞서 우리는 영조 초기에 편찬한《숙종실록》의 예를 들며, 같은 사건에 관해서도 노론과 소론의 서로 다른 평가가 나란히 기록되어 있다는 점을 알아보았다.

혹자는 반론을 펼지도 모르겠다. 이미 간행된 실록이 편향적이라는 비판이 일어나 실록을 "수정(修正)"하거나 "개수(改修)"하는 일도 있었기 때문이다. 그러나 좀 더 깊이 생각해보면, 이미 간행된 실록의 오류를 고치자는 의견이 관철되었다는 사실 자체가 실록의 공정성 또는 객관성이 얼마나 중요하게 평가되었는지를 보여준다.

여기에 한 가지 질문이 제기될 수 있다. '수정 실록' 또는 '개수실록'은 그보다 먼저 간행된 문제의 실록보다 더 공정하였을까?《선조실록》을 수정해《선조수정실록》을 만든 것부터 조선 후기에 총 네 차례나 실록이 수정되었다. 그때마다 한 당파가 다른 당파의 견해를 부정하고 자파의 입지를 강화한 것이요, 문자 그대로 실록을 수정하는 작업이 진행되었다고 보기는 어렵다.

유학의 나라 조선에서는 어느 당파를 막론하고 기록의 공정성이 매우 중요한 문제였다. 그들은 자신들이 수정 또는 개수한 실록과 함께 자신들이 문제 삼았던 원래의 실록도 함께 보존하였다. 후세가 원본과 수정본을 함께 비교 검토할 수 있게 한 셈이다. 이러한 태도에는 세계 어디에서도 찾아보기 어려운 훌륭한 역사의식이 반영되어 있다.

《선조실록》과 《선조수정실록》

《선조실록》은 광해군 때 집권세력인 기자헌과 이이첨 등이 편찬하였다. 그러므로 당파에 관한 서술이 공정하지 못했다. 가령 후세가 서인이라고 하는 이이(李珥)와 성혼(成渾), 박순(朴淳)과 정철(鄭澈) 등에 관한 서술에 잘못된 부분이 있었다. 또, 남인의 영수 유성룡(柳成龍) 등에 관하여도 사실과 다르게 비방한 대목이 있었다. 그 반면에 북인의 영수 이산해(李山海)와 이이첨 등에 대해서는 지나치게 우호적인 서술이 보인다.

그런 점 때문에 인조가 반정에 성공하자 새로 정권을 쥔 서인들은 《선조실록》을 수정하자고 주장했다(1623년). 《선조수정실록》은 한 권에 1년의 기사를 담아 총 42권 8책으로 편찬되었다. 선조 즉위년부터 선조 29년까지 앞의 30권은 택당 이식이 편찬했다. 이어서 선조 30년부터 선조 41년까지 12권은 채유후가 완성했다.

그럼 《선조수정실록》은 공정하고 객관적인가? 실록을 편찬할 당시 정권을 쥔 서인에게는 유리하였으나, 소북과 남인에게는 여전히 불리하였다. 《선조수정실록》의 필요성을 주장하면서 서인들은 《선조실록》이 대북파의 정치적 이해를 추구했다고 비판하였다. 그 주장은 과연 설득력이 있었는지도 진지하게 점검해야겠다.

《선조실록》은 총 221권 116책으로 구성되어 있다. 광해군 원년(1609) 7월 12일에 착수하여 광해군 8년(1616) 11월에 완성하였다. 처음에는 서인 이항복이 실록청 총재관이었다. 그러나 나중에는 대북의 영수 기자헌이 총재관으로서 실록을 완성하였다.

《선조실록》을 편찬한 실무 책임자는 실록청 "도청 당상(都廳堂上)"이었다. 총 17명으로 소속 당파별로 정리해보면 다음과 같다.

대북 8명: 이이첨(李爾瞻), 박홍구(朴弘耉), 조정(趙挺), 민몽룡(閔夢龍), 이상의(李尙毅), 박승종(朴承宗), 송순(宋諄), 김신원(金信元=金履元)

소북 1명: 이호민(李好閔)

서인 8명: 유근(柳根), 이정귀(李廷龜), 정창연(鄭昌衍), 윤방(尹昉), 윤승길(尹承吉), 이시언(李時彦), 김상용(金尙容), 오억령(吳億齡)

"도청 당상"의 당적을 조사해보면《선조실록》에 대북파의 견해가 주로 반영되었다는 주장은 성립하기 어렵다. 당상 가운데 서인은 총 8명으로 대북 8명과 똑같았다. 그 밖에 남인은 전혀 없었고 소북은 한 명밖에 되지 않아《선조실록》이 그들에게는 상당히 불리하였다.

소북은 본래 소수파였으므로 당론을 고집할 처지가 아니었다. 그런데 남인은 수적으로 서인보다 적지 않았는데도 "도청 당상"에 뽑힌 이가 한 명도 없었다. 혹시라도 남인이《선조실록》수정을 요구했다면 일리가 있는 항변이었다. 그러나 다수파나 다름없는 서인이 수정을 요구한 것은 이치로 보아 이해하기 어려운 일이다. 기왕에《선조실록》에 관해 말이 나왔으므로 두 가지만 간단히 덧붙인다.

첫째, 선조 즉위년부터 임진왜란이 일어난 선조 25년까지는 기사가 매우 빈약하다는 점이다. 왜란을 겪으며《춘추관일기》를 비롯하여《승정원일기》와《각사등록(各司謄錄)》등 국가의 주요 기록이 소실되었기 때문이다. 조정에서는 사료의 공백을 메우기 위해 노력하였으나 성과는 적었다. 유희춘(柳希春)의《미암일기(眉巖日記)》, 이정형(李廷馨)의《동각잡기(東閣雜記)》및 배삼익(裵三益) 등이 보관하고 있던 〈조보〉와《문집》이 새로 찾은 자료 전부였다. 결과적으로 왜란 이전을 서술한《선조실록》은 분량도 적고, 서술도 정확하지 못하다. 왜란 이후는 다행히도 많은 자료를 이용할 수 있어 내용 면에서 대단히 충실하다.

둘째, 《선조수정실록》은 겉으로 표방한 것과는 달리 내용 면에서 《선조실록》보다 도리어 허술하고 편향적이었다. 내용을 수정한다고 약속했으나 실은 개악(改惡)한 셈이었다.

수정이든 개악이든 역대 실록을 편찬할 때 조선의 선비들은 수정본과 함께 원본도 버리지 않고 온전히 보관했다는 점이 중요하다. 유학으로 단련된 조선 선비의 미덕이 그 점에 있었다. 선배의 업적을 심하게 비판할지언정 함부로 없애지 않고 후세에 함께 물려주고 공정한 판단을 기다렸다.

이러한 문화적 전통 속에서 왕과 선비들이 자라났다는 점이 조선의 특색이었다. 그들은 감히 실록과 같이 중요한 역사책을 자신들의 입맛대로 왜곡하기 어려웠다.

유학의 사회적 영향
― 지식 중심 사회

유학을 국시로 삼아 수백 년 동안 노력한 결과 조선 사회는 근본적으로 바뀌었다. 한마디로, 지식 중심 사회가 형성되었다. 이는 갈수록 과거시험이 인기를 끈 사실과도 관련이 깊다. 바로 그 영향으로 오늘날의 한국은 세계 어디에서도 찾아보기 어려운 독특한 나라가 되었다. 교육열이 지배하는 사회가 된 것이다.

조선에서는 평민까지도 과거시험에 합격하기를 열망해 교육의 대중화가 이뤄졌다. 조선 후기에 "평민지식인"이라고 불리는 사람들이 대거 등장한 배경이 그것이다. 그때는 '인기 소설'까지 출현할 만큼 독서가 유행했고, 곳곳에 수천 권의 책을 소장한 장서가도 존재했다. 아울러 주목할 점은, 조선 초기부터 시골 출신 선비들이 과거시험을 거쳐 중앙에 대거 진출해 기득권층인 "훈구"를 견제할 만큼 성장했다는 사실이다.

교육기관으로는 서당과 향교 및 서원이 있었다. 16~17세기에 외침을 겪은 뒤에는 국가가 재정난에 빠져, 모든 교육기관을 민간에서 자율적으로 운영했다. 이것이 도리어 교육입국의 든든한 배경으로 작용했다.

유교는 지식 중심 사회를 지향하면서도 유독 도덕의 실천을 강조하였다. 그리하여 조선 후기에는 마을마다 충신과 효자 및 열녀가 양산되는 등 이전의 역사에서 찾아볼 수 없던 새로운 기풍이 조성되었다.

가. 과거시험 전성시대

고려 광종 때부터 과거시험을 도입했으나 시험의 인기는 높지 않았다. 과거시험에 합격해도 좋은 벼슬을 얻기가 여간 어렵지 않았다. 과거제도는 신라의 골품제를 청산하는 일정한 효과가 있었으나, 고려 때는 등용문으로 역할을 다하지 못했다. 통일신라 시대와 마찬가지로 고려는 여전히 혈통 중심의 귀족사회였다. 교육 기회도 크게 제한되어 있었다.

그러나 조선은 달랐다. 민본 국가를 꿈꾸며 평민 교육에 힘써, 누구든지 문과 시험에 합격하면 상당한 벼슬에 올라갈 기회를 얻었다. 전국에 향교를 설치하고 교육 시설도 훌륭하게 갖추었다. 오늘날로 말하면 향교는 국공립대학교에 해당했다. 인품과 학식을 갖춘 훈도(訓導) 또는 교수(敎授)를 파견한 결과 향교의 교육 수준이 높아졌다. 그 덕분에 시골 선비 중에도 과거에 급제해 높은 자리까지 올라간 이가 적지 않았다. 15~16세기에는 하삼도, 즉 전라, 충청 및 경상도 출신으로 정승 판서가 된 선비가 많았다.

과거시험의 인기는 후기로 갈수록 높아져, 정규 시험에 수십만 명의 선비가 각지에 설치된 시험장으로 몰려왔다. 그 시험에 합격하기란 무척 어려운 일이었으므로, 선비들은 과거시험 횟수와 합격자 수를 늘리기를 간절히 소망했다. 이에 후기의 왕들은 합격자를 이전보다 훨씬 많이 뽑았다. 그래도 연간 30명 정도에 그쳤다. 따라서 문과 합격은 여전히 어려웠지만, 무명의 시골 선비에게 주어진 유일한 출세 기회였다. 선비들이 온 힘을 다해 시험을 준비한 것은 물론이었다.

　18세기 후반부터 새로운 현상이 목격되었다. 평안도 선비들이 문과 시험에서 다수 합격했다. 특히 평양, 정주, 의주 등 몇몇 고을에서 합격자가 무더기로 쏟아져나와 모두 놀랐다. 당시에는 선비들의 학력이 어느 지역이든 거의 평준화되었던 것 같은데, 서북 지방에서 유독 많은 합격자가 나온 것은 웬 까닭일까. 그들은 지역 차별 때문에 시험에 급제하고도 벼슬에 나아가지 못했다. 따라서 곧장 고향으로 돌아가 후배들에게 수험 지도에 여생을 바쳤으므로, 도리어 많은 합격자가 배출된 것 같다. 평안도는 수많은 과거 합격자를 배출하고도 대다수 합격자가 여전히 관직에서 소외되었으니, 참으로 불공평한 일이었다.

시험의 공정성

후기에는 과거 시험장이 매우 혼잡했다는 기록이 많다. 시험장에서 협잡이 끊이지 않아 실력 있는 선비가 번번이 낙방하였고, 뇌물을 쓰거나 잔꾀를 부린 이만 합격했다는 서술이 많았다.

　16~17세기 영남의 선비 김령(金坽)은 《계암일록(溪巖日錄)》이란 일기장에 과거 시험장에서 벌어진 이야기를 자세히 기록하였다.[39] 다음의 다섯 가지 불법행위가 자주 일어났던 것 같다.

김홍도의《화첩평생도》중〈소과 응시〉
(출처: 국립중앙박물관).

2_유학의 나라 조선의 특징

첫째, 관청이 마음대로 시험 일정을 변경하였고, 때로는 응시자들의 요구에 따라 시험문제를 바꾸기도 하였다.

둘째, 시험장마다 응시자의 거주 지역과 신분을 놓고 싸움이 일어났다. 관할 지역 출신들이 타 지역 출신의 시험장 출입을 완력으로 막았다. 양반 유생이 서얼 출신의 응시를 방해하기도 했다.

셋째, 시험장에 나온 선비들이 여러 가지 구실을 들이대며 응시를 집단으로 거부하기도 했다. 어려운 문제가 출제되면 억지를 부렸다는 뜻이다.

넷째, 규정에 어긋난 부정 행위와 불공정 행위도 많았다. 때로는 응시자들이 규정을 위반했고, 때로는 시험관들이 잘못을 저질렀다.

요컨대, 엄숙해야 할 시험장은 늘 시끄러웠고 협잡이 끊이지 않았다. 그렇다고 해서 시험 결과가 불공평했다고 단정할 수는 없다. 기득권층에게 유리한 상황이기는 하였으나, 바로 그런 시험장에서도 합격의 영예를 차지한 무명의 선비가 적지 않았다.

비정규 과거시험

《경국대전》에 명시된 규칙에 따르면 문과와 무과는 3년에 한 번씩 시행해야 했다. 그러나 역대 왕들은 수없이 많은 별시를 시행하여 후기에는 거의 해마다 시험이 있었다.[40]

필자가 주목한 것은 문과 시험인데, 조정이 필요로 하는 인재를 선발하기 위한 것이었다. 그러나 시험을 시행한 동기는 다양했다. 겉으로 표방한 이유를 잠시 살펴보면, "동경(同慶), 경축"이나 "위무(慰撫)" 또는 "권학(勸學)" 등으로 시험을 시행하는 이유는 제각각이었다.

말하자면 왕이 독감 증세에서 회복되기만 해도 대신들은 쾌유를 축하하며 과거시험을 시행하자고 권할 정도였다. 임금이 성균관을 방문하기라도 하면 선비의 사기를 높이기 위해 즉시 과거시험을 시행하자고 조르기도 했다. 그런 시험에서 뽑힌 합격자는 대체로 집안 배경이 매우 좋았다. 정규 시험에서 여러 차례 낙방한 명문가의 자손들에게 과거 합격의 기회를 주려고 특별 시험을 실시한 것으로 해석된다.

과거시험의 취지는 "입현무방(立賢無方)"이라고 하여 출신 가문이나 지역과는 관계없이 오직 실력만으로 인재를 고르는 것이었다. 그러나 조선의 기득권층은 다양한 방법으로 특별 시험을 시행하여 실력이 없는 자제들에게 합격의 기회를 선사했다. 결과적으로, 명문자제의 시험 합격률은 매우 높았다.

그래도 과거시험이 있어 다행이었다. "개천에서 용 난다"라는 속담도 있듯이 미약한 가문 출신 선비들도 과거를 거쳐 관리가 되었다. 그중에는 최고위 관직까지 오른 이도 없지 않았다. 과거시험은 평민 또는 한미한 가문 출신 선비들에게 크나큰 위안이 되었다.

시골 출신 선비, 기득권을 견제하다

조선 초기에는 선비들만 독서와 연구를 업으로 삼았다. 그들은 흥미와 오락을 위해서가 아니라 출세를 위해 또는 인생을 내적으로 풍요롭고 고상하게 만들고자 유학을 학습하였다. 그러한 시골 선비들이 과거시험에 급제해 중앙정계로 나갔다.

세종 이후 조정에서 그들이 차지하는 비중이 눈에 띄게 증가했는데, 성종 때는 이미 상당한 세력을 형성했다. 그들을 대표하는 이가 바로 점필재 김종직이었다. 연산군 때가 되면 김종직의 제자 및 가까운 지인들은 공신인 훈구와 정치적으로 충돌을 일으켰다. 그만큼 세력이 불어난 것이다.

15세기 후반부터 100여 년 동안, 유교적 가치로 무장한 선비들이 하나의 사회세력을 형성한 것은 역사적으로 의미 있는 일이다. 요즘식으로 말하면, 그들은 "유교화 정풍운동"을 벌였다고 하겠다.[41] 중종 때 개혁운동을 전개한 조광조가 대표적이었다. 그는 김종직의 손(孫) 제자로, 동료인 김식과 김정, 김안국 등과 더불어 유교적 이상 국가를 건설하기 위해 힘썼다.

조광조 등 유교적 소양이 풍부한 신진 세력은 기득권과 갈등하였다. 그 과정에서 사화가 네 차례나 일어났다. 그때마다 피해를 많이 입은 쪽은 신진 세력인 사림이었다. 하지만 도리어 그 세력은 나날이 팽창하였다.

그들은 중앙에서 쫓겨나자 시골에 조용히 은거하며 유교적 이상을 젊은 선비들에게 전파했다. 하서 김인후, 미암 류희춘, 휴암 백인걸, 화담 서경덕, 퇴계 이황, 남명 조식 등이 그들인데, 성리학의 이상을 가슴에 품고 평생 학문을 연찬하는 동시에 제자를 많이 길러냈다. 이로써 조선은 차츰 명실상부한 유교 국가가 되었다.

당쟁의 발생

명종 말기가 되자 초야에서 숨을 죽이며 지내던 사림이 조정으로 돌아왔다. 선조 이후 그들은 조정을 완전히 장악했는데, 결국에는 동인과 서인으로 갈라섰다. 본래 그들은 몇 개의 다른 학파에 속했는데 결혼을 통해 서로 친소관계를 달리하는 집단으로 편성되었다. 그 때문에 분파 작용이 활발했다. 16세기 조선 지배층을 총망라한 《문화유씨가정보》(1565년)를 분석한 최신 연구에 따르면, 조선의 선비들은 이미

몇 개의 혈연집단으로 나뉘었다.[42]

　동인과 서인이 갈라서기 직전, "을해당론"이란 사건이 일어났다. 선조 8년(1575) 을해년에 이이(李珥)가 정쟁을 벌인 김효원(金孝元, 동인)과 심의겸(沈義謙, 서인)을 각기 다른 지방의 관리로 내려보냈다. 그 뒤 이이의 인사 조치에 대해 잡음이 크게 일어나 마침내는 동서로 분당하였다.

　위에서 언급한 문화유씨 족보를 분석해보면 훗날의 동인은 동인대로, 서인은 서인대로 독자적인 혼인망을 구성하였다. 혼맥을 토대로 학연과 지연이 더해져 두 집단은 대립적인 두 당파로 발전하였다.

붕당론과 국정 운영론 - 실학자 이익

조선의 과거시험은 본연의 기능을 다했다고 볼 수 있을까? 18세기 전반에 성호 이익은 〈붕당론(朋黨論)〉을 지어 조정의 문제점을 날카롭게 지적하였다.[43] 이익은 과거시험이 잦아진 결과 지나치게 많은 사람이 합격했고, 그래서 당쟁이 일어났다고 주장했다. 이익은 인재 등용의 문을 엄격히 제한하는 것이 해결책이라고 말하였다.

　아울러 그는 문신의 정치적 역할에 관해서도 연구했다. 이익은 왕 못지않게 재상의 정치적 역할이 중요하다는 점을 강조했다. 즉, 왕과 재상이 정치적 균형을 유지하는 것이 정치의 본령이라고 했다.

　현실에서는 정치적 이해관계가 대립하기 마련이므로 조정에 여러 당파가 존재하는 것이요, 설사 왕이라도 당파를 쉽게 없앨 수는 없는 일이었다. 이익은 이러한 현실을 인정하고, 도덕적으로 존재 가치를 지닌 당파란 무엇인지를 자신에게 물었다. 그는 이렇게 주장하였다. '왕은 성리학으로 철저히 무장해 군자의 당파만 남겨두고 소인의 당파를 제거하라. 그래야 국정이 정상적으로 운영될 수 있다.' 그의 말대로라면 왕의 정치적 역할은 막중했다.

그러나 조선 정치의 주도권은 왕이 아니라 정치 경험이 풍부한 재상에게 있었다고 보아도 좋다. 그러므로 이익은, '궁부일체(宮府一體)', 즉 왕실과 관부(官府, 정부)가 하나라는 논리를 내세우며 재상이 왕권을 통제하는 것이 옳다고 했다. 그러면서도 다수의 관리가 간쟁(諫爭)과 경연을 통해 권력자인 왕과 재상을 견제하는 것이 바람직하다고 했다.

실학자 이익의 이러한 정치사상, 즉 견제와 균형을 강조하는 정치이론은 과연 어디서 나왔을까? 근원을 헤아려보면, 송나라 성리학자인 주희의 붕당론 및 군주론에서 비롯되었다. 이익은 주희의 이론을 조선의 현실에 맞게 재해석하였다.

나. 서당 교육 전성시대

조선에서 가장 널리 퍼진 교육기관은 서당이다. 서당은 세 종류로 나뉘는데, 하나는 기본 교육을 위한 서당이다. 또 하나는 과거시험을 전문적으로 대비하는 서당이고, 나머지 하나는 연구 중심 서당이다. 연구 중심 서당은 훗날 서원으로 발전한 예가 많았는데, 대표적인 것이 퇴계 이황의 도산서당이다.

서당과 유사한 민간 교육기관으로 "정사(精舍)"라는 것이 있었다. 서원과 사우(祠宇) 역시 제사 공간이자 교육의 현장이었다. 조선 선비들은 지연과 학연을 매개로 이들 기관에 모여 공론을 조성하고, 정치적 거점으로도 삼았다.

특히 18세기 후반부터 각지에서는 이름난 문중이 정치 문화적 주도권을 장악하기 위해 경쟁을 벌였다.44) 경상도 칠곡에 세거한 인동 장씨는 부지암정사(不知巖精舍), 화산서당(花山書堂) 및 화산서원(花山書院)을 무대로 세력을 과시했다. 극명당(克明堂) 장내범(張乃範)과 그 아들 만회당(晩悔堂) 장경우(張慶遇)는 문중의 교육기관을 창건하였고, 그 자손이 대대로 운영하며 광범위하고도 탄탄한 학맥을 형성하였다. 그들은 이웃 지역의 다른 문중들과 연대하여 경상도 일각에서 오랫동안 정치 문화적 주도권을 유지하였다.

이러한 움직임이 어느 한 지역에 국한된 것은 아니다. 세월이 흐를수록 전국 어디나 다양한 민간 교육기관이 등장하여 민간 교육의 전성기를 열었다. 그 이면에는 공교육 피폐 현상이 숨어 있었다.

공교육 현장

건국과 더불어 조선왕조는 고을마다 국공립 교육기관인 향교를 운영하였다. 수도에는 4부 학당과 성균관을 설치하였다. 오늘날로 말하면 성균관은 박사후(後) 과정이었다. 4부 학당과 향교는 박사를 기르는 대학교인 셈이었다. 생원과 진사가 박사학위에 해당했는데, 그런 학위를 가진 선비들이 성균관에 모여 고등고시에 해당하는 문과 시험을 준비했다.

조선 전기에는 교수 또는 훈도를 향교에 파견해 준수한 선비를 교육하기에 힘썼다. 서울에서는 학당과 성균관을 중심으로 더욱더 유학 교육에 심혈을 기울였다. 나라에서는 유생을 가르칠 자격이 충분한 교관을 미리 선발하여 〈사유록(師儒錄)〉에 이름을 올리기도 하였다.

세종 21년(1439)부터 선조 2년(1569)까지 130년 동안 무려 14회에 걸쳐 사유(師儒)를 뽑았는데, 정암 조광조와 현량과에서 장원 급제한

김식 등 이름난 선비가 모두 〈사유록〉에 이름을 올렸다. 그러나 임진왜란 이후 국가 재정이 취약했으므로, 더는 사유를 뽑지 못하였다.

그러나 알고 보면 다음과 같은 이유도 있었다.[45] 교관이란 오랫동안 한 공간에 머물며 유생을 지도해야 소기의 성과를 거둘 수 있는데, 〈사유록〉에 등재된 교관 중에는 다른 직책으로 전보되기를 바라는 이가 많았다. 사유에 대한 처우가 마땅하지 못했기 때문이다. 교관으로 유생을 지도하는 데 매진하는 것이 본인의 출세에 조금도 유리하지 않았다. 그러므로 이름난 선비들도 이름만 〈사유록〉에 걸어두고, 실제는 청요직에 나아가기에 힘썼다. 그런 형편이라서 공교육은 겉만 화려할 뿐 실속은 없었다.

문중서당

이름난 선비 집안에서는 자제 교육을 위해 자구책을 마련하였다. 가숙(家塾)을 운영하기도 하고 종학(宗學)을 건립하기도 했다. 때로는 서당 이름 가운데 특정한 집안에서 운영하는 서당이라는 명칭을 표시하기도 했다. "가학(家學)"이었던 셈인데, 이런 학교야말로 학문을 전승하는 중요한 수단이었다.[46]

가학은 가풍(家風)과 비슷한 뜻을 가진 용어로, 학문을 전수하는 것은 물론이고 취미와 행동 양식, 나아가 경세론(經世論)까지도 물려준다는 뜻이 포함되었다. 가학이 전해지는 장소가 곧 문중서당(門中書堂)이었다. 필자의 5대조인 이은거사(梨隱居士) 백추진(白秋鎭)도 전주 고향 마을에 "석양동(石羊洞) 백씨서당(白氏書堂)"을 창설하였다. 문중서당은 종중의 결속을 강화하는 동시에, 집안의 학문적 전통을 후세에 물려주었다.

문중서당에서는 《소학》을 바탕으로 선비가 갖춰야 할 바른 몸가짐과 마음 자세를 일깨웠다. 그리고 집안 자제들이 과거시험을 제대로 준비할 수 있게 도왔다. 문중의 위상을 높이기 위해서는 아무래도 과거시험에서 좋은 성과를 얻어야만 했다.

문중서당 전성기는 18세기 이후였다. 17세기까지는 아직 마을을 중심으로 한 문중이 형성되지 못하였다. 유교화가 점차 심화되어 종족이 집단으로 거주하는 문중마을이 형성되자 문중서당이 반드시 필요한 것으로 인식되었다. 그들은 서당에서 유교적 교양을 학습하는 것 외에도 종족 간의 화목을 도모하려고 여러 가지 방법을 모색했다. 요컨대 문중서당은 종중의 독특한 학풍을 형성하고 후대에 전해주는 기능도 있었으나, 단정하고 엄숙한 유교적 생활 태도를 길러 가풍을 확립하는 데도 큰 의미를 두었다.

이 기회에 강조하고 싶은 점이 있다. 《신사와 선비》(백승종, 사우, 2018)에서 기술한 것처럼, 조선의 선비는 마을을 생활 터전으로 삼아 거기에서 서당을 운영했다. 그들은 끊임없이 교육을 통해 마을 사람들을 일깨워 매우 독특한 사회를 만들었다. 외적이 침략하기라도 하면 선비와 마을 사람들이 힘을 모아 의병을 일으켰다는 점을 기억할 필요가 있다.

조선 시대에는 마을의 문화적 수준이 대단히 높았다. 유교 문화를 대표하는 한국의 서원들은 하나같이 시골 마을에 있었다. 주요 문화 기관이 서울에 집중된 오늘날과는 양상이 달랐다.

표면적으로 보면, 조선왕조는 중앙집권적 국가였으나 그 실질은 달랐다. 조선은 '마을 공화국'의 연맹이라고 불러도 좋을 정도였다. 선비, 즉 유학자들이 건설한 조선의 실상을 요즘 말로 표현하면, 유교라는 보편적 가치를 중심으로 지식인과 시민이 연대한 사회였다고 하겠다. 이런 사회는 이웃한 중국이나 일본에서도 찾아보기 어려웠으며, 서구 사회에서도 유례를 발견할 수 없다.

조선 후기 향교의 중심은 양반에서 평민으로

조선 후기에는 사교육 기관이 크게 발달한 가운데 공교육도 근근이 명맥을 유지했다. 학교 진흥에 관심을 가진 지방관이 부임할 때면 해당 고을의 향교가 활기를 띠었다. 충청도 직산향교(稷山鄕校)에 남아 있는 고문서를 통해 간단히 향교의 사정을 살펴보겠다.[47]

18~19세기에 직산향교는 10여 번이나 건물을 중수했다. 공사가 벌어질 때면 향교에서는 마을별로 부역할 일꾼의 숫자를 배당했다. 건축비는 관청에서 지급하는 보조금에 의존하였는데, 그것으로 부족하면 향교의 간부와 유생들이 부조하였다. 교생(校生, 학생)들은 원납전(願納錢, 기부금)을 보탰다. 직산향교의 재정은 넉넉한 편이었다. 철종 7년(1856) 당시 이 향교의 수입은 해마다 도조(賭租)가 50여 석(石)이었다.

유생들은 〈교헌절목(校憲節目)〉을 제정하여 향교를 효율적으로 운영하고자 했다. 직산향교의 유생은 주로 8개의 성씨로 이씨(李氏), 김씨(金氏), 최씨(崔氏), 오씨(吳氏), 홍씨(洪氏), 박씨(朴氏), 정씨(鄭氏) 및 민씨(閔氏)였다. 영조 28년(1752) 그들 8성이 힘을 모아 〈향안(鄕案)〉을 편찬했다. 고을을 대표하는 양반의 인명록을 작성한 것이다.

이후에는 직산향교에 출입하는 서얼과 평민이 많아졌다. 그러자 위에서 언급한 8개 양반 집안은 유생 명단인 〈청금록(靑衿錄)〉에 수록되기를 거부하였다. 여기에는 매우 중요한 뜻이 담겨 있다. 18세기 후반부터 향교가 차츰 평민지식인의 활동 거점으로 바뀌었다는 말이다.

직산향교 사례에서 확인하였듯, 후기에는 향교의 중심이 양반에서 평민으로 이동했다. 교육 혜택이 평민에게 확대되고 있었을 뿐만 아니라, 평민이 공교육 현장인 향교 운영의 주체로 새롭게 떠올랐다.

평민지식인

17세기 이후 조선 사회는 나날이 변화했다. 인구가 꾸준히 증가해 과거시험에 응시하는 선비 수가 폭발적으로 늘어났다. 과거시험이 인기를 끌면 끌수록 시험에 합격하기가 더욱더 어려워졌다. 설사 합격하더라도 소망하던 관직에 진출하기는 거의 불가능해졌다. 설상가상으로 상속제도에도 변화가 일어나 이제는 장남이 아니면 자립에 필요한

농경지를 물려받지 못하였다. 사정이 그렇게 변하자 가난한 선비가 많아졌다. 이른바 잔반(殘班)이 늘어났다.

예전에 풍족하게 살던 선비의 자손 중에 18세기 이후에는 지식을 제공하고 겨우 끼니를 해결하는 이가 많아졌다. "매문설경(賣文舌耕)", 즉 글을 팔고 강의를 하여 가까스로 살아가는 선비가 양산되었다.

그래서 마을마다 서당이 들어섰다. 19세기 말에는 웬만한 마을에는 반드시 서당이 있었다. 상당수 훈장은 몇 달 또는 한두 해를 가르치다가 어디론가 떠나가는 임시직이었다. 그들은 떠돌이 선비나 다름없었는데, 그중에는 "원국지사(怨國之士, 나라를 원망하는 선비)"라고 불리는 사람들도 생겨났다. 필자가 "평민지식인"이라고 부르는 이들이었다.

상당수 평민지식인은 기성체제를 비판적인 시각으로 바라보았고, 장차 사회 변혁의 주체가 되기를 꿈꾸었다. 그들은 온건한 사회 비판을 넘어 국가 전복까지도 주장하였다. 그런 흐름이 오래 이어져 드디어는 동학을 비롯한 신종교를 탄생시키기에 이르렀다. 필자는 이러한 현상을 연구해 《정감록》에서 동학으로 변화하는 역사적 과정을 여러 권의 책으로 서술했다.[48]

평민지식인이라면 그 신분은 평민이지만 선비 또는 지식인이라는 자의식을 가진 이들이었다. 혈통은 양반 후손이라도 평민적 사고에 익숙한 지식인도 다수 포함되어 있었다. 가령 전봉준, 손화중, 김개남과 같은 동학 농민 지도자들이 그러했으며, 그들의 큰 스승 수운 최제우와 해월 최시형도 평민지식인이었다. 19세기는 평민지식인의 시대라고 불러도 좋을 정도였다. 그만큼 각지에 그런 이들이 많았다. 그들은 각종 사회적 현안을 직접 해결하고 새 세상을 만들고자 정열을 쏟았다.

서적 보급

교육의 발전은 서적 생산 및 공급과 별개가 아니었다. 조선 초기에는 관청이 각종 서적을 간행했다. 국가는 자체 생산한 교재를 향교 등 여러 교육기관에 무상으로 공급하였다.[49]

초기에 출판과 보급을 담당한 기관은 서울의 교서관이었다. 그들이 간행한 귀중본은 왕이 하사하는 형식으로 분배되었다. 이처럼 관청이 서적 보급을 주도하자 이념적 통일이 손쉽게 이루어졌고, 공교육도 강화되었다.

후기에는 민간의 출판 활동이 주를 이루었다. "세책(貰冊)", 즉 책을 대여하는 일이 보편화되었고, "서사(書肆, 서점)"가 등장해 지식 정보가 국가의 통제에서 벗어났다. 공교육이 무너지는 가운데 민간이 주도하는 사교육이 지식의 생산과 유통을 좌우했다. 조선 사회에 지식이 널리 퍼지고, 평민지식인까지 등장하게 된 역사적 배경은 그러했다.

장서가

국가는 서적을 생산하면 향교와 성균관 등에 고루 분배했으며, 특히 중요한 서적은 사고에만 비장했다. 그 외에도 조정 대신을 비롯하여 요직을 차지한 관리에게 각종 서적이 하사품 형식을 빌려 공급되었다.

왕세자를 교육하는 세자시강원과 성균관 및 향교에는 학문과 연구에 반드시 필요한 도서들이 제공되었다. 전국 각지의 서원에서도 장서를 갖추어 엄격히 관리하였다. 특히 왕실에는 장서각 또는 규장각이란 특수 도서관을 설치해 국내외에서 간행한 양서를 두루 갖추었다.

후기에는 재정이 풍부한 선비들이 개인적으로 방대한 장서를 소유하였다. 예컨대 강릉의 선교장(전주이씨)은 2,601점의 서적을 소장

- 강릉 선교장.
  어마어마한 장서를 소유하고 있었다.

했다. 형식별로 나누면 경부(經部, 유교 경전류)가 60종에 220점, 사부(史部, 역사책)가 124종에 738점, 자부(子部, 각종 사상과 점술 및 사전)가 135종에 736점, 집부(集部, 문집과 소설)가 204종 865점이요, 그 밖에도 성책(成冊)한 고문서(古文書)가 42종에 42점이었다.[50]

이를 주제별로 소개하면, 경부는 주역과 사서(四書), 소학에 관한 서적이 대부분이었다. 사부는 정치와 형법 그리고 지리 서적이 대종을 이루었다. 자부는 술수(術數)와 사전 및 의서(醫家) 등이 많았으며, 집부는 문집과 소설이 차지하는 비중이 컸다. 이러한 장서 구성은 조선 후기 경화사족(京華士族)의 취향을 그대로 반영한다.

출간 시기로 나누어보면 15세기에 생산된 책이 1종 3점, 16세기가 5종에 36점, 17세기는 13종에 102점, 18세기는 21종에 185점, 19

세기에 간행된 것은 83종에 557점이었다. 20세기 초에 출판된 책도 90종에 231점이나 되었다. 그 밖에 출간 연대가 뚜렷하지 못한 것도 1,000점 이상이었다. 정확히 알 수는 없으나 대체로 조선 후기에 간행되었거나 중국 청나라 때의 도서로 짐작된다.

선교장의 장서는 강릉을 비롯하여 전주와 서울 등지에서 간행되거나 수집된 것이 대부분이었다. 그중에서도 서울에서 수집한 책들이 주목을 끈다. 19세기에 선교장 이씨는 조정에 진출하여 서울의 명문가와 활발하게 교류했다. 그 과정에서 서울에 거주하는 장서가들과 친선을 꾀한 것으로 짐작된다. 선교장은 강릉의 대지주였으므로, 넉넉한 재력을 동원해 대규모 장서를 확보하였다.

후기에는 서울과 지방에 장서가가 널리 존재했다.[51] 현재 남아 있는 장서 목록은 그다지 많지 않은 편이지만, 다행히 몇몇 집안의 장서 목록은 온전히 남아 있다. 가령 16세기 영남의 선비인 배삼익(裵三益)과 배용길(裵龍吉) 부자의 장서 목록인 《책치부(冊置簿, 1586년, 1책, 한국국학진흥원 기탁)》가 있다. 17세기 장서 목록으로는 심억(沈檍)의 《심억가기(沈檍家記, 서울역사박물관)》에 수록된 서책 목록과 송준길(宋浚吉)의 《가장서적부(家藏書籍簿, 1책, 은진송씨 후손 소장)》 등 5~6종류가 현존한다. 18~19세기 여러 집안의 장서 목록도 전하고 있다.

장서 목록을 검토해보면, 선비들이 국내는 물론이고 중국에서 생산한 서적도 다수 소장하였다. 분야도 광범위하였는데, 서학(西學, 기독교 및 서양학)에 관한 서적도 적지 않았다. 18세기부터는 다양한 백과사전이 편찬되었으므로 관련 서적도 많았다. 아울러 장서가들이 문학과 예술에 관한 서적도 널리 애호한 사실이 거듭 확인되었다.

인기 소설의 출현

후기에 교육이 널리 퍼지자 문맹률도 자연히 감소했다. 특히 한글이 일반에 널리 보급되어 평민 여성 중에도 다수가 한글을 사용했다. 문해력이 전례 없이 높아져 도서시장도 더욱 확대되었다. 현재 각 지방에는 헤아릴 수 없이 많은 필사본 소설이 남아 있는 것으로 조사되었다.

독자는 필사하는 과정에서 자신의 의견을 책에 첨가하였다. 그들은 익명의 작가이기도 한 셈이었다. 당시에 유행한 책 중에는 목판으로 찍거나 목활자로 인쇄한 소설책도 많았다. 인쇄비가 고가인 관계로 필사본보다는 내용이 훨씬 축약된 소책자가 대부분이었다.

18~19세기에는 소설 중에서도 독자를 사로잡은 인기작이 존재하였다. 대표적인 작품으로 《흥부전》, 《구운몽》, 《사씨남정기》, 《춘향전》, 《토끼전》 등이 있었다. 일반이 소설의 효시라고 알고 있는 《홍길동전》은 도리어 뒤늦게 탄생한 작품이었다.[52]

"세책"이라고 하여 돈을 주고 책을 빌려 보는 일종의 문고까지 출현해 인기를 모았다. 대중을 대신해서 큰 목소리로 책을 읽어주는 사람도 등장했다. 사람들은 서로 돌려가며 책을 읽었다. 그 당시에는 너무나 책을 좋아한 나머지 가사를 등한히 하는 부인이 많다는 한탄이 쏟아져 나오기도 했다. 그만큼 독서 열기가 뜨거워 조선 사회의 풍경이 바뀔 정도였다.

《구운몽》의 상업적 성공

즐거움을 위해 사람들이 즐겨 읽은 책은 무엇이었을까. 꿈속의 일을 기술한 몽유록(夢遊錄)을 비롯하여 각종 야담이 최고 인기였다. 그중에는 중국에서 들어온 소설도 적지 않았다. 몽유록 가운데서도 가장 이

〈자수 구운몽도 병풍〉. 김만중의 소설 《구운몽》의 내용을 그림으로 구성하여 수놓은 열 폭 병풍이다.

름난 소설은 《구운몽》이었다.[53] 작가 김만중은 어머니를 위하여 소설을 썼다고 창작의 명분을 삼았는데, 독자층이 매우 두터워 여성뿐만 아니라 남성까지도 이 책을 애호했다.

《구운몽》은 상업적으로도 성공해, 한문본과 한글본 소설이 모두 존재하였다. 한문본은 목판에 새겨져 시장에서 인기를 끌었다. 한글본 소설은 "세책" 시장에서 인기를 얻었고, 방각본으로 내용을 줄여 활자로 찍은 《구운몽도》 역시 독자들을 사로잡았다.

《구운몽》은 책의 형태가 달라질 때마다 서사에도 부분적인 변화가 일어났다. 이 소설의 편집자는 판매 이익을 늘리기 위해 다양한 방식으로 통속적 감수성에 호소했다. 후기 독서 시장은 다양해졌고, 상업화에 성공한 사례도 늘어났다.

2_유학의 나라 조선의 특징 165

인기 소설의 보수성

조선에서 소설이 유행할 때 일본과 중국은 물론이요, 유럽에서도 통속 소설이 인기를 끌었다. 큰 틀에서 보면 지식의 확대와 독서 시장의 상업화는 북반구 여러 나라에서 동시다발적으로 진행된 문화적 흐름이었다. 자세히 들여다보면 나라마다 상업화의 열기에도 상당한 차이가 있었다. 인기 소설이 다루는 주제며 서사 방법, 거기에 담긴 가치관에도 상당한 차이가 존재했다.

조선에서 유행한 소설은 모두 유교적 가치관에 충실하였다. 따라서 소설이 유행하자 유교적 가치는 사회 곳곳으로 더욱 깊숙이 파고들었다고 말할 수 있다. 소설로 말미암아 유학 교육의 중요성에 대한 사회적 합의가 더욱더 강해졌고, 충효열의 전통적 가치는 더더욱 절대화되었다. 사람들은 인기 소설을 가까이함으로써 더욱더 보수화되었다.

소설이 사회 변혁에 관한 열망을 키웠다고 말하기는 어렵다. 물론 예외도 없지 않았는데, 바로 《홍길동전》이었다. 그러나 중요한 사실은 이 소설이 인기를 끈 것은 조선이 망할 때였다는 점이다.

한 가지 덧붙일 점도 있다. "서학"이라고 불린 기독교의 유행은 후기 사회에서 문맹률이 감소한 사회 현상과 관계가 깊었다. 19세기에 평민과 여성 및 청소년까지도 한글을 해득하고, 책을 읽는 문화가 생겨났다는 점이 중요하다. 사람들이 책을 통해 새로운 지식을 습득하고, 인생의 좌표를 새롭게 설정하며, 독서 자체를 즐기게 되었다는 현상에 주목하자. 이처럼 새로운 사회 분위기를 틈타서 서학에 관한 다양한 필사본이 인기를 끌었다. 그런 과정을 거쳐 기독교 신자의 수가 날로 늘어났다.

다. 유교적 도덕 규범의 전성기

15세기부터 유학은 조선 사람을 사로잡은 윤리와 도덕이었다. 세종이 백성에게 유교적 덕행을 가르치려고 《삼강행실도》를 간행한 이후 역대 왕들이 그 전통을 충실히 이어나갔다. 한문으로 된 텍스트를 한글로 번역했고, 여러 차례 증보하였다.[54]

충의지사

특히 언해본(한글 번역본) 충신도(忠臣圖)를 살펴보면, 주인공의 인명과 관직을 누구나 이해하기 쉽게 수정하였고, 한문으로 된 본문도 과감히 생략해 독자의 이해를 도왔다.

유학이 깊이 뿌리내리자 도덕적 규범에 철저한 사람이 많아졌다. 죽음도 마다하지 않는 절조를 가진 이가 방방곡곡에 광범위하게 존재했다. 마을마다 충의지사(忠義之士)가 나타났다는 말이다. 임진왜란 때는 전국 어디에나 의병이 출현하였는데, 그 전통이 구한말에 이르러 거센 의병항쟁으로 발전했다.

19세기 말 진주의 선비 노응규(盧應奎, 호는 신암愼庵) 역시 의병투쟁을 벌였다. 그가 쓴 《신암유고(愼庵遺稿)》에 실린 몇 편의 글이 저자의 내면을 살피는 데 도움을 준다.[55] 망국의 상황에서 선비 노응규는 서양식 의복을 거부하고 일본의 통치에 맞서 죽기로 싸울 것을 결심하였다. 중국 고대에 충신 백이(伯夷)와 숙제(叔齊)가 그러하였듯이 노응규는 욕되게 살아남기보다는 차라리 깨끗이 순국하기를 바랐다. 그런 점에서 자신의 스승 면암 최익현과도 다르지 않았다.

그와는 결이 다른 이야기지만, 후기에는 평민도 여성도 청소년도 자신들의 신념을 위해 기꺼이 목숨을 바쳤다. 천주교를 신봉하느라 수만 명이 욕되게 살기를 포기하고 대량으로 순교한 사례를 보면 알 수 있다. 조정의 회유를 거부한 채 그들은 믿음을 지키려고 죽음을 선택했다.

어디 그뿐인가. 1894년에는 각지에서 일어선 동학농민혁명군 또한 죽음을 무릅쓰고 싸우다 목숨을 잃었다. 이러한 사회 풍조는 구한말 의병을 거쳐 만주에서 활동한 독립군으로도 이어졌다. 유학의 심화로 조선에는 신분과 젠더 및 연령을 초월해 자신의 신념에 투철한 용기 있는 사람이 매우 많아졌다.

세상에는 권력에 순응하는 사람이 대부분이다. 그러나 조선의 역사를 보면 절개를 지키려고 목숨을 내놓은 선비가 다수였다. 이러한 문화적 전통은 현대로 이어져 많은 투사가 민주화의 밑거름이 되었다.

열행

임진왜란을 겪은 뒤에 나라에서는 《동국신속삼강행실도》(1617)를 간행했다. 전쟁 중에 허물어진 윤리적 기강을 바로 세우고 민심을 격려할 목적이었다. 《동국신속상감행실도》에 실린 열녀에 관한 판화를 잘 살펴보면 왜군이 여성에게 가한 잔인한 폭력과 그에 대응하는 조선 사회의 모습이 확연하다.[56]

예컨대 왜적에게 피해를 당한 여성이 살아 있으면 '실절(失節)'했다는 사회적 비난이 쏟아졌다. 배제와 차별이었다. 그 고통 속에서 여성들은 죄 없는 어린아이와 함께 자결했다. 그러고는 열녀로 기림을 받았다.

세상은 피해자인 여성이 끝내 '정조'를 지켰는가, 하는 점을 따지는 데 혈안이 되어 있었다. 실절한 여성을 심하게 공격함으로써 "열녀" 정려가 폭증하는 아이러니한 사태가 일어났다. 실로 엄청난 비극이었다. 열녀에게는 저마다 개인적 서사가 있었는데, 그것을 모조리 무시하고 정형화된 형태로 역사에 기록하고 표창한 것이 보통이었다. 게다가 조선 후기에는 남편과 사별한 여성은 정조를 지켜야 하는 것은 기본이고, 가능하면 남편을 따라 자결하라는 가혹한 압박이 사회적으로 가해졌다. 여성들이 비인간적인 의무감을 견디지 못해 자결하는 사태가 잇따라 일어났다. 딸과 며느리를 죽여서라도 가문의 명예를 드높이고자 열망하는 사람이 그토록 많았다. 유교적 문명화의 음습한 그늘이었다.[57]

백학선전

열녀의 기준이 시대에 따라 변한 점도 기록할 만하다. 후기에는 남편을 위해 정조를 지키는 데 그치지 않고, 가문과 국가의 위기를 적극적으로 돌파하는 강건한 여성을 요구하는 시선도 존재했다. 이는 새로운 관점이었는데 왜란과 호란을 거치면서 형성된 것이었다.

소설 《백학선전》의 주인공 조은하는 새로운 시대 감각에 부응한 열녀였다.[58] 조은하는 남편 유백로를 위해 정절을 지킨 것은 물론이요, 영웅적 능력을 발휘해 전쟁터에서 활약하였다. 그는 남편을 위해 복수를 감행했다.

조선 후기에 열녀로 인정된 여성 중에는 실제로도 지아비를 위해 목숨을 버린 사람들이 많았다. 그러나 그때는 여성의 순사(殉死)를 비판적인 관점에서 바라보는 선각자도 있었다. 다른 한편으로, 남편의 원수를 갚은 여성도 나타났고 위기에 빠진 남편을 구출한 열녀도 없지 않았다.[59]

소설《백학선전》은 전쟁이라는 급박한 상황에서 여성 주인공이 절개를 위해 목숨을 버리는 소극적 '열행'을 스스로 거부하고, 전쟁터에 뛰어나가 구국의 영웅으로 변화하는 모습을 설정하였다. 여성에 대한 사회적 기대가 한층 높아졌음을 상징한다.

현실에서는 전쟁터를 누비며 공을 세운 이름난 여성 장수는 없었다. 그러나 외적과 대결하여 작은 성과를 거둔 여성은 실제로 존재했다. 흉포한 도적에 맞서 남편의 목숨을 지키려고 싸우다 죽은 여성도 있었다. 조선 후기의 여성은 우리가 막연히 짐작하는 것보다 훨씬 더 능동적이고 대담하였다.

효행

조선 후기에는 지역마다 효자도 많아졌다. 충신, 열녀와 함께 효자 명록을 작성한 〈삼강록(三綱錄)〉이 어느 고을에나 있었다. 마을마다 집안마다 효자 정려를 하사받은 인물이 그득하였다. 필자의 집안에서도 9대조 이래 5대에 걸쳐 정려 효자가 14명이나 되었다. 이와 같은 집안이 방방곡곡에 적지 않았을 것이다.

경상도 동래부(현재의 부산광역시 석대동)에 세거한 영양천씨(潁陽千氏) 집안에서도 5대 동안 6명의 효자가 나왔다. 그들이 효자 정려를 받은 과정을 자세히 기록한 고문서도 남아 있다.[60] 〈석대 천씨 5대 6효 고문서(石臺千氏五代六孝古文書)〉가 그것인데, 총 255건의 문서로 구성되어 있다. 그 주인공은 효자 천성태(千聖泰)와 아들 천세포(千世暴), 손자 천술운(千述運), 증손자 천상련(千相璉), 현손 천만형(千禹炯) 및 현손부 김해김씨(金海金氏)이다.

천씨 일가는 생활이 곤란하였으나 정성껏 부모님을 봉양하였으며,

부모님이 병들어 위급해지면 손가락을 잘라 피를 바치는 단지효행(斷指孝行)을 실천하였다. 부모님이 돌아가신 뒤에는 3년 동안 시묘살이를 하였다. 그들이 부모님의 산소를 지킬 때는 하늘도 효성에 감동하여 여러 가지 이적이 일어났다고 한다.

하지만 효행으로 정려를 받는 일이 수월하지는 않았다. 고을 차원에서 청원이 이뤄지고, 이어서 도(道) 차원에서 거듭되어도 조정에서는 다시 엄격하게 심사하였다. 그 과정은 까다로울 뿐만 아니라 시일도 오래 걸렸으며, 절차에 수반해 비용도 많이 들었다.

효자 정문이 내리면 효자 본인과 가까운 조상에게도 벼슬이 추증되었다. 이는 가격(家格)을 높이는 일이었으므로, 집안마다 경쟁적으로 효자 정려를 청원하였다. 후기에는 효자 정려를 받고자 노력하는 집안이 더욱더 많아져, 여러 차례 정려를 받는 것 자체가 그 집안의 명성과 능력을 반영하였다.

부모와 자식의 윤리는 동서고금 어디서나 필수적인 도덕 규범이었다. 특히 조선은 유교를 국가의 지도 이념으로 삼았으므로, 효를 가장 강조했다. 효자 정려를 청원하는 문서를 상세히 분석해보면 자식이 부모에게 일방적으로 존경과 희생을 표현한 것이 대부분이었다.[61]

효행의 일반적인 형태를 정리하면 다음 네 가지였다.

첫째, 부모가 병으로 고생하시면 부모의 똥을 맛보아 병의 증세를 확인(嘗糞)하는 것이 당연하였다. 둘째, 부모의 병이 위급해지면 손가락을 잘라 피를 마시게 함으로써 잠시나마 소생하도록 단지(斷指)를 해야 했다. 셋째, 겨울에 얼음을 깨고 잉어를 얻었다(得魚)고 하는 등 일상에서는 좀체 일어날 수 없는 기적이 있었다. 넷째, 부모가 돌아가시면 몸을 해칠 정도로 슬퍼하는 것이 당연했다(哀毁).

조선 후기에는 효를 실천해 집안의 도덕성을 증명함으로써 사회적 인정도 받고 사후에라도 벼슬을 얻으려는 경우가 늘어났다. 국가는 효행 사례를 엄밀히 검토하여 정려와 추증(追贈)의 시혜를 베풀어, 유교 국가로서 면모를 강화하였다. 이는 노인과 병자에 대한 부양과 간호를 자녀에게 맡김으로써 사회적 비용 지출을 최소화하는 동시에, 가난으로 고생하는 백성이라도 국가를 절대 원망하지 못하게 만드는 교묘한 장치였다.

다른 관점에서 보면, 사회 전체를 유교적 도덕의 기반 위에 세우는 일이었다. 개인이 아니라 가족을 중심으로 사회를 재구성하고, 그것을 다시 국가와 유기적으로 연결하는 복잡하고 야심적인 사업이었다.

이상에서 살핀 것처럼 조선은 여러 가지 특징을 가진 사회였다. 한편으로 유학의 형이상학을 깊이 연구하여 마침내는 만물 평등 이념을 창출하였다. 다른 한편으로는 "군신공치" 이념을 바탕으로 관리를 전문화하고 통치의 효율성을 높이는 데 성공했다. 그 밖에도 기록을 매우 중시하여 《조선왕조실록》이라고 하는 세계적인 보배를 창출했다. 끝으로, 유학을 중심으로 지식사회를 건설하였는데, 특히 도덕적 가르침을 실천하는 데 가장 역점을 두었다. 결과적으로, 평민지식인이 출현해 새로운 세상을 만들려고 노력하는 모습이 역력했다. 다른 한편으로는 충효열의 가치에 충실한 가족 중심 사회를 이루었다. 이와 같은 유교 사회의 다양한 특징은 장차 한국이 산업사회로 전환하는 데 방해 요인이 되기도 하였으나 대체로는 긍정적인 역할을 하였다. (제4장과 제5장 참조)

끝으로, 한 가지 강조하고 싶은 점이 있다. 사회는 말과 글로 소통하고 문화와 문명을 건설하기 마련이다. 오늘날 한국이 세계 굴지의 산업사회로 발돋움한 데는 한글이라는 문자의 역할이 매우 컸다. 그 역시 유교 문명화의 촉진을 위해서 창제된 것이다. 돌이켜보면 조선왕조는 유교를 국시로 삼아, 여러 가지 공과(功過)를 남겼으나 한글 창제라고 하는 위대한 성과만으로도 크고 작은 모든 잘못을 상쇄하고도 남음이 있다. 이 점은 제4장에서 다시 한번 고찰할 것이다.

3장

조선의
사회 경제적 문제

─────── 조선왕조는 유학에 매몰되어 여러 가지 약점을 드러냈다. 이 장에서 필자가 분석 대상으로 삼은 것은 다음 네 가지이다.

첫째, 경제력을 배가해 국력을 키울 의지가 약했다는 점이다. 둘째, 농업에 사활을 걸다시피 했으나 생산성 향상에 한계가 있었으므로, 대다수 백성이 빈곤으로 내몰렸다는 사실이다. 셋째, 자급자족하는 공동체를 이상으로 여긴 나머지 상공업 발달이 가져올 부가가치를 이해하지 못했다는 측면이다. 넷째, 국력이 약해 국방력도 취약했다는 점이다. 조선은 유학의 이상에 함몰되고, 조공체제의 포로가 되어 바깥세상에 관한 정보를 거의 수집하지 못했다. 따라서 다자간 외교를 능동적으로 추구할 능력은 기대할 수 없었다.

한마디로, 재래식 농업에 필사적인 노력을 기울여 웬만큼은 자급자족에 성공했으나 그 이상 앞으로 나아가지 못했다. 외적의 대규모 침입이 일어난다면 오래 버티지 못하고 쓰러질 것이 명백하였다. 1910년에 일제에 굴복한 사실이 증명하는 바이다.

01

경제력과 국력의 관계
— 생각의 차이

유교는 부국강병이 상징하는 이른바 공리주의를 좇지 않았다. 조선의 선비는 중용의 원리로 윤리적 표준을 정했다. 그들은 가장 적절한 평형과 균형 그리고 그로부터 이뤄질 조화로운 삶을 꿈꾸었다.[1] 이러한 소망을 달성하려면 누구나 인의예지(仁義禮智)의 덕목을 갖추어 충서(忠恕)를 실천하는 것이 당연하였다. 즉, 인간이 윤리적 존재임을 자각하고 도덕을 배양하기에 힘쓰는 것이 최우선이었다. 그리하여 지선의 공동체를 현실에서 구현하는 것이 조선이란 국가의 사상적 목표였다. 선비는 그렇게 배웠다.

따라서 선비는 국가 지도자가 되더라도 이웃 나라와 과도한 경쟁을 벌이거나, 남의 영토를 빼앗을 욕심에 사로잡히면 안 되었다. 무력으로 국토를 확장하는 일은 꿈에도 용서할 수 없는 금수의 짓이었다.

오직 공익만 추구-유교의 윤리

맹자는 나라가 꼭 넓어야 좋은 것이 아니라고 가르쳤다. 영토가 손바닥만큼 작아도 예의를 잘 닦으면 그 나라가 가장 훌륭하다는 말이었다. 맹자가 가장 혐오한 것은 멋대로 이익을 추구하는 것이었다.

〈양혜왕(梁惠王) 편〉(상편)에 한 가지 일화가 소개되어 있다. 언젠가 맹자가 대량(大梁)의 속방인 위나라에 가서 혜왕을 만났다. 혜왕은 맹자에게 자신이 다스리는 위나라에 이익이 될 일은 무엇이냐고 물었다. 맹자의 대답이 압권이었다. 내용이 조금 길지만, 유교적 사유를 이해하기 위해 그대로 옮긴다.

> 왕은 어찌하여 리(利)를 말씀하십니까? 오직 인(仁)과 의(義)가 있을 뿐입니다. 만약에 왕께서 어찌 내 나라를 이롭게 할까를 생각하시면 그 밑의 대부는 어찌하면 내 집안(一家)을 이롭게 할까를 생각합니다. 그러면 그 아래 사(士)와 서인(庶人)은 또 어찌하면 내 한 몸을 이롭게 할까를 생각합니다. 위아래 모두가 서로 이익을 따르면 나라가 위태로워집니다. 전차 일만 대를 보유한 나라의 임금을 죽일 사람은 반드시 전차 일천 대를 가진 대부의 집안일 것이요, 전차 일천 대를 보유한 나라의 임금을 죽일 사람은 반드시 전차 일백 대를 거느린 가로(家老)일 것입니다. 진실로 의를 뒤로 미룬 채 이익만 우선한다면, 모든 것을 다 뺏지 않고서는 만족하지 못합니다.
>
> 예로부터 인(仁)하면서도 어버이를 버린 이는 없었고, 의(義)로우면서도 자신의 임금을 잊은 사람은 한 번도 없었습니다. 왕이라면 반드시 인과 의를 말씀하는 것이 옳은데, 어찌해서 이익에 관해 물으십니까?[2]

맹자가 말한 인과 의란 절대적인 윤리적 기준이요, 세상의 공존과 공익을 보장하는 길이었다. 그와는 달리 양혜왕이 바란 리(利)는 개인의 탐욕으로 사람이면 누구나 깊이 경계할 대상이었다.

인심 멀리하고 도심 따라야

공자와 맹자는 사리와 사욕을 죄악시했다. 재화는 처음부터 공급이 제한되어 있다고 보았기 때문이다. 공급이 제한되어 있는데, 한 사람 또는 한 집단이 소유를 독점한다면 공공의 이익은 사라지고 모두 존망의 갈림길에 빠진다고 보았다.

유학의 큰 스승은 누구든지 재화로 욕망을 충족하는 것은 참다운 경제적 행위가 아니라고 규정했다. 그들은 세상을 잘 다스려 온 백성이 곤궁에 빠지지 않도록 힘쓰는 것, 즉 경세제민(經世濟民)이 경제라고 인식하였다.[3] 유학자는 오늘날의 자본주의 경제학자와는 대립하는 경제 관념을 가지고 있었다.

사익을 버리고 공익을 최대한 추구하는 것이 올바른 경제활동이라는 것이 유교의 관점이었다. 윤리와 경제는 불가분의 관계라고 확신한 것이다. 따라서 수단과 방법을 가리지 않고 사적 이익을 추구하는 것은 야만적인 행위요, 패륜이었다.

무릇 경제란 의리를 토대로 공익을 추구하는 것이요, 도덕적 완성을 돕는 중요한 활동이었다. 유학은 이러한 경제 관념을 지향했으므로, 오늘날 자본주의적 관점에서 "국력"이라고 정의하는 개념은 눈을 씻고도 찾아볼 수 없었다.

유학자에게 경제행위란 인을 실천하는 하나의 방법이었다. 그럼 인이란 또 무엇인가. 그것은 타인을 내 몸처럼 사랑하는 것이었다. 달리 말해 인은 인간 본성에 깃든 인의예지의 표현이었다. 즉, 사단(四端, 인의예지)이 바르게 표현될 때 그 마음은 도심(道心)이요, 그것이 사욕에 휩쓸릴 때 인심(人心)이라고 보았다. 이해와 득실에 흔들리지 않는 순수한 도심을 기르는 것이 유학자의 삶이었다. 따라서 부국강병 같은 것은 유교의 목표가 되기에는 너무나도 천박한 통속적 행위요, 도덕에 반하는 죄악이었다.

부자가 되기를 누구나 좋아하지만, 재물을 증식하는 데 마음을 쏟는 것은 잘못이라는 식이었다. 부강한 나라가 되면 좋으나 거기에 매달리면 죄악이라는 관념이었다. 이것이 유교적 사고방식이었다.

타인을 내 몸처럼 아끼고 사랑할 때 부자는 그 정당성을 인정받을 수 있다. 부자는 어려운 이웃을 배려하고 재물을 나누어주는 것이 자신의 도덕적 책무임을 알아야 한다. 사방 백 리 안에 굶어 죽는 사람이 없어야 부자 노릇을 잘했다고 말할 수 있었다. 그와 같은 논리가 나라에도 그대로 적용되었다. 천자의 나라는 제후의 나라를 돌봐야 한다. 마찬가지로 제후는 대부를 돌봐야 한다.

"흉년에 농경지를 늘리지 말라." 조선 후기 경주 지방의 만석꾼으로 이름난 경주최씨 일가의 가훈이었던 〈육훈(六訓)〉의 한 조목이다. 어디 최씨뿐이었을까. 조선의 부자는 대개가 그런 마음가짐을 가지고 살아야 했다. 그러한 사회적 강제가 조선을 규율했다.

그러므로 이웃의 어려움을 구한 부자가 흔했다. 가령 전라도 구례현의 부자로 이름난 운조루 류씨는 집 밖에 뒤주를 두고 "타인능해(他人能解)"라고 하여, 외부인이 뒤주를 마음대로 열어 식량을 가져가게 했다. 이처럼 유교적 경제윤리를 실천한 사람들이 적지 않았다.

유교는 따뜻한 경제를 지향했다. 거기에는 상생하는 공동체를 유

• 노블리스 오블리제의 상징 경주최씨의 고택

지하는 근본적 힘이 있었다. 탐욕스러운 부자가 없었던 것은 아니나, 소설《놀부전》이 후세에 전하는 것처럼 사욕에 사로잡힌 인간은 천벌을 받아야 할 패륜아라는 낙인이 찍혔다.

무리한 영토 확장에 반대

유학은 영토를 확장하려는 시도를 비판했다. 선비의 나라 조선은 한반도 밖으로 영토를 넓히려 애쓰기보다 '내부 식민지'를 개발하는 데 치중했다. 세종도 그랬다. 실학자 다산 정약용도 구태여 영토를 만주까지 확대해 전쟁 위험을 자초할 필요가 없다고 했다. 이미 주어진 영토를 효율적으로 사용하는 것이 최선이라는 확신이 조선 사회를 지배했다.

유학자가 관심을 기울인 것은 '내부 식민지' 개발이었다. 15세기에는 그러한 활동이 유독 활발했다. 알다시피 평안도와 함경도에는 오래전부터 여진족이 집단으로 거주했다. 훗날 그들은 만주족이라 불렸으며, 17세기에는 청나라를 일으켜 중국까지 지배하는 강대한 제국을 건설했다. 세종은 바로 그들 여진족을 압록강과 두만강 바깥으로 쫓아내고 우리 영토를 완전히 회복해, 남부지방의 잉여(剩餘) 인구를 그리로 강제 이주시켰다. 이른바 사민 정책을 폈다. 현대적으로 말하면 국토의 효율적 이용과 지역 균형을 도모한 것이다.

세종의 국토 경영 방식은 후대에 이어져 15~16세기에는 어디서든 개간사업이 활발했고, 저수지와 제방을 수축하는 등 수리시설을 갖추기에 힘썼다. 농경지가 확대되고 생활 형편이 개선되었다. 17세기 이후에는 섬 지방도 농업지역으로 개발되기 시작해 인구 압박을 완화하면서 농업 생산량도 조금씩 늘리는 쪽을 선택했다. 그러나 점증하는 인구를 제대로 먹여 살리기에는 역부족이었다.

유교의 나라 조선은 사대교린 정책을 펴는 것으로 만족했다. 물론 친선 위주의 이러한 정책은 우리 현실에 부합하는 정책이기도 했다. 이웃 나라 중에 조선보다 무력이 약한 나라는 없었으므로, 그들을 침략해 국익을 추구하기란 불가능했다. 중국의 강대함과 일본의 부강함을 고려할 때 조선이 그들 나라를 무력으로 제압하고 재화를 빼앗아 부강해진다는 것은 아예 상상조차 할 수 없는 일이었다.

조선 후기의 내수외양론

19세기가 되자 서구 제국주의 세력은 동아시아를 노골적으로 침략하기 시작했다. 그들은 천주교와 무역을 앞세워 아시아에 진출했다. 한편으로는 포함(砲艦)으로 겁을 주며 압박해 자국에 유리한 통상을 강요했다. 이를 거부하면 강제로 개방하게 했다. 그들은 자국의 이익을 보장하는 불평등조약까지 무차별적으로 강요하여 역사에 파란을 불러일으켰다.[4)]

군사력이 약한 조선은 속수무책이었다. 영조와 정조 시대에 벌인 정치 개혁은 도리어 세도정치를 낳고 말아 조선의 지배층은 정당성도 잃었고 부패를 일삼아 사회는 매우 혼란했다. 그 사이에 천주교회가 점차 성장하였는데, 그들은 잠재적으로 서양 세력의 앞잡이라는 인상을 지우지 못했다. 따라서 국가의 존립을 위협하는 불안 요소라는 편견이 강화되어, 천주교는 수차례 박해를 받았다.

그 무렵에 중국에서는 두 차례 중영전쟁(아편전쟁)이 벌어져 청나라의 위신이 땅에 떨어졌다. 이제 조선 해안에도 이양선(서양 함선)이 수시로 출몰하게 되어, 조선은 내외의 위기에 직면한 채 크게 당황해하였다.

유교 국가 조선의 해결책은 고식적이었다. 내부로부터 시작하여 타자인 외부로 확장하는 도덕적 대처 방안이 유일하다는 주장이 일어났다. 이른바 내수외양론(內修外攘論)이 그것이었다. 구체적으로 말해, 안으로는 천주교를 탄압하고 서양 공산품을 일절 금지하자고 했다. 밖으로는 서양과의 통상수교를 단연코 거부하는 것이 옳은 대책이라고 했다. 이 정책은 백성들로부터 지지를 받았다. 그들은 국가의 재화가 해외로 유출되는 것을 막고 천주교 같은 외국 종교를 뿌리 뽑으면 사태가 호전될 것으로 믿었다.

조선의 지배층은 서양과의 통상수교를 거절해 대중적 지지를 받았다. 그 명분은 유교적이었는데, "인신무외교(人臣無外交)"라는 것으로 조선은 중국의 제후국이므로 독자적으로 외교를 할 권리도 없고 의무도 없다는 주장이었다.

　박해를 되풀이해도 천주교는 뿌리 뽑히지 않고 더욱더 유행했다. 그리고 프랑스와 미국 등이 연달아 강화도로 침공해 왔다. 조선이 그들과 싸워 이길 방법은 없었으나, 국내에서는 척양(斥洋)과 척사(斥邪)를 당연한 것으로 보는 여론이 지배적이었다. 아무리 그래도 외침을 방어할 둑이 무너지는 것은 시간문제였다. 조선으로서는 미국, 프랑스, 영국 등 강성한 서구 제국주의자들의 침략을 도저히 물리칠 수 없었다.

약화된 국력

조선은 훌륭한 유교 국가였다고 볼 수 있다. 농업에 힘쓰고 평화를 추구하며 행정의 효율성을 개선하는 데 힘을 쏟았으므로, 고도로 유교 문명이 발달했다. 그러나 그 대가로 조선 사회에는 여러 가지 문제가 쌓였다. 우선 인구 압박이 나날이 증가해 갈수록 먹고살기가 어려웠다.

　조선의 기후는 농업에 유리한 조건이 아니었다. 우기인 여름철에는 하루에도 수백 밀리미터의 폭우가 쏟아졌고, 건기에는 한 달 강우량이 수십 밀리미터도 안 돼 만성적인 가뭄에 시달렸다. 그에 더하여 농업에 온 힘을 쏟은 결과 경작지는 늘어났으나, 그 대신에 숲이 사라져 환경 오염이 심했다. 조선 후기에는 환경 재앙이 잇따랐다. 해마다 가뭄과 홍수 피해가 발생하고, 전염병과 기근도 한 해가 멀다 하고 백성을 괴롭혔다. 조선 사람들은 가까스로 견디고 있었으나, 15~16세기에 비해 복지 수준은 오히려 더 낮아졌다.

　19세기 조선은 이웃 나라보다 훨씬 가난했다. 어느 연구에 따르면,

1900년경 일본의 국내총생산은 조선의 5배나 되었고, 일본의 재정 규모는 조선의 50배 이상이었다.[5] 조선을 중국과 비교하는 것은 그 자체가 무의미한 일이었다. 이러했으므로 조선은 강대국의 침략을 무력으로 제어할 수 없었다. 구한말에는 열강의 침략을 모면하려고 영세중립국이 되기를 원한 적도 있었으나, 그런 포부를 실현할 힘이 부족했다. 타국의 침략에서 스스로를 보호하려면 국력이 있어야 하는데, 그러자면 조선이 근대 산업국가로 발돋움하는 것 외에는 다른 방법이 없었다.

산업화를 추진하려면 조선은 서구적 근대국가로 다시 태어나야 했다. 이 역시 유교 이념에 사로잡힌 조선에게는 불가능한 일이었다. 19세기 말부터 선각자들이 여럿 나타나 조선의 근대화를 꾀한 것은 다행한 일이었으나, 효과는 거의 없었다. 조선의 서구적 근대화는 아시아 여러 나라에 비해 속도가 빨랐으나, 그 정도로는 서구 열강과 이웃한 신흥 강국 일본의 침략으로부터 자신을 보호할 수 없었다. 조선은 1인당 총생산도 낮았고, 세금 부담률도 낮았다. 그 상태로는 막대한 자본을 투자해 근대적 산업시설을 창설할 수도 없었고, 군대를 서구식으로 개조하는 것도 불가능했다.

유교 국가 조선은 국제무역에 비교적 소홀했고, 수도 서울을 제외하면 대도시라고 일컬을 만한 것도 없어 시장경제도 발달 속도가 매우 더뎠다. 혹자는 조선 후기에 눈부신 경제 발전이 일어났다고 주장하지만, 사실과는 거리가 아주 먼 주장이다. 역사의 진실은 달랐다. 상공업과 교역이 활발하지 못해서 조선의 국력이 취약했던 것이요, 그래서 외부의 침략에 굴복해 식민지가 되고 말았다.

• 19세기 무렵 서울 풍경
• 19세기 무렵 일본 도쿄 풍경

3_조선의 사회 경제적 문제

조공체제

조선의 국제무역은 조공체제 안에서 이뤄졌다. 강대국인 중국이 무역의 양과 질을 조정하였는데, 그들은 조선에 해금(海禁, 외국과 통상 금지)을 강요하고, 민간 무역조차 불법으로 간주했다. 그런 조건 아래서 민간 무역이 조금씩 이뤄진 것은 사실이나, 세월이 아무리 흐른다 해도 크게 활발하기를 기대할 수는 없었다.

거듭 말하지만, 조선은 인구 압박에 시달렸다. 이 문제를 해결하려면 교역을 통해 타국에서 재화를 획득하는 것 외에는 방법이 없었다. 그러나 조선 지배층은 중국의 통제에 순순히 따름으로써 소생의 기회를 스스로 내버렸다. 군사적 한계가 있었으므로, 조선이 중국의 제재를 무릅쓰고 조공체제를 거부하고 자유롭게 교역 활동을 펴기란 쉬운 일이 아니었을 것이다. 참고로, 조선 지배층은 그러한 저항을 시도한 적조차 없었다.

조공체제는 초강대국인 중국과의 관계를 평화롭게 유지하는 데 큰 도움이 되었다. 그러한 이점을 이용하여 고려왕조도 조선왕조도 존립기간이 각각 500년도 넘게 이어졌다. 하지만 중국 중심의 조공체제는 양날의 칼이었다. 그것은 조선의 성장을 제한하는 동시에 조선의 안정을 보장하였다.

그러한 체제에 너무도 오랫동안 길들어 있었던 것이 문제였다. 19세기 말 국제환경이 완전히 달라진 것을 조선은 충분히 감지하였으면서도 과감하게 구질서를 깨고 새로운 길을 열지 못했다. 그러기에는 전통의 무게가 너무 무거웠다. 그 결과 조선은 더더욱 비극적인 상황으로 빠져들었다.

청나라가 서구 제국주의 세력에 밀려 마구 유린당하자 조선은 제3

국의 어떠한 도움도 받지 못한 채 일본에 의해 간단히 점령되었다. 일본은 한 번도 조공체제에 온전히 속한 적이 없었다. 그들은 주체적이고 자립적으로 자국의 운명을 개척해왔으므로 조선과는 달랐다. 이른바 메이지 유신으로 일본이 변화에 성공한 데는 역사적 배경도 한몫을 톡톡히 하였다.

실학 개념의 변화

조선의 선비는 개인적으로든 국가적으로든 여유로운 자립 경제를 건설하는 것이 한결같은 목적이었다. 조선 후기에 등장한 실학자들은 유교적 가치에 부응하는 농촌공동체를 건설하는 데 가장 큰 의미를 부여했다. 그중에서도 반계 유형원과 성호 이익 그리고 다산 정약용으로 계보가 이어진 남인 실학자들은 무척 중농적이었다.

알다시피 그들 실학자는 집권층을 설득하지 못해 개혁안을 하나도 실천에 옮기지 못하였다. 자신들의 뜻을 실현하지 못하기는 연암 박지원 등 노론 실학자도 마찬가지였다. 그 밖에 먼 시골에 거주하며 농지개혁을 꿈꾼 무명의 실학자들도 무력하기는 마찬가지였다.

요컨대 조선은 18~19세기에 눈에 띌 만한 개혁을 한 가지도 시행하지 못했다. 그처럼 기진맥진한 상태로 제국주의 열강이 쇄도하는 침략의 시기를 맞이했다. 조선이 외세에 휘둘린 것은 피할 수 없는 추세였다. 그제야 식자들은 비로소 과거의 실학자들을 높이 평가하였다. 실학자야말로 유교 전통을 지키는 가운데 경세학(經世學)에 변화를 가져온 선비라고 호평했으나 때는 이미 늦었다.

구한말 〈황성신문〉 기자들은 실학자의 정신을 계승하고자 했다. 그들은 새 시대의 요구에 따라 "문명 개화"를 추구했다. 그것은 서구

문명을 본받는 것이자 유교의 합리적인 전통까지도 계승하는 운동이었다.[6]

그러나 1905년에 일본의 강요로 "을사늑약"이 체결되자 〈황성신문〉의 논조도 바뀌었다. 기자들은 조선이 일본의 보호국으로 전락한 것은 국민이 미개한 탓이라고 주장하며 전국적인 차원의 계몽운동을 주장했다. 이제 〈황성신문〉은 실학까지 포함해서 유교 전통은 몽땅 폐기하고 오직 서구 학문에 힘쓰기만을 바랐다.

〈황성신문〉뿐만 아니라 구한말 식자는 누구라도 "신학(서구 근대 학문)"과 "구학(유학 등)"의 불화를 조장했다. 그들은 종교적 항일운동도 평가절하했고, 의병을 일으켜 국권을 회복하려는 시도조차 무의미한 일이라고 비난했다.

을사늑약의 충격이 제아무리 컸다고 해도 구한말에 식자층은 지나쳤던 것 같다. 그들은 서구 문명으로만 문명 개화가 가능하다고 주장했으나, 그들 가운데 과연 신식 학문에 정통한 이가 누구였던가.

이처럼 20세기 초반 한국 사회에서 유교가 총체적으로 폄하되는 가운데 "신학", 즉 서구 학문이 유교적 전통을 압도하기 시작했다. 그때부터 한국 사람들은 자기부정과 전통에 대한 불신의 늪에 빠져 허우적댔다. 불행하게도 이러한 비극은 100년가량 길게 이어졌다. 심지어 어떤 사람은 《공자가 죽어야 나라가 산다》는 궤변으로 대중의 갈채를 받기도 했다.

농업사회의 한계
―생산성 문제

유학에서는 떳떳한 산업활동이라면 오직 농업이 있을 뿐이라고 가르쳤다. 농업은 세상을 먹여 살리는 근본이므로, 공부하는 선비도 벼슬에 나가지 못할 때는 당연히 농사를 지어야 한다고 다들 믿었다.

"양인(良人)"이라고 불린 조선의 평민을 비롯해 백성의 대부분은 모두 농업에 종사했다. 지배층인 선비도 대체로 농촌 마을에 거주하였다. 역사의 처음부터 도시를 중심으로 문명이 발전한 곳이 서구요, 그와는 정반대로 농촌을 문명의 진정한 중심으로 여긴 나라가 조선이었다.[7] 이름난 서원과 서당도 하나같이 농촌 마을에 설립되었다.

수도 서울은 비교적 규모가 큰 도시였다. 그러나 중국 수도였던 연경(燕京, 베이징)과는 비할 수 없이 작았다. 또한, 도쿠가와 일본의 막부(幕府)가 위치한 도쿄와도 비할 수 없이 전원적이었다. 18세기 이후 중국과 일본의 대도시는 세계에서 가장 번화한 도시로 손꼽혔다. 도쿠가와 시대 일본은 도시화 비율도 매우 높아, 유럽 주요 국가와 엇비슷했다. 상공업이 무척 발달했기 때문이다. 그러나 조선에서는 서구나 일본에서 목격되는 도시화는 일어나지 않았다.

《맹자》를 읽어보아도 국가의 기간 산업은 농업이요, 농촌을 중심으로 문명화가 이뤄져야 한다고 기술되어 있다. 그러므로 조선의 선비는 도시가 과도하게 팽창하기를 바라지 않았고, 상공업이 번영할까 봐 경계했다. 실학자 유수원(柳壽垣)은 상공업을 진흥하는 것이 옳다고 주장하기도 했으나, 그렇게 생각하는 선비는 조선 500년 동안을 통틀어도 몇 명밖에 되지 않았다.

조선은 세입도 주로 농업에 의존하였다. 세금은 으레 농경지를 기준으로 부과되었다. 상공업자에게도 세금을 거두었으나 그 비중은 가벼웠다. 한마디로, 국가를 지탱하는 주요 산업이 농업이었다. 그런데 농업에 종사하는 백성조차 대부분 헐벗고 굶주리는 상황이었다.

유교를 따랐으나 중국은 경제 사정이 달랐다. 송나라 때 상공업자에게 거둔 세금이 농경지에 부과한 세금을 이미 능가했다고 한다. 도쿠가와 일본에서도 수공업과 광업이 국가 경제에서 차지하는 비중이 높았다. 그런 점에서 조선은 지나치게 유학적인 사회였다.

그에 관해서 자세히 말하자면, 다음의 여러 항목을 검토해야겠다. 우선 15세기로 돌아가 지방관의 임무였던 수령칠사와 농업 관련 서적인 《농사직설》을 소개하고, 세제 개정과 수리사업 등을 알아보겠다. 이어서 16세기 이후의 농촌을 알아보려고 김안국의 부민공동체라든가 농업의 지역적 특성, 노동과 오락 공동체인 두레의 발전, 조선 후기의 식단과 영양 상태, 지주 중심의 농업 경영, 민간의 자선활동 등에 관해서도 간단히 언급하겠다. 여러 가지 악조건에도 불구하고 조선이 자급자족에 어느 정도 성공했다는 점은 인상적이다. 그러나 그들이 도달한 성취는 매우 제한적이었다는 사실도 빠뜨릴 수 없다.

수령칠사와 《농사직설》

세종은 해마다 〈교서〉를 공포해 농업을 권장하고, 호구를 증식하여 국력을 키울 방법을 궁리하였다. 이른바 "수령칠사(守令七事)"를 강조한 셈이었다. 그 내용은 농상성(農桑盛, 농업과 누에치기의 융성), 호구증(戶口增, 인구 증가), 학교흥(學校興, 교육 발전), 군정수(軍政修, 군사에 관한 정치), 부역균(賦役均, 부역 균등), 사송간(詞訟簡, 재판의 간소화), 간활식(奸猾息, 협잡 금지) 등이었다. 위에 말한 수령칠사는 조선의 법전 《경국대전》의 〈이전(吏典)〉 가운데 "고과조(考課條)"에 수록되어 있다.

고려 시대에는 "수령오사(守令五事)"라고 하였다. 그 내용을 소개하면 전야벽(田野闢, 농경지 개간)을 필두로 호구증, 부역균, 사송간, 도적식(盜賊息, 치안 강화) 다섯 가지였다. 그에 비해 조선 시대에는 교육을 강화하고 군사에 관한 항목도 추가하였다. 유교 국가였으므로 교육이 중심 과제로 떠오른 것은 당연했다. 여진족 등 이민족의 침입을 막는 것도 중요한 과제로 인식되어 "군정수"가 추가되었다.

유사 이래 한국은 늘 농업사회였다. 그런데도 세종 이전에는 실정에 맞는 농업 서적이 단 1권도 없었다. 세종은 그 점을 안타깝게 여겨 최초의 농서 《농사직설》을 편찬하게 했다. 거기에는 현장 경험을 토대로 일상에 바로 적용할 수 있는 농업기술이 수록되었다.

《농사직설》을 편찬하기에 앞서 세종은 신하들에게 명하여 농사짓는 방법을 조사했다. 어찌하면 가장 효율적으로 파종, 경작 및 수확을 할 수 있는지 그 방법을 구체적으로 알아본 것이다. 본래 이 책은 평안도와 함경도, 즉 농업이 발달하지 못한 양계(兩界) 지방의 농업 생산력을 높이기 위한 것이었다. 그러나 효과는 그 지역에 국한되지 않고 전국의 농업 발전을 이끌었다는 평을 받았다.[8]

쓸모 있는 농사 방법을 가르쳐 농업 생산력을 높이고, 그 바탕 위에 세제를 개편하여 국가 재정을 보장하는 것이 세종의 소망이었다. 그의 의도는 적중해 농사 기술이 개선되자 세종은 공법까지 개혁하여 재정을 획기적으로 안정시켰다.

《농사직설》과 사민 정책의 효과가 본격적으로 나타난 것은 성종 때였다. 국고가 넘칠 만큼 재정이 풍부해져 조선은 전성기를 맞이했다. 그러나 그 이상의 발전은 없었다. 세종의 후손 중에는 장기 계획을 세워 내부 식민화를 추진하는 왕도 없었고, 농업기술 발전에 진지한 관심을 가진 이도 보이지 않았다. 조선은 15세기의 전성기를 고비로 시들어 갔다.

공안 개정 - 성종과 연산군

15세기에는 다섯 차례나 공안(貢案, 공물 목록)을 개정했다. 그만큼 조세 공평성에 관심을 가졌다는 뜻으로 해석된다. 특히 성종은 백성의 부담을 줄이는 데 힘썼다. 이는 유교의 영향이었다. 그는 선왕(세조)이 만든 "을유(세조 11년, 1465) 공안"을 10년도 지나지 않아 개정했다.[9] 즉위하자마자 성종은 백성이 공물을 현물로 바치게 하였고, 곧 공안 수정에 착수하였다. 성종 4년(1473)경 공안 개정이 마무리되었다.

성종은 생산지를 철저히 따져서 각종 공물을 분배하였다. 그는 민폐를 줄이려고 "을유 공안" 물품도 절반으로 줄였다. 이 역시 유교적 가치관에 따라 절용(節用)을 실천한 것이었다. 성종이 새로 마련한 공안은 《경국대전》에 실려 있다.

결과적으로 공액(공물 총량)이 크게 감축되어 백성의 어깨는 가벼워졌다. 하지만 대궐에서는 재물이 부족해졌다. 성종은 문제점을 인식하고 말년에 공안을 실정에 맞게 고치려 하였으나 일을 마치지 못하고 세상을 떠났다.

신왕 연산군이 그 일을 처리했다. 공액이 다시 늘어나자 백성들은 누구나 연산군을 원망했다. 후세는 연산군을 폭군이라고 비난한다. 그가 궁중의 물품 수요를 반영해 공액을 늘린 것도 한 가지 빌미였다.

수리 사업

15세기부터 민간에서는 내륙의 산림과 하천 지역을 농경지로 개발하였다. 나중에는 해도(海島)까지 인부를 보내 개간에 박차를 가했다. 수리 기술도 차츰 발전해 곳곳에 제방이 설치되고 수리 안전답도 늘어났다. 바닷가에도 대규모 농장이 들어서 생산량이 증가했으며, 그에 따라 인구도 늘어났다.

농경지가 많은 하삼도(전라, 충청 및 경상도)에는 대토지를 소유한 지주들도 적지 않았다. 그중에는 왕실의 자손과 훈척(勳戚) 및 지방 명문가가 다수였다. 그들이 농경지 대부분을 점거했으므로 평민은 농지를 잃고 빈곤층으로 전락했다.

15~16세기에는 강과 하천의 상류 지역이 선호되었다. 연중 수량이 늘 일정했기 때문이다. 안빈낙도(安貧樂道)를 꿈꾸는 선비는 주로 하천 중상류 지역으로 몰렸다. 경상도 안동이나 전라도 순창, 장성 등 산골 지방에 선비가 많이 살았다.

17세기 이후 하천 중하류에 보(洑)가 수축되자 변화가 일어났다. 이

- 《여씨향약언해》.
  조선 전기 문신 모재 김안국이 《여씨향약》을
  풀이하여 간행한 언해서.

제는 중하류 유역이 농경지로서 가치를 인정받았다. 수리시설이 조금씩 늘어난 결과, 하류 지역에 있는 평야 지역의 농업 생산력이 증가했다. 자연히 그런 곳으로 이주하는 선비도 많아졌다. 그러나 인구 압박은 갈수록 높아져 선비 중에도 가난한 사람이 많이 생겼다. 평민 이하는 더 설명할 필요도 없다.

부민 공동체 - 모재 김안국

16세기에는 유교적 이상이 여러 곳에 살아 있었다. 모재 김안국이 대표적인 인물이다. 중종 때 그는 조광조 등과 함께 유교적 이상 정치를 실천하고자 애썼다. 그러다 기묘사화로 동지들을 잃은 다음에도 김안

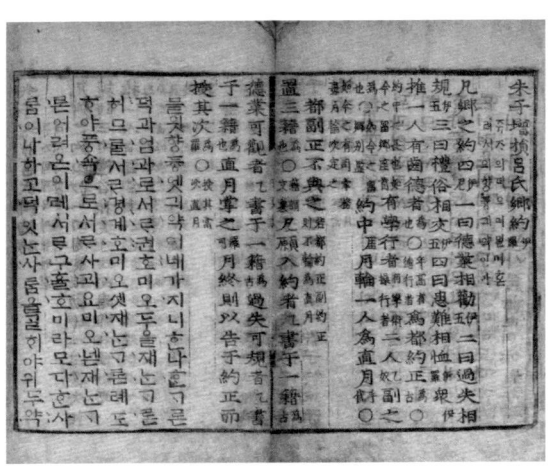

국은 대동사회의 꿈을 포기하지 않았다.

그는 물러나 경기도 이천과 여주에 살면서 부민(富民) 공동체를 건설하고자 노력했다.[10] 누구나 건강하고 평화롭게 어울려 사는 조화로운 공동체를 만들기 위해 김안국은 농업기술 수준을 끌어올리려 했다.《농사직설》을 한글로 번역하기도 하였고, 양잠에 관한 서적도 번역했다. 그는 각종 의학서적도 한글로 번역했으며,《향약》과《소학》도 옮겼다. 세종이 한글을 창제한 본래의 목적을 그가 이룬 셈이었다.

김안국은 일반 평민도 유교 지식과 농업기술을 공유해야 한다는 신념을 가졌다. 유교적 가치를 상하 모든 계층이 함께 실천할 때 비로소 이상사회가 이뤄질 수 있다고 믿었기 때문이다. 김안국은 자급자족이 가능한 농촌을 건설해, 교육 수준도 향상하고자 노력했다. 조화로운 유교적 공동체를 소망했으므로, 그는 의료 및 복지 문제에도 관심을 가졌다.

16세기 조선에는 모재 김안국처럼 실천적인 선비가 적지 않았다. 그들의 힘찬 노력으로 조선은 수준 높은 유교 사회로 발전했다.

지역 차이

조선 후기에는 지역 간의 차이가 심했다. 18세기 말 경기도 수원의 실학자 우하영(禹夏永)이 저술한《천일록(千一錄)》이란 책이 있다. 책을 검토하면 농업도 지역적 특성에 따라 달랐음을 알 수 있다. 자연조건도 다르고, 농경지 분포도 고을마다 달랐으며 주요 작물이나 농법 그리고 농업 생산력 등이 차이를 보였다. 오늘날 우리는 각 지역의 특성을 제대로 인식하지 못한 채 조선 사회를 지나치게 단순화하고 있는 것 같다.[11]

농업기술은 사람들의 소망과는 달리 크게 발달하지 못했다. 그래서

지형과 기후 및 토양 등 자연조건이 농사에 미치는 영향이 컸다. 조건 여하에 따라 농경지 분포 및 이용 방법에 차이가 생겼고, 주요 작물도 달라졌다. 결과적으로 농업 생산력도 차이가 심했다. 농민들은 고장의 조건에 알맞은 고유한 농법을 개발하여 좋은 결과를 내기에 힘썼다.

지역마다 인구 밀도도 다르고, 노동력도 양과 질적 차이를 보였다. 경작지 면적도 지역별로 달랐으며, 수리시설도 수준이 일정하지 않았다. 그에 더해 사회 경제적 조건도 달라서 지역 차이가 심했다.

하지만 어느 곳에서든 농민을 괴롭힌 가장 중대한 문제는 인구 압박이었다. 경작지 부족에 시달리면서도 그들은 자급자족하는 가정 또는 지역공동체 만들기에 매달렸다. 아무리 애써도 그들은 경제적 여유를 누리지 못했다. 큰 틀에서 보면, 상위 15퍼센트는 생활이 안정된 편이었으나, 하위 70퍼센트는 빈곤에 시달렸다. 비교적 부유한 상위 5퍼센트도 사치품을 구매할 정도의 여력은 없었다.

이웃 나라 중국이나 일본보다 조선의 농업 생산성은 떨어졌다. 그래도 긍정적인 측면은 없지 않아, 조선 사람들은 윤리적 경제활동을 중시하는 경향이 뚜렷했다. 그러나 비판적인 각도에서 보면 경제적 활기가 부족했고, 농촌은 피폐했다. 국가 재정도 부실해 19세기 말부터는 국가가 서구적 산업화를 추진하고자 했으나 재정이 턱없이 부족했다.

두레의 발전

18세기부터 전라, 충청 및 경상도 지역에서는 다양한 형태의 두레가 활발하게 운영되었다. 벼 이앙법이 일반화된 결과였다. 벼 심기와 벼 베기 철에 노동력 수요가 폭발적으로 증가해 임금 노동자가 증가하고, 그에 따라 계절마다 많은 사람이 평야와 산촌을 오갔다. 두레는 벼 이앙법이 일반화되면서 두레가 더 활발하게 운영되었다.

벼농사에 국한되지 않았고, 거의 모든 농사일에 적용되었다.

남성이든 여성이든 모두 두레에 가입했다. 그들은 쉴 새 없이 일했으나 인구가 과도하게 증가했기 때문에 궁핍에서 헤어날 길이 없었다. 조정에서는 이러한 실상을 파악하였으나 해결책을 찾지 못했다. 그 와중에 19세기에는 세도가가 권력을 남용하고 부정부패를 일삼아 각지에서 민란이 일어났다. 민란은 단순한 저항 사건이 아니라 점차 역모 사건으로 변질되어 사회적 혼란은 더욱 가중되었다.[12]

두레가 더욱 활발해지고 널리 퍼진 데는 뚜렷한 이유가 있었다. 그것은 한편으로 하층민의 자구책이었고, 다른 한편으로 지주가 농민을 통제하는 방편이었다. 지주 역시 두레를 통해 농업 노동력을

3_조선의 사회 경제적 문제 197

집약적으로 동원할 수 있다는 점을 잘 알고 있었다.

두레는 노동력을 동원하는 방식에 변화가 일어났음을 시사한다.[13] 논농사를 예로 들면 벼와 보리를 돌려 짓는 이모작이 유행하자 일 년에도 몇 차례씩 많은 노동력을 한꺼번에 동원하게 되었다. 본래 농촌에는 마을 계와 같은 조직이 있었는데, 이제는 노동력을 더욱더 집중적으로 투입하기 위해 강력한 노동조직이 필요했다.

두레를 운영하는 주체는 농민이며, 자율적인 조직이었다. 그러나 위에서 말한 것처럼 노동력을 동원하는 방식은 엄격하고 강제적인 점도 있었다. 두레는 효율적 노동조직인 동시에, 전통적인 농촌문화와 다양한 방식으로 결합하였다. 풍물과 노동민요를 떠나 두레를 생각할 수 없으며, 호미씻이(草宴)와 마을 제사(洞祭)도 두레가 주관하였다.

요컨대 두레는 노동조직이자, 의례(儀禮) 또는 제사 공동체요 놀이집단이었다. 농촌 어디서나 존재한 놀이문화와 제사문화의 전통을 계승하면서도 일사불란하게 노동을 하는 특별한 조직이 두레였다. 19세기 후반 동학농민혁명이 일어났을 때 두레는 농민군의 기본 단위가 되었을 것으로 짐작한다.

식단과 영양 상태

조선 후기 농촌의 생활 수준은 어느 정도였을까. 인골(人骨) 자료를 분석하여 사람들이 겪은 질병이며 식단을 연구한 결과가 있어 참고가 된다. 약 50구의 인골을 분석한 연구인데, 대부분의 사람은 50세를 넘기지 못하고 일찍 사망한 것으로 나타났다.[14]

사람들은 사망 나이와 무관하게 골관절염을 비롯하여 충치와 에나멜 형성 부전증에 시달렸다. 아동기에 영양이 부실해 뼈가 부실하고 구강 관리도 열악하였음을 알 수 있다. 주식은 쌀, 보리, 콩 등이었고, 가축과 어류를 통해 단백질을 섭취했다. 어느 쪽이든 건강을 유지하는 데 필요한 만큼 충분히 섭취하지는 못했다.

그들은 성별이나 나이, 신분과 관계없이 비슷한 음식을 먹었다. 남성이나 양반이라고 해서 영양 상태가 좋은 것도 아니었다. 모두 빈곤한 상태였다고 추정할 수 있다. 섭취한 음식물은 주거지역에서 재배한 몇몇 작물이었다. 시장이 별로 발달하지 못해, 자급자족적 농경 생활을 영위한 것으로 판단된다. 이상에서 말한 인골의 주인공들은 조선 후기 경기도 사람들이었다.

노비의 저항

조선 후기 경제생활은 똑같은 시기의 유럽이나 중국 및 일본보다 열악한 편이었다. 그러나 교육열이 높고, 교육 기회도 많았으므로 평민 지식인이 성장해 의식 수준은 크게 향상되었다고 판단된다. 노비까지도 자신의 권리를 명확히 인식했다.

전라도 구례의 운조루 류씨는 대지주로서 가난한 이웃을 도운 것으로 명성을 얻었다. 그런데 그 집안에 전해오는 고문서를 분석하면, 상류층의 악습을 고스란히 보여주는 소송 사건이 드러난다. 노비의 재산(己物)을 둘러싸고 노비 가족이 주인과 법적으로 대립한 것이다.

고문서를 살펴보면, 김 생원은 대대로 부리던 종 정순흥이 사망하자 그의 유산을 독차지하려고 했다. 그러자 정순흥의 가족, 즉 노비의 유족이 강하게 저항했다. 소송의 쟁점은 김 생원댁이 빼앗으려는 재물이 법에 따라 주인이 차지해도 되는 재산(依法記上)인가 또는 법을 어기고 노비의 재물을 빼앗는 파렴치한 행위(違法記上)인가를 가름하는 것이었다.

노비 정순흥의 유족을 대표해 소송전에 나선 이는 사위(婢夫) 손진흥이었다. 그의 견해를 반박하고 나선 이는 상전 김치구였다. 김치구는 정순흥이 자손이 없이 죽었으므로 그 재산은 주인인 자신의 몫이라고 하였다. 이 재판은 30년이란 긴 세월을 끌다가 숙종 43년(1717) 제3차 소송에서 주인 김치구 측의 승소로 끝났다.[15]

노비의 주인들은 여러 가지 이유를 대고, 자신의 사회적 영향력을 총동원해 부유한 종의 재물을 강제로 빼앗았다. 이러한 주인과 맞서 노비의 유족이 부모가 남긴 재산을 물려받기란 어려운 일이었다. 그렇다 해도 노비들도 소송을 벌이면서까지 장기간 법적 다툼을 벌였다.

노비도 재산의 소유권을 뚜렷이 인식하였고, 이를 관철하려고 다년간 소송을 벌일 만큼 실력을 갖추었다. 노비들의 저항이 확대되었다는 사실에서, 우리는 그들의 경제 관념이 고양되었고, 의식 수준도 상당히 높아진 사실을 미루어 짐작할 수 있다.

선비와 농업

통념에 따르면, 농업은 선비가 가질 만한 정당한 직업이었다. 벼슬에 나가지 못하면 농사를 지어 부모를 봉양하고 가족을 부양하는 것이 당연하다고 선비들은 확신했다. 사농공상(士農工商)이라고 하여 백성을 사민(四民), 즉 선비, 농민, 수공업자와 상인으로 나누는 관습이 있었으나 실제로는 사농(士農)이 하나의 개념이요, 공상(工商)이 그에 대립하는 또 하나의 개념이었다. 대다수 선비는 관직에 나가지 못하고 농업에 종사했으므로, 사민이라기보다는 사농과 공상 두 가지 범주로 이해하는 것이 오히려 실정에 부합했다.

알다시피 조선 전기에는 선비와 그 가족이 전체 인구에서 차지하는 비중이 10퍼센트 미만이었다. 그들은 중산층으로 집마다 대략 60명쯤 노비를 소유했다. 그 시절에는 선비가 농기구를 손에 쥐고 일하는 경우는 드물었으며, 지주로서 노비의 노동력을 이용해 농사를 지었다.[16]

조선 후기에는 인구가 증가해 큰 변화가 일어났다. 17세기부터는 상속제도에도 변화가 일어나, 자녀에게 재산을 똑같이 나누어주던 균분제가 점차 사라지고, 큰아들에게 다 넘겨주는 장자 상속제로 바뀌었다. 이러한 변화는 조선이 유교화되어 이념적으로도 정당화되었다. 알다시피 유교는 적장자(嫡長子) 중심의 제사공동체를 당연시했다.

상속제의 변화로 대다수 선비는 상속받을 농지가 크게 줄어 직접 농사일에 나섰다. 조선 후기에는 대다수 선비가 가난한 농부로 살았다. 그중에는 소작인으로 생계를 잇는 사람도 없지 않았다. 앞서 인골 연구에서 확인된 것처럼 신분이 높은 사람도 영양 상태가 평민과 비슷하였다.

가난에 시달리는 농촌의 자구책은 무엇이었을까. 그들은 소극적으로나마 상업화에 호응했다. 18세기 후반부터 19세기 초반까지 경기도 남서부의 남양도호부 송산에 거주한 문필가 이옥(李鈺)이 남긴 기록이 주목된다. 그는 농촌 지식인으로 마을의 농법(農法)을 조사했다. 즉, 벼농사의 경종법과 벼의 종류(稻種), 밭갈이와 김매기의 중요성 등을 기록하고, 자기의 소견을 덧붙였다.

이옥은 농사 방법 개선에도 깊은 관심을 보였다. 어떻게 해서든지 수확량을 늘리기 위해 애썼는데, 늙은 농사꾼들에게도 의견을 물었다. 그가 송산에서 목격한 바이지만, 가난한 농민은 수익을 높이기 위해 시장에 나가 물건을 팔았다. 칡을 끈이나 그물로 만들어 시장에서

- 김홍도의《단원풍속도첩》중 〈담배 썰기〉, 국립중앙박물관 소장

팔거나 담배를 재배해서 판매했다. 충청도와 쌍부(현 경기도 화성)에는 인삼을 재배하거나 육우(肉牛)를 길러 돈을 버는 사람도 있다고 했다. 화훼도 농민의 돈벌이가 된다고 했다.[17] 요컨대 18~19세기에는 시장 지향적 농민도 존재했다는 보고서인 셈이다. 그러나 농촌의 상업화를 지나치게 확대해석할 필요는 없다. 당시 농업의 상업화는 아직 낮은 단계였다. 농민의 시장 출입은 생계비에 조금이라도 더 보태기 위한 부업이었다. 그들은 가족의 자급자족을 목표로 삼았다.

 화폐경제의 발달도 가벼운 단계여서 농민은 국가에 바치는 세금을 현물로 냈다. 화폐란 농민이 수집하는 진귀한 보물과도 같은 것으로, 물건을 사고파는 데 거리낌 없이 사용하는 경제적 수단이 아직 아니었다.

지주 경영 - 연안김씨

농촌 경제가 비교적 역동적으로 발전한 곳은 전라도 서해안이었다. 특히 19세기 말부터 일본으로 쌀이 수출되기 시작하자 해안에 사는 대지주의 활약이 눈부셨다. 일약 전국 제일의 부호로 등장한 이는 이른바 고창김씨들이었다.[18] 그들은 소지주에서 출발하여 경제, 교육 및 정치적인 측면에서 한국의 근대화를 이끈 주역으로 성장했다. 너무나 유명한 사례지만, 여기서는 자세한 설명을 붙이지 않는다.

 전라도 영광에도 이름난 대지주가 출현했다. 400년 넘게 세거한 연안김씨였는데, 그들도 19세기 후반에 대지주로 성장했다. 그들 김씨는 착실히 자본을 축적해 전답을 매입하고 이자 불리기에 힘써 곧 거부가 되었다.[19] 김씨들은 논을 많이 사들였는데, 특히 1900년대 초기에 매우 공격적으로 농경지를 확보했다.

 19세기 말까지만 해도 그들은 유학의 가르침에 얽매어 감히 축재에 전념하지 못했다. 그러나 20세기가 되자 유학이 근대화의 방해 요인으로 지적되는 사회 분위기가 조성되었다. 김씨들은 이제 심적 부담을 덜고 자본주의적 사고방식을 받아들여 농경지 확대에 매달렸다. 이러한 사례에서 보듯, 유교가 절대적인 명제로 작동하던 조선 시대에는 부자가 되는 길을 알았다고 해도 함부로 나서기 어려운 윤리적 제약이 존재했다.

요컨대 19세기 후반까지만 해도 영광의 김씨들은 자작(自作)에 힘썼다. 그러나 개화의 바람이 불고, 일본으로 쌀을 수출할 길이 열리자 곧 태세를 전환하였다. 1890년대부터 그들은 해마다 소작인을 늘리며 대지주의 꿈을 키웠다. 그들이 새로 매입한 농경지의 본래 주인은 소농 또는 빈농이었다.

쌀 수출이 활발해지자 물가는 폭등했고 농경지에 부과된 세금도 껑충 올라갔다. 그러자 소농과 빈농은 급속도로 몰락해 얼마 되지 않는 농경지마저 잃고 소작농이 되었다. 김씨들은 그 사람들의 농경지를 헐값으로 사들였다.

김씨들은 더 많은 자본을 축적하자 고리대를 적극적으로 운영했다. 그러자 빚더미에 깔린 가난한 농민의 땅이 더욱더 쉽게 김씨들 소유로 바뀌었다. 그들의 경제적 팽창은 가속화되었다. 이러한 현상은 영광의 김씨들에게서만 목격할 수 있는 것이 아니었다. 전라도 서해안 곳곳에서 광범위하게 일어난 사회 경제적 변화였다.

큰 부자가 되었으나 김씨들의 사고방식은 별로 바뀌지 않았다. 그들은 유교적 가치를 지키며 선영(묘소)을 수호하고 각종 제사를 모시기 위해 문중을 더욱더 강화했다. 문중에 다양한 계전(契錢)을 두고 고리대를 통해 자본을 증식해 위토(位土)를 확장하고 집안의 위세를 과

시할 만한 건물을 새로 지었다.

영광의 김씨들은 조선 후기 여러 지역에 존재한 종가와 흡사한 지주였으며, 그와 동시에 일제와의 쌀 무역을 통해 성장한 지주답게 근대적인 자본가의 특성을 갖기도 했다.

요컨대 19세기 후반까지도 조선에서는 도시 발달이 미약했고, 물품 유통도 활발하지 못하였다. 유교적 이념의 내적 규제로 말미암아 지주라 해도 과감하게 농경지를 확대하는 사업을 벌이지는 못했다. 그러나 서구 제국주의가 동아시아에 진출해 강제로 문호를 개방하고, 서구식 근대화 바람을 일으키자 모든 것이 쉽게 바뀌었다. 영광의 김씨들이 그랬듯 기왕의 태도를 버리고 자본 축적에 뛰어들어 대지주로 고속성장했다.

조선의 선비 또는 기득권층은 일정 조건만 갖추지면 자본주의적 사고방식을 수용해 곧장 근대적 자본가로 전환할 가능성을 내포하고 있었다. 선비는 관념적 차원에서는 대단히 보수적이었으나, 사회 경제적 변화에 대한 적응력은 상상 이상으로 탁월했다.

구황 정책

조선왕조는 줄곧 재정 부족에 시달렸다. 흉년이 닥칠 때마다 그런 약점이 숨김없이 드러났다. 굶주린 백성이 계속 증가했으나 근본적 해결책은 없었다. 실학자들은 저마다 토지개혁을 주장했으나 그것도 가망 없는 일이었다. 차선책이라면 세제 개혁으로 농민의 부담을 덜어주는 것이었다. 그러나 거기에도 한계는 명확했다.

결국, 누군가는 국가 재정을 감당해야 했다. 조선 후기에는 자영농에 해당하는 부민(富民)과 요민(饒民)이 그 역할을 떠맡았는데, 이는 소농이 크게 몰락한 결과였다. 시간이 흐르자 부민과 요민까지도 조정에 반기를 들어, 국정 운영은 나날이 곤란해졌다.

당시에는 벼농사를 안정적으로 뒷받침할 수 있는 기술이 없었다. 그 결과, 흉년이 거듭 이어지는 가운데 조정에서는 구황(救荒)에 힘을 쏟았다. 백성이 굶어 죽지 않게 하려고 노력을 기울였으나, 재정이 부족한 상태라서 대규모 복지정책은 불가능했다.

흉년에 조정은 으레 두 가지 대책을 제시했다. 하나는 세금을 감면하는 정책(蠲減策)이요 또 다른 하나는 식량을 제공하는 진휼(賑恤) 정책이었다. 세금 감면은 피해 지역의 세금(田稅)을 면제하는 급재(給災)가 최우선이요, 피해 정도에 따라 세금을 일부 줄여주거나, 납부 기간을 연기하는 방법이 있었다. 그 밖에 부역을 덜어주고 군포를 일부 감면하거나 징수 기간을 변경하는 방법도 있었다. 그런데 세금 감면은 조정의 재정을 축소하였으므로 그 범위나 액수는 본래 제한적일 수밖에 없었다.

권분 - 민간 참여 강요

진휼(賑恤)도 시대에 따라 변화를 보였다. 통상적인 방법은 고을 관아에서 죽을 끓여 나눠주는 장소(設粥處)를 정해 굶주린 백성을 불러서 먹이는 것이었다. 또는 쌀이나 잡곡을 나누어주는 방법(乾糧白給)도 있었다. 관청의 곡식을 빌려주는(還穀) 방법도 활용되었다.

숙종 이전에는 죽을 끓여 나눠주거나 곡식을 빌려주는 방법이 주를 이루었다. 숙종 때부터는 곡식을 나눠주거나 빌려주는 방식이 더 선호되었다.

방법이 어떻든 진휼에 사용할 곡식이 있어야 했다. 조선 후기에는 진휼에 쓸 곡식이 항상 부족했다. 따라서 군사적 목적으로 쓸 곡식(軍資穀)까지도 환곡으로 전용했으나, 그마저도 점점 줄었다. 할 수 없이 각종 명목으로 거둔 세금을 사용하기도 했고, 각 감영이 보관 중인 곡식을 가져다 진휼에 보태기도 했다. 그래도 진휼곡은 항상 부족했다.

착실하게 세금을 내던 소농이 몰락함으로써 조선 후기에는 재정 기능이 바닥났다고 볼 수 있다. 흔히 영조와 정조 때는 나라가 융성했다고 말하지만 어림없는 주장이다. 조선은 가난하기 그지없는 나라였다.

진휼도 민간의 협력이 없이는 불가능한 상태였다. "권분(勸分)"이라고 하여, 민간의 부자에게 조정과 함께 분담하기를 권장했다. 부자는 의로운 마음으로 곡식을 납부(起義納粟)하든가 스스로 곡식을 바침((自願納粟)으로써 진휼에 협력하였다.

그러나 실상은 참혹했다. 17세기 후반부터 조정은 민간에 참여를 강요했다. 이른바 나누기를 권하는 명령(勸分令)을 발동해 부자의 곡식을 강제로 빼앗았다. 그런데 유명한 명망가 출신 지주는 감히 함부로 압박하지 못했다. 명망가 출신 부자는 평민 출신 부자와 함께 진휼 사업에 나란히 참여하는 것이 수치스럽다며 권분을 거절했다. 이웃을 도우라는 유교적 가르침을 따르는 것은 좋으나, 천한 백성과 함께 어울리는 것은 수치라고 했다.

진휼 사업에 마지못해 동원된 것은 이른바 부민(富民)이거나 겨우 먹고 사는 서민(小民)들이었다. 그런데 그들의 재력은 대단하지 않아 번번이 희생하기를 강요할 수도 없었다. 사회적 위세가 부족해 강요에 따르기는 했으나, 흉년이 거듭되면 조정을 원망하며 권분에 강력히 반발했다.

궁여지책으로 조정에서는 대가성 벼슬을 내려주며 부자들을 달랬다. 영조 8년(1732)부터 분권수직제(勸分受職制)를 시행하여 진휼에 협력한 부자에게 벼슬을 하사했다.[20] 물론 실제로 관리가 되어 공무에 종사하게 한 것은 아니다. 그저 이름뿐인 벼슬을 주는 데 그쳤으므로, 부자들은 이러한 조치를 별로 환영하지 않았다.

곡식을 강제로 빼앗긴 부자의 숫자는 그리 많지 않았다. 주로 충청, 전라 및 경상도에 그런 부자들이 살았는데, 대개는 호남에 거주했다. 그런 부자들이 조정에 바친 곡식은 50석부터 3천 석까지였다. 그런 방법으로 어렵게 모은 곡식도 수량이 충분하지 않아 굶주린 백성에게 돌아가는 혜택은 매우 적었다.

정조 2년(1778) 경기도에 흉년이 들었을 때 굶주린 백성은 6만 4천 24명이었는데, 그들에게 나눠준 곡식은 4천 2백 25석이었다. 1인당 1개월에 6홉씩 4번에 걸쳐 나눠준 것이다. 1홉은 평상시 성인 1인의 한 끼 식량이었다. 한 달에 겨우 6번의 음식을 제공하는 데 그친 셈이었다.[21]

진휼 정책을 연구한 결과 다음 세 가지를 확인했다.

첫째, 국가 재정이 얼마나 열악했는지를 명확히 알 수 있다. 둘째, 그 당시 평민 지주는 극소수였다는 점도 여지없이 드러났다. 셋째, 이름난 선비 가문 출신 대지주는 조정의 진휼 사업에 적극적으로 협력하지 않았다는 점이다. 차라리 사적으로 진휼을 할지언정 국가가 벌인 사업에 참여하는 것 자체를 수치로 여겼다.

경세제민 - 일부 뜻있는 선비

18~19세기에도 조선에는 뜻있는 선비가 없지 않았다. 그들은 나라를 재정 위기에서 구하고, 백성의 생계를 돕기 위해 노심초사했다. 19세기 전반에 홍길주(洪吉周)와 같은 선비는 국가 개혁, 즉 경장(更張)이 시

급하다고 했다. 재물과 권세가 극소수에 편중되어, 대다수 백성이 굶주림과 전염병에 시달렸기 때문이다. 그처럼 경세제민을 꿈꾸는 선비라면 누구나 일대 개혁을 원했다.

홍길주가 주목한 것은 수많은 이재민과 환자였다. 그는 백성의 복지를 위해 따로 관청을 설치하고 병원을 건립해 환자들을 치료하고자 했다.[22] 뜻이 높은 선비를 모아서 함께 의술에 관한 책을 편찬하고, 환자를 치료하는 공공 의료기관도 설립하고자 했다. 유능하나 기회를 놓쳐 의원이 되지 못한 이들의 저술, 그리고 세상에 뜻을 펼치지 못한 선비 의사(儒醫)의 경험과 지식을 보존하는 것도 홍길주의 소망이었다.

앞에서도 서술했듯, 조선 후기에는 많은 평민지식인이 '유학(幼學)'을 자처했다. 그러나 그들이 벼슬을 얻어 재주를 시험할 기회는 거의 없었다. 그저 생계를 잇기 위해 권세가나 귀족의 비서 노릇을 하거나, 마을에서 아이들을 모아 훈장 노릇을 하였다. 그러나 아무리 애를 써도 살림살이가 늘 어려웠다. 조선 사회는 그들에게 경제적으로 보상할 만한 능력이 없었다.

이런 상황에서 평민지식인은 난리를 일으키는 등 시대적 위기의 원인을 제공하였다. 다른 한편으로, 그들은 백성을 일깨워 위기를 극복할 주체를 생산하였다. 어쨌거나 평민지식인의 등장으로 사회 문화적 분위기는 크게 달라졌다. 조정이 할 일을 제대로 하지 못할 바에야 백성이 직접 해내겠다는 운동이 일어났다. 1894년에 일어난 동학농민혁명이 바로 그런 증거다.

놀라운 자급자족

19세기 말 조선에는 무려 2천만에서 2천 5백만 명이 살았다. 당시의 기술 수준을 고려할 때 1천만 명쯤 거주했더라면 의식이 풍족했을 것이다. 그런데 그보다 2배가 넘는 인구를 가지고 있었다. 그때나 지금이나 한국은 인구 압박이 매우 높다.

2025년 현재 한국의 인구는 5,168만 4,564명, 남유럽의 대국 스페인은 4,788만 9,958명이다. 인구 밀도를 비교하면 한국은 제곱킬로미터에 516명, 스페인은 91명으로 우리가 5.6배나 높다. 대체로 한국은 유럽 국가에 비해 인구 밀도가 4~5배나 높다. 과거로 거슬러 올라가도 그 점은 별로 다르지 않았다.

높은 인구 압박을 해결하기 위해 한국인은 모든 지혜를 짜냈다. 봄이면 산과 들에서 온갖 종류의 나물을 채취해 삶고 말려 푸성귀가 없는 한겨울에도 반찬으로 이용했다. 수백 종류의 김치와 장아찌를 만들고, 건어물을 비롯해 허다한 저장식품도 개발했다. 세계 역사상 유례없는 일이다.

다양한 저장식품을 가공해 한국인은 생존 가능성을 최대한 끌어올렸다. 인구 밀도가 가히 세계 최고 수준이었으나, 유교적 이념을 바탕으로 사회적 조화를 이루고 단란한 가족공동체를 유지하기에 힘썼다. 우리와 달리 서양 사람들은 여차하면 이민을 떠났다. 아니면 정복 전쟁을 벌여 외부의 재화를 빼앗아다가 자국의 문제를 해결했다. 그들은 식민지도 많았고, 대외교역 활동도 활발했다.

우리는 가공식품을 개발함으로써 식자재 활용에 최선을 다했다. 이것이 한국 특유의 음식 문화를 낳았다. 조선 후기에 편찬한 요리서를 분석해보면, 주식인 쌀로 다양한 요리법을 개발했다. 쌀이 늘 부족했으므로, 보리나 잡곡으로 밥을 짓는 방법도 연구했다. 아울러 곡식을 통해 질병을 예방하고 치료하는 방법도 깊이 고찰했다. 결과적으

조선인들은 식량 부족 문제를 해결하기 위해
다양한 식자재를 최대한 가공하고 저장하는 방법을 활용했다.

로 서양에서는 찾아볼 수 없는 요리책이 탄생했다.

아울러 부식으로 채소를 많이 사용했다. 조선 후기 요리 서적에는 채소를 저장하는 다양한 방법이 들어 있다. 공급이 매우 부족한 육류를 제대로 활용하기 위해 저장법과 가공 방법도 연구하고, 육류가 낭비되지 않게 지혜를 짜냈다. 게다가 모든 음식의 조미료인 장을 만드는 방법도 다각적으로 연구해, 곡류를 이용한 장은 물론이고 구황작물과 약용식물로 장을 제조하는 방법도 탐구했다.[23)]

조선 후기에는 요리 방법에 깊은 관심을 가진 이가 많았다. 그 결과 엄청난 인구 압박에도 불구하고 가족공동체와 지역공동체를 유지할 수 있었다.

3_조선의 사회 경제적 문제 211

상공업의 부가가치에 관한
이해 부족

조선이 가난했던 이유는 무엇 때문일까. 여러 가지 이유가 있겠으나, 가장 중요한 원인은 상공업이 발달하지 못한 것이다. 비록 시장이 어느 정도 기능하였으나, 그 역시 대수롭지 않았다. 부자들이 돈을 버는 방법은 고리대에 국한된 것 같다. 상공업을 통해 또는 지주로서 얻은 이익마저도 악성 고리대 자금이 되어, 빈민층을 약탈하는 수단이 되었다. 은행의 발달 같은 것은 상상할 수도 없었다.

 경제 여건이 매우 낙후되었으므로, 선진적인 조선의 중상주의자도 청나라의 상공업을 부러워하는 정도에 그쳤다(북학파). 혹자는 도시 발달이 눈부셨다고 주장하기도 하지만 너무나 과장되었다. 상공업이 미발달하고, 은행과 오락장 등 서비스 시설도 등장하지 못했으므로 도시다운 도시는 거의 없었다. 화폐가 유통되기는 하였으나 그 또한 상거래를 활발하게 촉진하거나 투자 수단이 되지는 못하였다. 화폐가 부잣집 곳간에 저장되어 현금 부족(錢荒) 사태가 늘 발생했다. 따라서 국제무역도 눈여겨볼 것이 별로 없었다. 대개는 조공무역 형태로 진행되었고, 민간 차원에서 인삼과 모피 무역도 없지 않았으나 거래량이 적었다. 요컨대 조선은 유교적 이념의 포로였던 데다 조공체제의 틀에 갇혀 상공업 발전이 대체로 부진했다.

상공업 천시

최소한의 상공업 발달이 없지는 않았다. 그러나 그쯤을 가지고 마치 상공업이 크게 발달한 것처럼 떠벌린다면 곤란한 일이다. 어느 연구자는 15~16세기에 조선이 빛나는 상업의 시대를 맞았다고 평했다. 고려 말 이래 조선의 상업은 중국과 일본 등 주변 나라와 접촉을 늘리고 교역을 활발하게 했다고 주장했다. 그는 16세기에 상업 발달이 눈부셔, 서울에서는 국가의 허가를 받지 않은 민간 상인이 나타나 특허 상인으로부터 탄압을 받을 정도로 성장했다고 했다. 지방에도 시장(場市)이 생겨 전국으로 확산하는 추세였다고 말했다. 그리고 명목화폐나 다름없는 거친 베(麤布)가 거래 수단으로 자리 잡았다고 주장했다.

대외교역 역시 활발해 조선은 중국과 일본을 연결하는 중계무역으로 많은 이익을 얻었다고 했다. 중국의 사치품이 일본으로 건너가고, 일본에서는 결제대금으로 다량의 은이 유입되었다며, 두 나라의 교역을 중계하면서 조선이 큰 이득을 보았다고 주장했다.

요컨대, 조선 상인은 동아시아를 무대로 능동적이고 주체적으로 상업활동을 벌였다는 말이다. 15~16세기 조선의 상업은 농업에 힘쓰면서 상업과 수공업을 제약하는 단계(務本抑末)였으나, 상공업의 이익으로 농업사회에 보답하는(利末報本) 단계가 된 것이라고 했다.[24]

그러나 이러한 연구는 시론에 불과한 것이다. 15~16세기 조선에는 금은으로 만든 고액 화폐가 존재하지 않았고, 부유한 상인과 수공업자가 정치 사회적으로 높은 지위를 인정받지도 못했다. 심지어 그들이 자유롭게 활동할 사회적 공간조차 없었다. 동시대 중국 및 일본 상인과 비교할 때 처지가 너무나 열악했으며, 유럽이나 중동의 상인과는 아예 비할 수 없이 초라했다.

그런데도 최근에는 조선의 상공업이 비약적으로 발달했다는 주장이 여기저기서 나오고 있다. 아마 우리 역사에도 자본주의 맹아가 있었다는 선입견이 작용한 것 같다.[25] 어느 연구자는 조선 후기에 나온 소설에서 재물을 둘러싼 싸움이 소재로 등장한 사실에 주목하여 다음의 세 가지를 강조했다.

첫째, 재물을 둘러싸고 싸움이 일어난 동기를 살펴보면, 상속제도의 변화가 도사리고 있다. 자본을 중심으로 사회 질서가 바뀌는 과정이었다. 점차 농업이 발달하고 시장이 팽창해 상공업 또한 활발하게 발전하였으므로, 피지배층도 경제적으로 성장했다. 그때부터 재물〔富〕이라는 새로운 힘이 지배계층을 위협했다고 본다.

둘째, 조선 후기의 문학은 순전한 허구가 아니라 현실을 반영한다. 실제로 일어난 소송 사건을 다룬 소설이 있는데, 작중 인물은 저마다 경제적 실익을 추구하였다. 그들은 부당한 방법을 동원해서라도 재물을 많이 획득하려고 했다. 이는 당시의 사회적 변화를 기술한 것으로, 유교적 도덕을 내팽개친 자본주의적 인간이 등장했다는 뜻이다.

셋째, 조선은 중기에 이르러 근대 자본주의로 전환하였다. 누구나 경제적 이익을 노골적으로 추구하는 시장경제가 등장했다. 소설 출판과 유통도 그러한 사회적 변화를 반영했다. 이제는 문학작품도 상품화되어 경제적 이윤을 추구하는 수단이 되었다.

　이상과 같은 주장은 멋진 이론이라는 점을 인정하나, 과연 조선 후기 사회가 이러한 주장에 부합했을까? 연구자가 소망하는 조선의 모습과 역사적 실상 사이에는 엄청난 괴리가 있었다. 앞에서 이미 서술했듯 국가는 재정 궁핍에 시달렸으며, 신분과 성별과 나이에 무관하게 그 시기 사람들은 영양 부족에 시달렸다(경기도 인골). 게다가 인쇄된 소설의 수량은 많지 않았다. 도대체 어떤 작가가 상업 출판으로 부자가 되었다는 것인가. 도시화가 진행되고 산업혁명을 겪은 유럽에서도 인기 작가가 탄생한 시기는 19세기 말이었다. 그런 사실을 잊지 말아야 할 것이다.

시장의 확대 - 빈농의 생존전략

조선 후기에는 환금성 농작물을 재배하는 농가가 나타났고, 농가에서 부업으로 생산한 직물(織物)의 거래량이 늘어났다. 그와 더불어 지방에도 시장이 들어섰다. 어떤 이는 이러한 변화에 주목하고 그러한 경제 발전을 이끈 주체로 부농을 손꼽았다.

　그러나 어디에 그런 부농이 존재하였는가? 현실은 오히려 정반대였다. 17세기부터 조선의 인구는 꾸준히 증가했으나, 대다수 사람은 빈농으로 전락했다. 위에서도 서술하였듯, 기존에 세금을 주로 부담하던 소농이 몰락해 빈농 또는 소작농으로 추락했다.

　그들은 생계를 유지하기 위해 안간힘을 썼다. 상품 가치가 있는 작물 재배에 힘쓴 것은 부농이나 지주가 아니라 바로 몰락한 빈농이었다. 생계 유지가 어려웠던 이들은 직물 생산에 가장 많은 노동력을 집중했다.[26]

조선 후기에 담배로 대표되는 환금성 작물이 재배되고, 직물 생산에 박차를 가한 농민이 출현한 것은 인구 압박이 높아진 사실과 관련이 있다. 이런 현상을 가지고 자본주의 경제가 온 것처럼 과장하는 것은 허망한 일이다. 같은 시기에 중국과 일본은 물론이고 서구 여러 나라와 인도 및 중동의 상공업이 얼마나 발달했는지를 조사해보면, 조선과 너무나도 차이가 컸다.

고리대의 발달

조선 후기에도 금융 거래를 담당하는 은행은 출현하지 않았다. 만약에 그 시절에 대부업이 있었다면 그것은 예전부터 존재한 고리대였다. 고리대 업자는 누구였으며, 그들에게 돈을 빌리는 사람은 누구였을까. 지주와 부유한 상인이 고리대를 하였다. 주로 취약 계층이 그들에게 돈이나 현물을 빌려 막막한 생계를 해결하고자 했다. 돈을 빌린 사람들은 원금을 갚지 못한 채 담보물로 제공한 재산마저 잃고 말았다. 앞에서 예로 든 전라도 영광의 부자 김씨들을 떠올려보기 바란다.

만약 누군가 고향을 떠나 서울에서 장기 체류하게 되면 고리대를 빌려 생활했다. 생활자금을 안심하고 맡길 은행도 없었고, 운송수단이 불편해 많은 현금을 안전하게 수송하기도 어려웠다. 필자가 주목한 이는 18세기 전라도 흥덕(현 전북 고창군) 출신의 실학자 황윤석이다. 그의 일기 《이재난고(頤齋亂藁)》에는 고리대를 빌려 쓴 사연이 깨알같이 기록되어 있다.[27]

영조 22년(1746)에 편찬한 《속대전(續大典)》에 따르면 모든 이자는 연리 2할이다. 실제로는 그처럼 이자율이 낮았던 적이 없다. 오래전에 필자가 민간의 거래 장부를 살펴보니, 적어도 연리 30~40퍼센트였다.[28] 청년 시절에 황윤석은 과거시험을 준비하느라 장기간 서울에 체류했다. 하급 관리로 임명되었을 때도 그러했다. 그때마다 그는 생활비를 지출하기 위해, 또는 갑자기 처리해야 할 사무 때문에 상인과 수공업자 및 지인들에게 급히 돈을 빌려 썼다.

수공업자와 상인이라면 구체적으로 말해, 한강 일대를 무대로 활동하는 상인(京江商人)이나 성균관과 밀접한 수공업자(泮主人), 관청에 물품을 내는 업자(貢人) 또는 서울에 와서 활동하는 여러 고을의 아전(京主人) 등이었다. 그들은 황윤석에게 요즘식으로 말해 수십만 원에서 수백만 원을 빌려주었다. 한 달에 이자율은 최소 8퍼센트였다. 연간 이율로 환산하면 100퍼센트 정도였다. 법정 이자율보다 5배나 높았다. 당시에는 신용경제가 확립되지 못했으므로 황윤석처럼 고향에 큰 재산을 가진 이도 필요한 자금을 저리에 빌리지 못했다. 만약 필요한 화폐를 소지했더라면 굳이 급전을 빌리지 않아도 되었을 것이다. 수만 평의 농경지를 가진 시골 부자였으나, 황윤석의 수중에는 현금이 거의 없었다. 그러므로 서울 생활에 필요한 돈을 고리대업자에게 빌려 쓰는 수밖에 없었다.

혹자는 이 사례를 통해 서울과 수도권에 상업자본이 형성되었다며 좋아할지 모르나, 필자가 보기에 그런 해석은 완전히 빗나간 것이다.

첫째, 상업자본이 제대로 발달했다면 황윤석 같은 지주가 고리대를 쓰지 않고 법정 이율에 따라 얼마든지 현금을 빌릴 수 있었다.

둘째, 상공업이 발전했다면 예시한 상인과 수공업자들은 고리대업에 종사하기는커녕 이자율이 더 낮은 은행에서 사업자금을 빌렸을 것이다. 그들은 사업을 확장하려고 많은 부채를 지거나 황윤석과 같은 지주를 설득해 사업에 투자하라고 설득했을 것이다. 그러나 그와 같은 일은 일어나지 않았다.

조선 후기에 고리대 자본은 더더욱 유행해 가난한 농민이 급속도로 몰락했다. 황윤석 같은 선비도 고향에서는 아마 고리대를 하며 재산을 증식했을 가능성이 있다. 그들은 왜 높은 이자를 요구했겠는가? 미수금이 워낙 많았다는 증거이다. 이자율만 높았을 뿐 담보를 제대로 설정하지 못해 자본이 줄어드는 일도 적지 않았다.

중상주의자 - 북학파

조선 후기에 가장 진보적인 지식층은 북학파였다. 그들은 농업에 집착하지 않았으며, 상업이나 수공업을 권장하고 해외 통상까지도 염두에 두었다. 조선에서는 찾아보기 어려운 귀한 존재들이었다.[29] 북학파는 서울에 살던 노론 명문가의 일원으로 대개는 청나라의 수도 연경(베이징)에 다녀온 경험이 있었다. 홍대용(洪大容), 박지원(朴趾源), 박제가(朴齊家) 등이 그들인데, 대대로 서울에 거주했던 데다가 서울보다 상공업이 몇 배 발전한 연경의 모습을 직접 목격한 경험을 토대로 남다른 생각을 하였다.

그러나 서울과 경기도에 살던 남인 출신 실학자만 해도 결이 달랐다. 성호 이익을 비롯해 다산 정약용 등의 선비는 주거지도 농촌이었고, 주된 관심도 농경지 분배와 농업과 누에치기 장려 등에 한정되었다. 그들은 유교적 이상에 부합하는 중농주의자들이었다.

북학파만이 상업을 적극적으로 장려했다고 볼 수 있다. 박지원은 연경에 갔을 때 중국의 상공업이 매우 발전한 모습을 처음으로 목격하고 깊은 충격을 받았다. 홍대용 역시 중국의 실상에 직면해 조선에서는 누구나 상식으로 믿었던 사농공상(士農工商)의 차별을 없애고 모두 조선 후기 진보 지식인이었던 북학파의 대표 주자 박지원과 홍대용. 북학파는 농업 위주에서 벗어나 상업과 수공업, 해외 통상을 권장했다.

를 평등한 존재로 인정하자고 했다. 이러한 선배들의 견해에서 한발짝 더 나간 이가 박제가였다. 그는 벼슬 없이 놀고먹는 선비는 상인이 되는 편이 차라리 낫다고 주장하였다. 중국처럼 수레를 만들어 여러 상품을 편리하게 유통하고, 선박을 이용해 외국과도 통상하자고 했다.

그러나 북학파의 소망은 조선의 현실이 되지 못하였다. 따지고 보면, 그들이 모범으로 삼았던 중국의 상공업이나 도시적 풍경, 그리고 대외교역의 실상도 동시대 서구 여러 나라에 비하면 뒤진 점이 많았다. 북학파는 짐작하지 못했으나, 일본의 상공업과 도시 발달은 중국에 뒤떨어지지 않았다. 그렇다 해도 중국이든 일본이든 여전히 전통사

3_조선의 사회 경제적 문제 219

회의 모습을 간직하였다. 두 나라 역시 산업사회로 진입하기에는 여러모로 부족한 점이 있었다. 그들도 산업혁명과는 거리가 멀었다.

가정이지만 북학파의 이상이 현실에서 구현되었다면 어떻게 되었을까? 그랬으면 조선은 19세기에 노골화된 서구의 충격을 제대로 소화할 수 있었을까? 그 또한 아닐 것이다. 북학파가 모범으로 삼은 청나라가 서구의 침략 앞에서 무력하게 무너지고 만 사실을 기억하자.

18세기 이후 산업혁명을 직접 경험한 나라는 세상에 별로 없었다. 영국, 미국, 프랑스 등 서구 몇몇 나라에 국한되었다. 소수 서구 국가만이 산업혁명을 거쳐 근대적 제국주의 국가로 성장했다. 그런 점에서 중국이나 조선이 산업사회로 전환하는 데 많은 세월을 바친 사실을 두고 역사상의 결함인 것처럼 주장하는 것은 잘못이다. 인류사적 차원에서 볼 때 특별히 예외적인 역사를 쓴 것은 영국과 미국 등 서구 몇몇 나라였다.

도시의 미발달

서구는 물론이요 중국 및 일본에 비교해도 조선의 도시는 별로 발달하지 못했다. 물론 우리 나름으로는 조선 후기에 도시의 발전이 눈에 띌 정도였다. 특히 정치, 경제, 사회 및 문화의 중심지였던 서울은 도시로서 상당히 빠른 속도로 발전하였다.[30]

조선 후기 서울에서는 소비문화에 변화가 나타났다. 그러자 보수적 관념에 사로잡힌 선비들은 사치 풍조를 개탄하고 무분별하게 유행을 따르지 말라며 경고했다. 그들은 사치와 과소비의 주역을 여성이라고 매도했다. 선비들의 담론을 분석해보면 다음 네 가지 점이 눈길을 끈다.

첫째, 유교적 도덕을 내세워 사치를 금하고 전통적인 현모양처가 되기를 주문했다. 보수적 선비들은 남편을 내조하며 검소한 생활을 실천했던 여성을 역사에서 발굴해, 검소한 생활의 표본이자 자녀 교육의 모범이라며 칭송했다. 둘째, 검소했던 역사 속 여성에게서 선비들은 여사(女士)의 풍모나 군자다움을 재발견했다. 셋째, 시속(時俗)을 무턱대고 무시하기는 어렵다며, 보수적 선비들도 생활의 고충을 호소했다. 넷째, 선비들은 한 가지 해결책으로 중도(中度)를 강조했다.

요컨대 조선 후기 서울의 상류층은 그전보다 씀씀이가 넉넉하였다. 그러나 전통적인 유교 관념에 사로잡힌 선비들은 이런 변화를 과도한 사치 및 과소비라 규정하고 세태를 비판하였다. 하지만 그들도 소비생활의 변화를 완전히 외면하지는 못하였다. 이념의 굴레는 너무나도 성가시고 무거웠다.

화폐가 유통되지 않는 현실

조선에서 화폐경제는 뒤늦게 시작되었다. 조선 초기에는 화폐를 제작해도 거의 유통되지 않아 실패했고, 후기에는 조금씩 유통되기는 했으나 일상의 결제수단으로 위상을 정립하기는 쉽지 않았다. 이런 현상은 화폐의 부족을 뜻하는 전황(錢荒)이란 기괴한 사태로 나타났다.

전황 곧 통화량 부족은 조선 후기(1678~1865) 전 기간에 걸쳐 일어났다. 조정에서 화폐를 제작해 유통시키려 해도 부자들이 돈을 쌓아놓은 채 사용하지 않았다. 그들은 시장을 신뢰하지 않았다. 이로 인해 화폐가 제구실을 하지 못하였는데, 오랜 시일이 흐르면서 조금씩 개선되었다. 어느 연구에 따르면, 화폐가 발행되기 시작한 초기(1678~1695)에는 시장의 소비액에 비해 화폐 공급률이 0.5-3.6퍼센트 수준을 넘지 못했다. 사람들은 지불수단으로 화폐를 사용하지 않았다는 뜻이다.

그 후 신용이 조금 쌓이고 화폐 공급량도 누적되어 통화량이 많아졌다. 18세기 후반부터 19세기 초(1750~1820)에는 화폐 공급률이 30~40퍼센트로 향상되었다. 그러나 거래의 주요 결제수단은 여전히 현물이었다. 세 번 거래하면 그중 한 번쯤 화폐를 사용하는 정도에 그쳤다. 그 뒤 화폐 사용이 꾸준히 늘어, 결국은 주요 결제수단으로 자리 잡았다. 1820~1865년간에 시장의 소비액에 비해 화폐 공급률이 60~80퍼센트로 증가하였다.[31] 아직도 현물거래가 존재했으나, 이 단계에서는 화폐가 경제적으로 큰 의미를 갖게 되었다고 평가된다.

알다시피 중국과 이슬람 세계 및 서양에서는 고대부터 화폐경제가 자리 잡았다. 중국은 송나라 이후 지폐가 발행되어 원나라 때는 국제교역에도 사용되었다. 요즘식으로 말해 원나라의 지폐인 교초(交鈔)는 달러 이전의 달러였다. 그 영향으로 훗날 유럽에서도 지폐가 등장했다. 그런 역사에 비하면 조선에서 화폐의 발달은 지극히 더뎠다. 그만큼 상공업이 미약했고, 교통과 운송의 발달도 지체되었다는 뜻이다.

민간에는 화폐를 퇴장(退藏, 사용하지 않고 간수함)하는 풍습이 있어, 전황이 심각한 사회문제로 부각되었다. 사람들은 전황을 가리켜 붕당(朋黨) 및 군역(良役) 문제와 함께 가장 몹쓸 사회 경제적 폐단이라고 하였다.

어느 연구에서는 '놀부박사설'을 연구해 조선 후기에 화폐가 시장에서 유통되지 못하고 "퇴장"되어 고리대금 자본으로 이용된 점을 비판했다. 〈흥부전〉에 보면 부자인 놀부는 화폐를 간직하기만 했다. 그것을 유통시키려고 '박'이라고 하는 민담 장치를 활용했다고 볼 수 있다. 박에서 쏟아져 나온 유랑집단(流浪集團)은 놀부에게 돈을 빼앗아 사라진다. 연구자는 이를 저장되어 있는 화폐를 유통시킨 것으로 해석했다. 요컨대 전황이란 사회적 문제를 해결하고자 하는 민중의 이상이 〈흥부전〉에 담겨 있다는 것이다.[32] 흥미로운 해석인데, 명백한 사실은 조선 후기에 화폐가 제대로 유통되지 않았고, 그것이 사회적으로 큰 두통거리였다는 점이다. 그만큼 조선의 상공업은 미미했고, 도시 발달도 초보적인 단계에 머물렀다.

화폐 사용을 강요하다

민간에서 화폐를 사용하지 않자 조정에서는 한 가지 대책을 마련했다. 쌀과 콩 등 현물로 세금을 지불하던 일부 지역에 세금을 화폐로 바치라고 명령한 것이다. 이를 "작전(作錢)"이라고 했다.

조선 말까지도 대부분의 고을에서는 현물을 세금으로 바쳤다. 그런데 교통이 불편한 일부 지역에서는 현물이 아닌 동전으로 세금을 내도록 제도를 바꾸었다. 경상도 영저(嶺底) 12읍을 비롯해 황해도 산골 4읍과 장산 이북의 11읍 및 강원도 영서(嶺西) 5읍이 그 대상이었다.[33] 전국적인 판세로 보면 그야말로 극히 일부에 지나지 않았다. 여기서도 거듭 확인되듯 화폐 유통은 너무나도 제한적이었다.

경상도 영저읍(嶺底邑)이란 조령과 죽령 아래 위치한 고을로 세금 운송에 많은 비용이 발생하였다. 전세(田稅)를 예로 들어 설명하겠다. 경상도 여러 고을 백성은 현물을 가흥창까지 육로로 수송하고, 거기서 조운선에 실어 서울로 가져갔다. 그때 발생한 운송비가 많았는데 영저 읍민이 모두 부담했다. 그들은 고통을 견디지 못해 운송 비용을 줄이려고 현물 대신에 면포로 납부하기를 바랐다. 이따금 조정에서는 그런 요구에 따랐으나 제도로 정착하지는 못했다.

18세기에 전황이 심해지자 조정의 방침이 바뀌었다. 우선 중앙의 주요 관청이 나서서 동전을 확보할 방법을 마련했다. 처음에는 경리청과 진휼청이 현물 대신에 동전으로 납부하는 환납(換納)을 채택해, 동전을 상당량 확보하였다. 그들은 경상도 영저읍을 대상으로 시험 운영했다. 효과가 있자 호조 역시 읍민에게 전세를 동전으로 받았다. 18세기 중엽까지도 동전으로 세금을 내게 했는데 중간에 문제가 생기기도 했다.

영조 23년(1747) 호조가 동전 교환 비율을 읍민에게 너무 불리하게 산정했다. 그로 인해 금납화 사업이 일시 중단되었다. 호조가 보유한 동전량이 너무 줄어들자 영조 25년(1749)에 조정에서는 영저읍 가운데 조령 아래 7개 고을의 전세를 동전으로 납부하도록 법령을 공포했다. 이어서 영조 31년(1755)에는 죽령 아래 5개 고을에도 같은 법령을 확대 시행하였다. 읍민의 편의를 위해서라기보다는 호조가 전황 문제를 해결하고자 이 법을 만들었다.

읍민의 편의도 완전히 무시된 것은 아니었다. 관계 법령을 제정할 때 동전 교환 비율을 읍민에게 유리하게 조절했고, 운송 비용과 부가세도 별도로 지불하지 않도록 조치하였다. 하지만 이러한 조치는 부수적이었다. 제도 개편의 근본 배경은 해마다 호조가 겪는 동전 부족 문제를 해결하려는 것이었다. 당시에 화폐경제가 활발했더라면 굳이 일부 지역에서만 세금을 동전으로 내도록 할 필요가 없었다.

국제무역 - 모피와 인삼 교역
중국과 일본의 무역을 중계하며 조선이 이익을 얻은 시기도 있었다.

17세기 후반부터 18세기 초까지 약 30년간이었다(1684~1710년). 왜란의 여파로 중일 두 나라는 직접 무역이 불가능했다. 그러자 조선이 두 나라 사이에서 중계무역을 맡았다.[34]

상품 결제 자금은 일본에서 대량으로 생산한 은이었다. 그 당시의 교역에 관한 자료는 대마도 지배층이 생산한 문서뿐이다. 그만큼 국제 교역에서 일본이 차지하는 역할이 중요했다. 조선에 이익을 안겨준 이 중계무역도 18세기 초에 끝이 났다. 그때부터는 중국이 일본과 직접 교역을 재개했다.

이미 16세기부터 세계는 기후위기에 빠져들기 시작했다. 날씨가 추워지자 17세기에는 모피 교역이 활발해졌다. 상세히 조사해보면 15세기부터 중국 명나라는 모피 교역에 깊은 관심을 보였다. 명나라 사신들은 초피로 만든 갖옷〔貂裘〕은 물론이고 초피를 수백 장씩이나 조선에 요구했다. 모피 교역은 중국의 강요로 시작된 국제 교역이었다. 중국에서는 모피 수요가 컸으므로, 명나라에 사신으로 간 조선인들은 초피를 몰래 숨기고 가져가서 이익을 챙겼다.[35]

초피의 주된 생산지는 여진이었다. 조선은 여진에게서 초피를 수입해 중국에 팔았다. 16세기에는 여진에서 수집한 모피가 중국으로 밀수출되기도 했다. 함경도의 변방 요새인 육진(六鎭)에 파견된 장수와 거기까지 달려간 상인들이 모피 무역에 앞장섰다.

여진은 초피를 건네주고 우리에게서 농사에 필요한 소와 말 또는 철제 물건을 받았다. 결과적으로 여진의 농업 생산성이 상당히 높아졌다. 초피 교역으로 큰 이익을 얻자 여진 세력은 강성해져 17세기에는 청나라를 세우고 중국 대륙을 차지하였다.

초피 교역으로 성장한 여진족(만주족)은 청나라를 세운 뒤에도 모피 교역을 계속했다. 그들은 당초피(唐貂皮)라고 하는 고급 제품을 조선에 팔았다. 그중 상당수는 다시 일본으로 건너갔다.

일본은 조선에서 직물, 약재 및 모피를 수입했다. 그중 모피는 일본에서 볼 수 없는 희귀 상품인 호피와 표피 및 초피가 대부분이었다. 이런 상품이 일본에 제공되는 방식은 조선 국왕이 일본 국왕에게 주는 예물(禮物)이었다. 당시에 일본은 조선에 가죽 제품을 요구했는데, 대표적인 것이 중국산 초피(당초피)였다. 조선 후기까지도 당초피가 일본으로 보내졌다. 양이 많지 않아 경제에 미치는 영향은 거의 없었다.

조선 인삼, 정확히 말하면 홍삼도 중국과 일본에 수출되었다. 약재로 각광 받았기 때문이다. 영조 때부터 이익을 노려 인삼을 재배하는 사람이 늘어났고, 재배지역도 조금 확산되었다. 특히 개성상인 가운데는 인삼을 수출해 큰 재물을 모은 사람도 생겨났다. 상업과 교역이 전반적으로 침체한 조선의 사정을 고려할 때 특기할 일이었다. 그러나 18~19세기 국제 교역의 추이를 감안하면 괄목할 만한 성취라고 말하기는 어렵다.

중국과의 무역 상품

대외 수출과 수입 물량이 제한적이었다는 한계는 있으나, 이웃 나라와 교역이 끊이지 않았다는 사실은 주목할 일이었다. 이 기회에 교역 품목에 관해 간단히 알아보겠다.

평안도 의주부(義州府)에는 수검소(搜檢所)가 설치되어 중국과의 교역을 통제하였다. 관련 문서를 살펴보면, 중국에 수출하는 품목으로는 담배, 해삼 및 홍삼이 손꼽혔다. 먼저 담배에 관한 설명이 필요하다. 16세기 후반부터 중국에서 끽연 인구가 늘어났으므로, 조선에서는 양질의 담배를 수출했다. 그리고 조선 전 기간에 걸쳐 다시마와 미역 등과 함께 홍삼이 중국으로 팔려 나갔다. 19세기에는 홍삼이 약재로서 효능이 인정되어 한 시대를 대표하는 수출품이 되었다.[36]

중국에서 수입한 상품은 모자를 비롯하여 수은, 붕사, 주홍 등이다. 18세기 중반부터 중국산 모자가 인기를 끌었는데, 값이 비싸 은 유출이 심했다. 수은, 붕사, 주홍도 가격이 높은 사치성 원료였다.

취약한 국방력

조선은 유학의 정치 이념에 함몰되다시피 했으므로, 군사력을 키워 외국으로 쳐들어갈 생각은 없었다. 외국과의 왕래도 겨우 사신에 국한되어 바깥세상에 관한 정보를 수집할 능력도 없었다. 하물며 다자간 외교를 주체적이고 능동적으로 추구할 의지는 더욱 희미했다.

조선은 중국 중심의 조공체제 안에서 조용히 사대교린하며 평화롭게 공존하기를 꿈꾸었다. 그 당시 조선의 국방력은 별로 위력적이지 않았다. 그런데 오늘날에는 세계 5위의 국방력을 자랑하는 군사 강국으로 눈부시게 성장하였으니, 금석지감을 느끼게 된다.

유학의 이상에 함몰
조선은 외국을 침략할 뜻이 없어, 대외 전쟁에 무심하였다. 예외라면 세종과 세조, 효종 때였다. 여기서는 그처럼 예외적인 시기의 일을 알아보겠다. 그러한 고찰을 통해 조선이 군사문제를 얼마나 소극적으로 대처했는지를 더욱더 확연히 알 수 있다.

우선 세종 때인데, 무인으로 정승까지 오른 최윤덕(崔潤德)이란 인물이 있었다. 북쪽의 여진족과 남쪽의 일본이 호시탐탐 침략의 기회를 엿볼 때 그는 무관으로 활동하였다. 주로 세종 때 많은 공을 세웠다. 한편으로 여진족을 정벌해 북방을 개척하였으며, 다른 한편으로 태종의 명을 받아 대마도 정벌에도 참전하였다. 그리고 남부의 하삼도와 북쪽 변경에 성을 쌓아 외적의 침입에 효과적으로 대비하였다.

최윤덕은 세종의 군사 정책을 누구보다 잘 이해한 인물로, 총애를 받아 정승이 되기까지 했다. 사후에도 영광이 이어져 공신당(功臣堂)에서 제사를 받았다. 왕과 조정은 그의 인품과 능력을 높이 평가했다. 그는 무관임에도 불구하고 부임한 고을이며 고향에 사우(祠宇)가 건립되어 후세의 기림을 받았다.[37]

조금 더 깊이 생각해보면, 명장 최윤덕의 군사 활동이란 것도 방어에 집중되었다. 여진족을 몰아내고 쓰시마 섬을 정벌하더라도 영토를 확장하려는 것이 아니라, 침략에서 우리를 안전하게 지키는 것이 목적이었다. 남과 북에 성을 쌓은 것이야 두말할 나위도 없었다. 세종과 명신 최윤덕의 군사적 목적은 나라와 백성을 보위하는 것이지 정복과 확장은 아니었다.

심지어 세종은 군사를 보내 여진족의 중심부를 강타한 다음에도 우리 군사들이 가져온 전리품을 모두 적에게 되돌려주었다. 여진 정벌의 목적은 이득을 취하는 데 있지 않고, 덕을 널리 펴는 데 있다는 식의 유교적 사고방식을 그대로 표현했다.[38]

- 최윤덕 초상화. 조선 전기 무신으로
  세종의 군사 정책을 잘 이해해 정승에까지 올랐다.

세종의 둘째 아들로 훗날 세조가 된 왕도 외적으로부터 나라를 지키는 데 큰 관심을 가졌다. 세조는 조선 전기 군사제도를 완성해 이른바 오위(五衛)와 진관제(鎭管制)를 완성했다.[39] 그는 군사력을 기르는 데도 각별한 관심을 표해 《병장설(兵將說)》과 《진법(陣法)》 등 관련 서적을 편찬·간행하였다.

군사에 관한 지식을 옳게 습득하는 것도 중요하지만 군대를 실제로 운용할 때는 성찰과 지혜가 필수적이다(以智運用 以用應智)라는 생각, 이런 유교적 믿음의 토대 위에서 세조는 방어체계를 고안하였다. 세조는 명장이 누구인가라는 물음을 던지고 첫째가 덕성이요, 둘째는 도량과 의리, 셋째는 수련이라고 인식하였다. 이 세 가지 범주를 평가

해 상중하 세 단계로 장수의 능력을 평가하였다. 이 역시 유교적인 접근방식이었다.

세조는 무관에게도 유교의 기본 경전인 사서(四書)를 철저히 학습하기를 요구하였다. 당연히 무관을 선발하는 과거시험에서도 위에 언급한 교재를 제대로 학습했는지를 평가했다.

조선의 왕들 가운데 군사문제에 특별히 깊은 관심을 가졌던 또 한 명의 왕이 효종이었다. 왕은 무신도 윤대(輪對)하게 했다. 즉, 무관이 정기적으로 군사에 관한 사무를 자신에게 보고하도록 명한 것이다.

윤대라는 제도는 행정 실무관리가 업무보고를 하게 해, 이를 국정에 반영하기 위한 제도였다. 물론 문신들이 윤대에 나왔었는데, 선조 때 중지되었다. 광해군 때 다시 시행하기는 하였으나 흐지부지되었다. 인조반정으로 새 왕이 즉위하자 영의정 이원익은 윤대의 장점을 강조하고 회복하기를 요청했다. 그러나 이괄의 난을 비롯하여 정묘호란, 병자호란 등 정치적 변동이 자주 일어나는 바람에 제대로 시행하지 못하였다. 그러다 효종이 즉위해 청나라가 부왕과 명나라에 준 모욕과 원한을 갚는다며 북벌을 준비하였다. 그때 효종은 윤대무신제(輪對武臣制)를 처음으로 시행했다. 어전에서 무관이 정기적으로 군사 업무에 관해 직접 아뢰도록 하였으니, 놀라운 일이었다.[40]

무신이 윤대한 예를 들어보겠다. 효종 3년(1652) 1월 7일에 효종은 주강(晝講, 오후 경연)에서 《서전》 미자 편을 공부하였다. 그러고 나서 무신을 윤대했다. 무관 황헌(黃瀗)은 효종에게 다음과 같이 아뢰었다.

"신은 금방 영남에서 올라왔습니다. 영남에서 적을 잡을 때 공이 많은 장사(將士, 무관)들의 업적을 조정에서 끝끝내 조사하고 상 주지 않았습니

다. 그래서 남쪽 사람들이 실망하고 있습니다."《실록》, 효종 3년 1월 7일)

그러자 효종이 해당 관청에 지시해 처리하게 하였다. 이러한 예화에서 확인되듯, 윤대무신제는 무관의 사기를 올리는 데 도움이 되었다. 윤대에서 처신을 잘한 무신이라면 그 후에 고속 승진했다.

앞에서 살핀 황헌도 이력이 화려했다. 그는 인조 말년에 이미 요직을 두루 지냈으나 효종 2년(1651) 12월에 김자점(金自點)의 옥사가 일어나자 그에 연루되어 잠시 고초를 겪기도 했다. 그러나 다시 복직되어 윤대무신으로 활약하였고, 평안병사와 통제사 등 무관으로서 가장 영예로운 직책을 역임하였다.

군사 사무에 관한 효종의 관심은 후계자에게 계승되지 못했다. 현종은 부왕인 효종과는 달리 윤대를 자주 시행하지 않았다. 새 왕은 그저 형식적으로 윤대를 하였다. 군대를 키워 청나라를 정벌하겠다는 의지는 흔적도 없이 사라졌고, 무관을 특별히 우대하는 일은 더더욱 없었다. 효종의 윤대무신제는 깨끗이 잊히고 조선 본래의 모습으로 회귀했다.

외국에 관한 정보수집 능력 부재

청나라는 중국을 온전히 차지하기 전에 두 차례 난리를 일으켜 조선을 침략했다(정묘호란, 병자호란). 그런데 이전에 중국을 지배한 명나라와는 이렇다 할 불상사가 없었고, 명나라를 계승해 청나라가 중원을 지배하게 된 다음에도 조선을 다시 침략하지 않았다.

따라서 중국을 바라보는 조선의 시선은 군사적 충돌을 배제한 것이었다. 속마음이야 어떠했든지 조선은 명나라와 청나라를 사대(事大)

하는 처지였다. 조선으로서는 중국의 정치제도와 문화에는 관심이 컸으나, 그들의 침공에 대비할 이유는 발견하지 못했다.

바다 건너 일본에 대해서는 달랐다. 고려 말부터 왜구가 수차례 침략했고 더구나 16세기 말에 임진왜란과 정유재란을 겪었으므로, 일본에 대한 경계심 또는 적대감은 쉽게 사라질 수 없었다. 하지만 왜란 이후 조선은 군사력을 키워 저들을 무력으로 응징할 계획이 없었다. 바닷길이 멀고 험한 데다가 조선이 신봉하는 유교적 이념으로 보나 만성적인 재정 부족을 고려할 때 대규모 원정사업을 벌일 처지가 아니었다. 조선의 지배층은 일본의 사정에 주의를 기울일 때조차 저들의 침략을 어떻게 방어할지에 초점을 두었을 뿐이다. 상대방의 지리와 정세를 자세히 탐색하여 일본에 쳐들어갈 생각은 하지 않았다.

신숙주와 《해동제국기》

대체로 보아 조선은 중국의 민감한 내부 사정에 무심한 편이었고, 일본 측의 정치, 경제, 문화 또는 군사에 관하여는 거의 깜깜하였다. 그러나 그 점에도 예외는 있었다. 가장 대표적인 인물이 15세기 석학이자 실용적 관리였던 희현당(希賢堂) 신숙주(申叔舟)였다.

그로 말하면 세종이 집현전에서 기른 탁월한 학자로 나중에는 국가의 대들보가 되었다. 세종 25년(1443)에 신숙주는 왕명으로 일본에 사신으로 다녀왔다. 직책은 통신사 서장관이었는데, 일본을 오가는 기회에 역사, 지리, 풍속을 조사했고, 사신이 서로 오간 역사와 상대방 사신을 접대하는 규정까지도 모두 정리해 《해동제국기(海東諸國記)》를 편찬했다(1471년).

이 책은 사행록(使行錄)으로 분류되는 일종의 여행 견문록이자 일본의 지도를 수록하고 풍부한 지리 정보를 수록했다는 점에서 인문지리지라고 해야 옳다. 특이하게도 책에 수록된 각종 정보는 조선을 일본의 침략으로부터 지키기 위한 것이라기보다는 여차하면 조선이 일본으로 쳐들어갈 때 참고할 수 있는 자료가 될 수도 있었다. 그런 점에서 이 책은 조선 역사에서 유일하게 공세적인 서적이었다. 그러므로 혹자는《해동제국기》를 일컬어 외교 지침서이자 군사적 성격을 가진 지리지라고 정의하였다.[41]

그러나 그런 평가는 과장된 측면이 있다. 필자는 신숙주가 일본 침략을 염두에 두고 이 책을 저술했다고 보기 어렵다고 여긴다. 그 당시 일본과의 관계에서 가장 중요한 것은, 왜구의 침략을 근원적으로 막고 서로 왕래하는 교린(交隣)의 질서를 유교적 이념의 테두리 안에서 평화적으로 설정하는 일이었다.

따라서《해동제국기》의 강조점은 두 가지라고 본다. 하나는 일본 사람들의 약탈적 습성을 합리적으로 설명하는 것이요, 다른 하나는 일본에서 조선을 찾아오는 사람들에게 "통교(通交)"를 허락해 양국의 우호를 증진하려는 것이었다.

이 책과 관련해서 한 가지 웃지 못할 비극도 있었다. 임진왜란 때 조선에 파견된 명나라 관리 정응태(丁應泰)는《해동제국기》를 읽고, 조선이 일본과 내통했다며 자신의 황제에게 참소하였다. 다행히 무고로 판명되어 큰일은 일어나지 않았다. 그러나 명나라의 의혹을 염려해 조선에서는《해동제국기》를 꺼리는 경향이 있었다.[42] 조선 왕과 선비들은 지나치게 외부 시선을 의식했다.

청나라 사람들은 이 책을 읽고 일본에 관한 지식을 쌓았다. 물론 매우 낡은 지식과 정보였다. 그런가 하면 일본에서는 조선 사람들이 신숙주 초상화.
조선 초기 뛰어난 외교관이었다.

신숙주가 편찬한《해동제국기》.
'해동의 여러 나라를 기록한' 책으로, 일본 지도가 보인다.
(출처: 국립한글박물관)

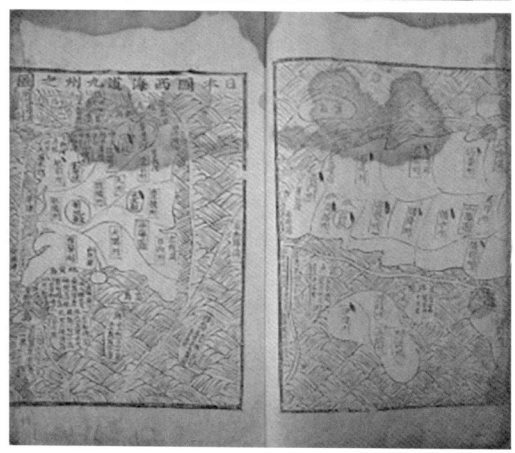

자국에 관해 어떠한 정보를 가지고 있는지를 점검하려고 《해동제국기》를 검토했다. 타국의 시선에 비친 제 모습을 통해 타국의 정보력을 측정할 만큼 일본은 앞서 있었다. 이런 이유로 이 책은 일본에서 여러 차례 간행되어, 동아시아 삼국 중에서도 가장 다양한 판본이 남게 되었다.

신숙주의 외교 활동

신숙주는 훌륭한 외교관이었다. 그는 이예(李藝)와 더불어 조선 초기 외교계의 빛나는 별이었다. 15세기 전반에는 이예가, 후반부에는 신숙주가 일본과의 외교를 주도했다.[43]

신숙주의 외교 활동은 동아시아 전체를 포함했다. 도합 16차례나 일본과 명나라 및 만주(여진족 거주지)를 오갔다. 때로는 직접 군사를 이끌고 전쟁터를 누비기도 했다. 신숙주의 헌신적인 노력과 탁월한 능력에 힘입어 조선은 안정된 국제관계를 형성했다. 일본과는 평화로운 교린 관계를 맺어 대마도주를 매개로 동아시아 국제질서를 안정시켰다.

조선에 협력하는 한 물질적 혜택을 주고, 조선을 무력으로 넘보는 세력에게는 강력히 대응하겠다는 강온 양방향 외교 방침이 세조 때 조선의 국책이었다. 그 배경에 신숙주가 있었다. 신숙주는 일본, 여진 및 류큐(琉球)의 마음을 움직여 서로 앞을 다투어 조선에 사신을 보내도록 만들었다. 다시 보기 어려운 외교적 성취였다.

《화국지》, 일본에 관한 정보 서적

조선 후기에는 일본을 바라보는 시각에도 상당한 변화가 일어났다. 동아시아에 평화가 넘치던 18세기에 조선의 문신 원중거(元重擧)가 일본에 사행을 다녀왔다. 그는 《화국지(和國志)》를 지어 일본의 특징과 역사, 전쟁사, 정치, 경제, 사회, 문화, 산업 등을 차분하게 서술했다. 그 역시 왜란의 상처를 잊지 못해 일본을 원수의 나라라고 말하며 우리는 그들의 실상을 정확히 알아야 한다고 주장했다.[44] 그러나 원중거의 주요 관심사는 군사적 행동이 아니라 일본을 올바로 이해함으로써 앞으로 그들과 어떻게 하면 우호관계를 유지할 수 있는가 하는 데 집중되었다.

여기에 덧붙일 말이 하나 있다. 일본은 17세기부터 아시아에 진출한 네덜란드와 점차 밀접한 관계를 형성해, 이른바 "랑가쿠(蘭學)"라는 이름으로 서양학을 연구했다. 서양 의학과 과학기술 및 각 분야의 지식이 일본에 유입되어 지식층에 새로운 자극을 주었다. 심지어 서양 의사로부터 직접 지도받은 서양식 의사가 출현하기도 했다.

그러나 원중거를 비롯해 일본에 사신으로 다녀온 이들은 일본 사회의 변화를 눈치채지 못했다. 다산 정약용 같은 이는 일본 사람들도 성리학 공부에 힘쓰게 되었으니, 장차 조선을 다시 쳐들어올 리 없다고 전망했다. 유교의 예(禮)를 배운 나라가 어찌 이웃 나라를 침략하겠느냐는 추측이었는데, 이로 보건대 정약용은 조선의 유학자가 틀림없었다.

북학파의 외교력

중국과의 관계도 18세기부터 조금씩 달라졌다. 홍대용, 박제가, 박지원, 김정희 등 이른바 노론 북학파에 속한 이들이 자제군관(子弟軍官), 즉 비공식 수행원이 되어 청나라 연경을 유람했다. 처음에 그들은 중국의 이름 없는 선비와 친교를 맺기 시작했으나, 세월이 흐르자 청나라의 고관 명류(名流)까지 거침없이 사귀었다.

18~19세기에는 유럽 역사에서 보이는 "그랜드 투어(18세기 유럽 상류층 자제들이 교양과 견문을 넓히기 위해 하던 장기 여행)" 같은 현상이 나타난 것이다. 조선의 선비가 중국 문명을 체험하고, 현지에서 친구를 사귀는 새로운 풍속이 생겼으니, 환영할 일이었다.

　그 전통은 19세기 후반까지 이어졌다. 그 덕분에 환재(桓齋) 박규수(朴珪壽)는 조부 박지원의 전통을 물려받아 청나라 명인들과 사귀었다. 그런데 1860년대가 되자 중국은 영국과 프랑스의 침략을 받고 러시아의 침략 위협에 처했다. 박규수는 아무래도 서구 제국의 아시아 진출이 염려되어 집권자 흥선대원군 이하응과 상의했다.

　대원군의 양해로, 박규수는 사절단을 이끌고 중국 연경을 방문했다. 그는 청나라 전현직 관리들과 연쇄 접촉하며 서양의 사정을 정확히 파악하려고 했다. 여러 달 동안 연경에 머물며 박규수는 청나라의 대비책까지도 조사했다. 그때 그가 내린 결론은 비참했다. 서구의 침략 위기가 나날이 짙어가는데 중국에는 사태를 해결할 사람도 없고, 문제의 심각성을 알아차린 이도 거의 없었다.[45]

　박규수는 비통한 심정으로 귀국하여 흥선대원군과 그 문제로 의견을 교환했다. 1860년대 초반 조선의 지도층은 다가올 침략의 조짐을 실감하고 있었다. 그러나 조선의 힘으로는 제국주의 열강의 침략을 방어할 수가 없었다. 만약에 조선의 지도층이 청나라에 관심을 가졌던 것처럼 일본과의 관계에도 공을 들였더라면 어땠을까. 그랬으면 20세기 역사의 비극을 회피할 수도 있었을까. 그러나 조선의 선비가 일본과 진지한 우의를 다지기를 바랄 수는 없었다.

　일본에 대한 조선의 적개심을 굳이 강조할 필요는 없다. 중국 중심의 조공체제 아래서 조선의 입지가 너무나 좁았다. 조선은 작은 일이라도 중국을 속일 수가 없었다. 중국의 허락 없이는 타국과 친하게 지낼 수 없는 것이 조선의 이념적 한계이자 현실의 굴레였다.

그에 더해 조선 선비의 심중에 자리한 화이론(華夷論)도 두꺼운 장벽이었다. 조선은 유교적 문명국이요, 일본은 오랑캐에 불과하다는 편견이 양국 관계를 더더욱 멀게 하였다. 그런 사고방식이 쉽게 고착된 데는 극도로 부정적인 역사 경험이 있었다. 그들은 왜구로서 또는 잔인한 침략자로서 조선의 국토를 할퀴었고, 조선 사람들의 가슴에 지울 수 없는 상처를 남겼다.

위에서 설명한 바와 같은 여러 사실이 작용한 결과, 조선이 망할 때까지도 양국 지식인은 진정한 친교를 맺기가 너무나도 어려웠다. 예외적으로 세조 때는 신숙주와 같은 명신이 있어 중국은 물론이고, 일본, 류큐 및 여진과 평화로운 외교 관계가 가능했다. 아쉽게도 그러고는 끝이었다. 조선은 다자간 외교를 지향하기보다는 언제나 중국의 관점을 빌려 가깝고도 한없이 먼 주변 나라를 바라보았다. 적극성이 부족했다.

광해군의 중립외교

또 한 번의 예외적인 시기도 있었다. 광해군 때의 일이었다. 왕은 실리외교를 추구한 것으로 정평이 있다. 그때 명나라는 쇠퇴했고, 만주의 청나라(후금)가 빠른 속도로 떠올랐다. 게다가 일본이 또다시 군사 위협을 가할 가능성이 있었다. 왜란이라고 하는 국제전쟁의 와중에서 외교 감각을 키운 광해군이었다. 그는 시대의 격랑을 헤쳐나갈 해법을 실리와 중립이란 키워드에서 찾아냈다.[46]

유교적 명분을 내려놓고 명나라와 후금 사이를 오가며 균형점을 발견해 전쟁 재발을 피하는 한편, 왜란을 일으킨 일본과도 더 이상의 갈등을 유발하지 않는 것이 광해군의 목적이었다. 그는 조선의 왕으로서 백성들이 의미 없는 전쟁터에서 무참히 도륙되는 비극이 다시는 되풀이되지 않기를 소망했다.

올바른 판단이었다. 광해군은 조선의 국가적 이익을 지키려고 노심초사한 결과 다자간에 신중하고 균형 잡힌 외교 및 군사 정책을 펼 수 있었다. 이는 21세기 대한민국이 나아갈 길, 즉 자주적이고 균형 잡힌 외교의 정당성을 입증한다.

광해 10년(1618) 조선에서는 만주에 출병하는 문제로 논쟁이 크게 벌어졌다. 명분으로 보면 조선은 당연히 명나라 편에 서야 했다. 그러나 섣불리 명나라 편에 서서 후금을 자극할 수 없었다. 광해군은 실리를 염두에 두고 출병을 지연하는 등 중립외교를 추구했으나, 신하들의 명분론은 지나치게 강력했다.

왕은 그들의 압력으로 한발 물러설 수밖에 없었다.[47] 명나라와 후금의 정면충돌을 눈앞에 두고 있었으므로, 광해군은 출병하면서도 아군이 적극적으로 군사작전을 펴지 못하게 해야 하는 어려운 상황에 빠졌다.

광해군을 어떻게 볼 것인가는 아직도 끝나지 않은 역사학계의 난제이다.[48] 전통 시기에는 광해군에게 두 가지 죄가 있다고 믿었다. 하나는 명나라를 배반하고 오랑캐 나라인 후금과 평화 공존을 추구한 것이요, 다른 하나는 모후(母后) 인목대비를 탄압하고 아우 영창대군을 살해했다는 죄명이었다. 조선이 망할 때까지 이런 평가에 반기를 든 사람은 없었다.

1930년대에 새로운 주장이 나타났다. 역사학자들은 광해군이 명

경기도 남양주시에 있는 광해군 묘.
광해군에 대한 평가는 분분하나, 실리 외교를 추구한 점은 높이 평가할 만하다.

나라와 후금 사이에서 중립정책을 편 것은 대단한 일로, 당시 조선이 취할 수 있는 최선의 정책이었다며 호평했다. 이와 같은 해석은 후세에 이어져 이제 통설이 된 듯도 하다.[49]

그러나 연전에 이를 강력히 부정하는 견해가 제기되었다. 오항녕은 광해군에 대한 평가를 조선 시대의 통념으로 다시 색칠했다. 그는 일제강점기에 식민사관에 물든 이들이 조선의 물리적 합병을 합리화하고, 조선 후기에 부정적 색채를 덧씌우려고 광해군을 찬양했다며 비판했다.[50]

설왕설래가 계속되는 중이나 필자는 광해군에 관한 긍정적 평가에 한 표를 던진다. 그는 현명한 왕이었다. 하지만 유교적 이념의 포로가 되고 만 신하들이 보기에는 지나쳤다. 광해군을 폭군으로 규정하고 왕의 자리에서 끌어내린 사실이 의미하는 바는 무엇일까. 조선은 이

념을 벗어난 실용적 사회가 아니라는 사실이다. 상당한 손해를 입더라도 반드시 유교적 이념의 편에 서야 하고, 만약 그렇지 않으면 왕이라도 제거해야 한다는 식이었다.

조선이라는 유교사회의 문제

위에서 살핀 바를 종합해보면 조선의 유교는 사회 경제적으로 부정적인 결과를 가져왔다고 하겠다. 지나치게 유교 형이상학에 몰두한 것도 문제였다. 세종처럼 현명한 왕이 나타나 일종의 문예 부흥을 일으켰으나, 그가 세상을 떠나자 더 이상 과학기술이 발전하지 못했다. 게다가 상업과 수공업을 멸시하는 풍조가 강해 나라는 가난해졌고 국제무역에도 활발하게 참여하지 못했다.

16세기 말에 일어난 임진왜란은 명백한 일본의 침략전쟁이요, 실은 서구의 아시아 침략이 시작된 결과로 빚어진 연쇄 반응이기도 했다. 일본도 서구처럼 아시아 대륙을 지배하는 강대국이 되고자 했던 것이다.

그러나 조선은 이러한 위기의 본질을 조금도 눈치채지 못하고 여전히 농업에 집착했다. 후세가 찬양하는 영조와 정조는 내심 화폐마저 폐지하기를 바랐을 정도로 폐쇄적이고 보수적인 왕이었다. 19세기 말부터 시작된 조선의 몰락은 당연한 귀결이었다.

조선 후기에는 유학 내부에서 혁신 운동이 일어나기는 했다. 실학자들이 그러했는데, 특히 북학파는 더더욱 진취적이었다. 하지만 당시의 기득권층은 일체의 혁신을 거부하고 기성체제를 유지하는 데만 주력했다. 그들은 서학에 대한 무자비하고 전면적인 탄압을 벌였으며, 이후에는 새로운 혁신 운동의 주역인 동학과도 무력투쟁으로 맞섰다. 이처럼 무의미한 탄압과 내전을 거쳐 조선은 결국 멸망했다. 그런 점 때문에 일부에서는 유학이야말로 조선 500년 동안 과학기술의 성장을 방해하고 서구 문명 수용에 결사 항거한 역사적 죄인이요, 극단적 반동세력이라고 비판한다. 논리적으로 따져보면, 일리가 없지 않다.

요컨대 유학은 조선 사회의 발전을 저해한 주범이었다. 그 점을 우리는 두 가지로 요약할 수 있다.

첫째, 유학 자체가 폐쇄적이어서가 아니라 조선의 기득권층이 권력을 지키는 데 철저히 악용한 결과, 조선은 진취성을 잃고 내내 표류하였다. 둘째, 조선은 시장이 협소했고, 중국이 강요하는 유교적 조공체제의 포로였다. 그러므로 교역에 힘쓰지 않아 산업혁명이 일어날 필요조차 전혀 느끼지 못했다. 경제적 수요와 공급을 무한히 확장하려는 의지가 존재하지 않아, 18세기 이후 산업혁명을 통해 성장한 서구와는 갈수록 격차가 벌어졌다. 19세기 말에 서구 제국주의 세력과 맞닥뜨렸을 때 조선은 깊은 두려움에 떨며 화이론적인 자기합리화로 수구적인 태도를 변호할 뿐이었다.

위와 같은 부정 평가 속에서도 긍정적인 면이 엄연하였다. 조선은 유교적 덕성인 근검과 절용(節用)을 바탕으로 제한된 자원을 최대한 효율적으로 활용했다. 그 결과 날로 증가하는 인구 압박을 견디며 자급자족에 성공했다. 그뿐 아니라 유교 문명을 꽃피워 빈곤한 가운데서도 규율과 질서를 존중하며, 지식 중심의 합리적인 사고방식을 일깨웠다. 사람들은 신분과 젠더와 연령에 무관하게 자긍심이 높고, 단결력이 강해 민족적 일체감을 형성하였다. 만약에 서구적 시선을 거부하고 우리 자신의 역사적 기준을 가지고 판단한다면 조선은 유교적 근대화에 성공한 나라였다. 이러한 문화적 성취는 수백 년 동안 수많은 조선 사람이 힘껏 노력한 결과라고 평가할 수 있다.

4장

전통과 현대의
하이브리드

───── 이 장에서 필자가 특히 주목한 것은
다음 다섯 가지 주제이다.

첫째, 현대 한국은 다종교 사회의 축복을 받았다는 사실이다. 유학을 비롯해 불교와 기독교가 새로운 문명적 융합에 성공했다. 여러 종교는 서로 경쟁하고 협력하는 가운데 한국 사회에 역동적인 힘을 불어넣었다.

둘째, 한글이라는 매우 특별한 선물이 중요한 역할을 했다. 유교 이념에서 창안된 한글은 현대 서구 문명과 만나서 큰 효과를 낳았다. 한글은 15세기 이후 점차 폭넓은 사랑을 받아 조선 후기에는 이미 정치 사회는 물론이고 문화적 소통의 길을 닦았다. 이러한 역사적 경험이 축적되어 한글은 현대 한국을 고효율 사회로 이끌었다. 또한, 한글은 민족적 정체성을 강화하여 국가적 통합을 가능하게 했다.

셋째, 징병제도 역시 전통문화와 결합해 현대 한국을 더욱 산업화된 국가로 만들었다. 징병제는 통속적인 유교 가치와 융합해 조직 지향적 사회를 구성하는 동시에 대단히 목표 지향적이고 공격적인 산업사회로 나아가는 길을 열었다. 그러나 징병제와 짝을 이루는 "군사문화"는 권위적이고 군국주의적인 폐단을 안고 있었다는 점도 부정할 수 없다.

넷째, 새마을운동을 통해 공동체 중심의 사고방식이 강화되었는데, 이는 현대 한국의 두드러진 특징이다. 그 기저에는 조선 시대의 "향약" 운동이 자리했다. 이른바 "근면, 자조, 협동"으로 대표되는 새마을 정신은 통속적 유교 가치를 계승한 것이다. 박정희 정권은 이를 적극적으로 활용해 정치 경제적 목적을 달성하였으며, 이른바 "조국 근대화"의 지지층을 공고히 했다.

다섯째, 오늘날 세계인의 이목을 끄는 '한류' 역시 전통문화와 떼려야 뗄 수 없는 관계가 있다. 한류의 문화적 배경을 깊이 들여다보면 유학의 보편 가치가 중요한 기능을 하고 있다. 유학 사상을 비롯한 전통문화는 세계 어디서나 공감을 살 만한 보편 가치를 내포한 것으로, 현대의 디지털 문화와 다양한 방식으로 결합하고 있다. 한국의 전통문화는 인류의 오래된 미래이기도 하다.

19세기 말 조선은 사상 초유의 사태를 맞아 고전했다. 프랑스와 미국이 잇따라 침략하였고, 러시아와 일본도 호시탐탐 조선을 침략할 태세였다. 1910년이 되자 조선은 마침내 나라를 잃었다. 그 후 어떠한 비극이 있었는지는 굳이 여기에 다 쓸 필요가 없을 것 같다.

1945년 8월 15일, 일제의 무조건 항복으로 운 좋게 광복이 찾아왔다. 그러나 전승국인 미국과 소련의 세력 다툼으로 남북이 분단되었고, 동족상잔의 비극까지 잇따랐다. 한국은 3년간의 전쟁에서 거의 모든 것을 잃은 다음에야 가까스로 허리를 펼 수 있었다. 1960년대가 되자 비로소 서구식 근대화가 시동을 걸었다. 고종 3년(1866)에 일어난 병인양요 때부터 계산하면 한 세기 만이었다. 내우외환에 숱하게 시달린 끝에 겨우 자립과 자강의 길에 들어섰다.

1960년대는 한국 역사의 전환점이었다. 민주화와 산업화 그리고 군사독재의 시대가 열렸다. 희망이 보이기도 하였으나 절망적이기도 한 세월이었다. 그로부터 60년이 지난 다음, 놀라운 성과가 나타났다. 2020년 현재 한국의 국내총생산(GDP)은 세계 9위를 기록했다. 올해(2025년) 미국의 유명 잡지 〈포브스〉는 한국을 세계에서 6번째 강대국으로 손꼽았다. 한국보다 한 단계 아래인 7위는 병인양요를 일으킨 프랑스요, 8위는 조선을 멸망시킨 일본이었다. 더더욱 놀라운 일도 있다. 2022년에 〈글로벌 파이넌스〉가 발표한 세계 기술 경쟁력 순위에서 한국은 영광의 1위를 차지했다. 2위는 미국, 그다음은 덴마크, 스위스, 스웨덴, 타이완, 일본 순으로 이어졌다.

그 밖에 군사적인 면에서도 한국의 성장은 눈부셔 2025년 현재 세계 5위에 올라 있다. 민주주의 지수도 괄목할 만하다. 영국의 〈이코노미스트〉 산하 기관(The Economist Intelligence Unit, 약칭 EIU)이 발표한 민주주의에 관한 질적 평가에서, 2020년 당시 "완전한 민주주의" 국가로 평가되었다. 한국은 군사독재의 오명을 씻은 지 이미 오래고, 해마다 약간의 등락은 있으나 세계에서 가장 민주적인 국가 중 하나가 되었다.

요컨대 19세기 후반에 한국은 지옥문 앞에 선 비극적 존재였다. 그런데 무엇을 어떻게 했기에 21세기에는 이처럼 놀라운 위업을 이루게 되었는가. 국내외 전문가들이 다양한 관점에서 한국의 성과를 연구 분석한다. 역사가인 필자가 보기에는 이 모든 것이 "문화의 힘"에서 비롯된 것 같다. 특히 유학의 전통이 가장 큰 역할을 하였다고 말하고 싶다.

본래 유학과 산업사회는 차이가 심하다. 특히 조선의 유학은 자연과학과 기술 발전에 걸림돌이었으며, 선비는 산업혁명을 통해 나라를 부국강병의 길로 이끌 의지와 힘이 없었다. 그들은 자연과학적인 관찰을 통해 우주와 자연을 이해하려고 하지 않았다. 선비는 항상 형이상학적 도덕의 문제를 탐구하는 데 몰입했다. 조선에서는 공동체의 이익만 존중하고, 개인의 경제적 이익 추구를 죄악시했다. 그러므로 조선 선비에게 제아무리 오랜 시간을 허락했을지라도, 오늘과 같은 한국을 건설하지 못했을 것은 자명하다.

그럼에도 불구하고 유학이 현대 한국을 만든 힘이란 점을 필자는 확신한다. 유학을 비롯한 전통문화는 현대 한국에 아직도 살아 있으며, 모든 방면에서 변화를 일으키고 또 제어하는 힘이다. 겉으로 보면, 유학을 비롯한 전통문화는 거의 소멸한 것 같은 느낌을 준다. 그러나 속내는 전혀 다르다.

현대 한국의 성공은 "하이브리드"라는 개념으로 설명하는 것이 적절하다. 이 용어는 특정한 목표를 이루기 위해 두 개 이상의 요소를 융합한다는 의미이다. 돌이켜보면, 지난 한 세기 동안 한국은 전통과 현대 문화를 다양한 방식으로 융합했다. 바로 거기에서 누구도 상상하지 못한 훌륭한 결과가 도출되었다.

  이 장에서는 유학을 정점으로 한 전통문화가 서구 문명과 어떻게 융합했는지를 논의할 것이다.

다종교 사회의 축복

조선왕조는 따로 국교를 정하지 않았으나, 실질적으로는 유교가 곧 국가 종교인 셈이었다. 국가의 주요 의식은 유교식 제례였고, 국왕은 사실상 최고의 제사장이었다. 관청과 민간에서 거행하는 모든 의례의 중심에 유교가 있었다.

1876년 조선은 더 이상 미루지 못한 채 외국에 문호를 개방하기 시작했다. 이에 가톨릭과 개신교 등 서구 종교가 포교의 자유를 얻었다. 그때부터 유교는 특권적 지위를 상실했다.

뒤이어 일제강점기가 시작되자 일본의 영향으로 불교가 어느 정도 교세를 만회하였다. 또한, 구한말부터 한국에서는 동학을 비롯해 민족주의 성향의 신종교가 인기를 끌었다. 결과적으로 20세기 한국은 명실상부한 다종교 사회였다. 돌이켜보면 그것은 한국인에게 내린 축복과도 같았다. 그 점에 대해 다음 네 가지로 나누어 설명하겠다.

첫째, 20세기에 유교가 쇠락했다고 하지만 그래도 한국인의 일상생활을 지배하는 지침은 유교에서 나왔다는 사실이다.

둘째, 조선 유교의 훌륭한 특징이자 고질이기도 했던 형이상학적 사유는 고려 불교에서 비롯되었다. 불교는 고상한 철학이자 실천적 종교였으며, 국가 통합을 주도하는 등 독특한 전통을 후세에 물려주었다.

셋째, 뒤늦게 서양에서 유입된 기독교는 서구 문명의 정수를 간직한 것으로, 한국의 전통문화와 융합되어 교육의 산실이 되었다. 또, 산업사회와 민주사회로의 전환을 이끄는 견인차 노릇을 했다.

넷째, 20세기 한국인이 신봉한 여러 종교는 개성을 유지하면서도 평화롭게 공존하였다. 때로 경쟁하고 때로 협력하면서 여러 종교 집단은 한국을 보다 역동적으로 변화시켰다.

가. 유교, 일상생활의 지침

지금도 유교는 한국인의 일상생활을 좌우하는 나침반이다. 조선 후기부터 유교는 통속적인 가치관을 형성해 백성의 마음을 사로잡았다. 가령 서민 예술의 꽃이라고 할 수 있는 판소리 사설을 보라. 거기에는 통속적 유교 가치가 진하게 배어 있다. 조선 초기에는 선비만 추종하던 유교 도덕이 이제는 백성까지 추종하는 가치가 되었다는 말이다. 조선 후기에는 백성들이 삼강오륜을 너무나도 진지하게 실천하였고, 드디어는 지배층의 윤리적 허구를 폭로하고 심하게 비판할 정도로 도덕 관념이 깊어졌다.[1]

유교 윤리는 조선의 일상을 완전히 지배하였으며, 결과적으로 조선 사람들은 유교적 가치에서 벗어난 것은 전혀 수용할 수 없게 되었다.

〈춘향전〉에서 주인공 춘향의 정절 관념이 얼마나 강한지를 떠올려보라. 작중 인물 춘향은 정조가 없어도 문제 될 게 없는 기생 신분이었으나 열녀의 화신이 되어 당대 지배층의 윤리적 모순을 비판했다.

19세기 후반에는 평민지식인이 성장하여 신종교인 동학을 주창하면서 유교적 윤리를 확대 해석했다. 그들은 신분적 대립과 갈등에서 벗어난 세상을 그리워하며 평화와 공존의 길을 추구했다. 동학이 상생의 길을 연 것은 놀라운 성과였다. 물론 동학이 유교를 바탕으로 불교와 도교 및 서학을 융합했다는 점은 다시 거론할 필요가 없을 것이다.[2)]

유교 사상의 위력은 지금도 대단하다. 알다시피 유교는 효를 바탕으로 가족공동체를 안정시키고, 그 위에 지역과 국가공동체를 세운다. 유교공동체는 개인주의를 바탕으로 한 근대 자본주의와는 엄청난 차이가 있다. 따라서 근대화 이론가들은 유교 전통을 청산하지 않으면 서구적 근대화는 불가능하다고 말한다. 틀린 말이다. 한국은 유교적 가치를 지키면서도 서구적 근대화를 성공적으로 이루었다.

한국은 세계 어느 나라보다도 근대적이지만 그 바탕은 여전히 유교적인 나라이다. 지난 2005년에 한 연구자가 조사한 바에 따르면, 아직도 한국은 '범주적 유교 사회'이다.[3)] 한국인의 사고와 행동을 지배하는 것은 유교 예절과 유교적 가치관이란 뜻이다. 아직도 유교적 제사를 지내는 것이 보통이다. 심지어 제사를 거부하기로 정평이 있는 개신교 신자들도 60퍼센트 이상은 그들 나름으로 제사를 지낸다.

그뿐이 아니다. 한국에는 유교 예절을 낡은 형식이라고 비판하는 목소리가 희미하다. 대다수 한국인에게 유교 예절은, "여전히 우리 사회의 질서를 유지하기 위한 최소한의 규칙"으로 유의미하다. "국가에 대한 충성", "효도", "어른 공경", "민본 사상" 등 유교의 통속적 가치를 감히 부정하는 사람은 없다. 따라서 유교 가치는 "미래의 바람직한 사회를 건설하는 데 유용"하다고 볼 수 있다.

남아 선호라든가 여성 차별과 같은 통속적 유교 가치는 누구나 반대하지만, 대부분의 유교 가치는 사회 질서를 확립하고, 공동체의 번영을 가져올 수 있는 것으로 보아 누구나 긍정하는 분위기이다. 그런 점에서 기독교 신자 역시 "기독교의 외투를 걸친 유교도"라고 말할 수 있다.

조선의 선비는 공동체의 연대를 강조했으며, 인간관계의 조화로운 발전을 성실히 추구했다. 그러한 유교 문화는 현대에도 여전히 힘을 잃지 않는다. 유교 경전을 깊이 공부하는 이는 거의 없으나, 유교적 가치는 일상생활의 규범 원리로써 한국을 지배한다. 따라서 현대 한국 사회에서 일어나는 모든 일은 유교를 바탕으로 다른 요소들이 직간접으로 결합한 결과라고 판단해도 틀리지 않는다.

나. 불교, 형이상학적 인식과 실천적 깨달음

일제강점기에 불교는 일본의 영향으로 철학화되어 형이상학적 요소가 강조되는 경향을 띠었다. 불교의 형이상학화는 서구 근대 사상과 불교의 친연(親緣)을 주장하기 위한 것이었다. 서구의 형이상학, 특히 독일의 관념론을 떠올리게 하는 불교 철학이 유행한 사실은 흥미로운 일이다.[4)]

이러한 현상은 일본 메이지시대부터 태동한 것으로, 일본의 관념론 철학에 불교가 조응(照應)한 것이다. 불교는 본래 물질과 정신이라는 도식적 이원론을 부정하고 절대관념론을 상정했다. 즉, 불교의 진여(眞如)가 사물의 절대적 실체라고 확신했다. 그런 개념으로 천황과

• 일제강점기 순천 송광사 우화각의 모습

일본이란 국가를 철학적으로 해명하려는 정치적 공작도 있었다. 식민지 조선에서 일부 스님은 이처럼 오염된 일본의 불교 철학을 수용한 나머지 친일파가 되기도 했다.

법상종과 형이상학

불교에는 오래전부터 고상한 형이상학적 탐구가 존재했다. 고대부터 불가에는 형이상학적 인식론이 크게 발전했으니, 법상종(法相宗)은 "유식무경(唯識無境)"을 교의(敎義)로 삼았던 것이다. 그들은 "타인의 마음(他心)"에 주목하고 "타심지(他心智)"를 깊이 연구해, 타인의 마음 존재를 확인하는 통로를 발견했다.[5]

자기 마음에 나타난 타심의 영상(影像)을 아는 것은 "유식(唯識)"이
란 진리, 즉 오직 인식이 있을 뿐이라는 진리를 확인하는 방법이었
다. 이 논의를 한발 더 밀고 나아가면 어떠한 결론을 얻는가. "식(識)"
이란 그것으로부터 뗄 수 없는 다른 모든 것(諸法)을 의미하므로, 타
심은 타인이 향유하는 세계 전체를 포괄한다. 그런데 나의 인식과 타
인의 인식은 중생의 공통된 업보에서 비롯된 것, 달리 말해 공통적
인 종자(共相種子)가 다양한 방식으로 만든 세계에 존재하므로 근본적
으로 유사하다. 그러므로 세계는 소통과 공존이 가능한 곳이요, 이런
세상에서 타자의 인식은 나의 인식과 "협력하거나(能順) 협력을 받는
(所順)" 관계이다.

이와 같은 오묘한 형이상학적 인식이 중국에서는 당나라 때부터
지지를 받았다. 신라 말기에 진표(眞表)가 그런 교의를 처음으로 수용
했다고 하는데, 실제로는 7세기에 원측(圓測)이 이미 심오한 경지에 도
달했다.

현화사와 고려 불교

고려 전기에도 법상종을 중심으로 유식학이 융성했다.[6] 현종은 불교
진흥정책을 펴 현화사(玄化寺)를 창건하고 왕실의 원찰로 삼았다. 아버
지 안종과 어머니 헌정왕후(태조의 손녀)의 명복을 빌기 위한 사찰이었
다. 헌정왕후는 이복 숙부 안종(왕욱)과 불륜관계를 맺어 아들 왕순(현
종)을 낳았다. 유교적 도리에 비추어 패륜이었으나, 현종은 부모가 비
정상적인 관계를 맺은 사실을 종교적으로 합리화하려고 원찰을 세운
것 같다. 당시에 고려는 거란의 침입으로 위기에 빠지기도 했다. 따라
서 현종은 내우외환의 위기를 극복하기 위해 불교에 의지했다.

현화사는 왕실의 원찰인 동시에, 귀족들의 정성이 모인 사찰이었다. 문종 때는 이 절을 중심으로 왕실과 귀족 사회가 더욱더 결속을 깊이 다졌다.

바로 그 현화사가 법상종을 대표하였다. 10~11세기 고려의 지배층은 형이상학을 선호했던 것이다. 여기에 한 가지 덧붙일 말이 있다. 불교의 형이상학은 실천에 더 큰 무게를 두었다는 사실이다.[7] 세속의 철학은 깨달음에 도달하는 것을 목적으로 삼는다. 그러나 불교에서는 다르다. 불자는 실천을 통해서 깨달음을 넘어 진리를 참으로 얻는다. 그리하여 진리 자체에 도달하는 참된 깨달음을 추구한다.

불교적 수행은 고려 말까지 식자층의 관심사였다. 그러한 전통을 바탕으로 16세기에는 유교 국가 조선에서 리기(理氣)와 사단칠정을 깊이 연구하는 성리학이 발달했다. 따라서 불교는 유학 발전의 원동력이었다고 해야 옳다.

그뿐 아니라 불교는 호국사상의 진원지로 국가와 민족공동체를 통합하고, 외부의 침략에서 나라를 수호하는 힘의 원천이었다. 그러한 기능은 불교 내부의 전통으로 후세에 계승되기도 하였으나, 조선 선비들에게도 적지 않은 영향을 끼쳤다.

다. 기독교, 서구 문명의 본질

오늘날 식자층은 서구 중심주의를 경계한다. 한국은 물론이고 이슬람 문명에서도 이슬람이냐 서구냐 하는 식의 이분법을 경계하는 이가 늘어난다. 이분법적 담론은 서구 중심주의를 정당화하는 경향이 있고, 그것이 곧 제국주의와 연결되기 때문에 심각한 문제가 있다.[8]

이른바 "세계화"라는 것도 서구 중심주의에서 비롯되었다. 세계화와 서구 중심주의는 "자본주의적 근대성"을 미화하는 전통 위에서 싹튼 것이다.[9] 서구의 역사적 전개만이 인류 보편의 문명을 착실하게 발전시킨 것으로 간주하고, 여타 지역은 기형적 역사라거나 정체 혹은 낙후된 역사라고 취급하는 것이다. 이는 잘못된 사고방식임이 분명하다.

그렇기는 하나, 기독교를 기반으로 하는 서구 근대문명이 위력적이란 점은 두말할 나위가 없다. 가령 이 책 제1장에서도 서술했듯이 미국 청교도는 하버드대학교와 예일대학교를 창립해 교회와 아무 관계도 없는 여러 학문을 마음껏 연구하고 학습하게 했다. 그들은 신앙이 깊었으나 세속적인 발전을 추구했고, 그 결과 상상을 뛰어넘을 정도로 학문과 기술이 발전했다. 유학과 불교 또는 이슬람 세계에서는 이러한 변화가 결코 일어날 수 없었다.

복음주의 교회

구한말부터 한국은 개신교를 수용했다. 그 뿌리는 미국 개신교에서 나왔으며, 구체적으로 말해 복음주의 교회였다. 미국 선교사들은 교회와 국가를 근본적으로 분리했으므로, 초기에 일제는 미국식 교회를 거부하지 않았다. 반면에 애국적인 한국인 신자들은 교회의 목회 방침에 불만을 품게 되었다.

시일이 흐르자 일제의 태도가 달라져 미국식 교회를 통치의 걸림돌로 인식했다. 식민지의 개신교는 총독부가 정교일치 방침을 주장하자 이에 항의했으나 얼마 가지 않아 굴복했다. 교회는 친일의 길을 걷게 되었다.

해방 이후 상황은 다시 변했다. 제2차 세계대전의 승자인 미국이 패권 국가로서 한국을 배후에서 움직였다. 그러자 미국과 기독교는 한국에서도 민주주의와 반공주의를 부르짖었다. 교회는 한국 사회를 주도하는 세력으로, 과거 조선 시대에 선비들이 그랬던 것처럼 막강한 영향력을 행사했다.[10]

근대화의 원동력

기독교는 한국 근대화에 초석이 되었다.[11] 곳곳에 근대식 학교를 건립하고 의료기관을 세워 사회 발전에 이바지했다. 교회는 기독교의 복음뿐만 아니라 서구의 근대적 가치를 전파했다. 아울러 미국 개신교가 자랑스럽게 여기는 청교도의 가치인 근면과 금욕의 미덕을 한국 사회에 심었다. 이로써 자본주의 사회로의 전환을 주도했다.

그뿐 아니라 교회는 근대 과학을 널리 전하며 기층사회에 남아 있던 미신적 세계관을 거부하는 데도 앞장섰다. 낡은 신분제도와 차별적 직업 관념을 청산하는 데도 역할을 했다. 더욱 중요한 사실은 교회가 기른 우수한 인재들이 애국주의자 또는 민족주의자로서 사회를 이끄는 지도자가 되었다는 점이다. 그러므로 기독교가 곧 서구의 근대라는 믿음이 생겨났다. 교회 지도자들은 조선 선비의 후계자처럼 보일 정도였다. 그들은 교육을 주도하였고, 정치 사회 및 문화적 흐름을 이끌었으며, 유교의 통속적 가치인 효도와 애국, 근면과 성실, 공동체의 단결과 예의를 숭상하였다.

한국의 개신교회는 오늘날 많은 비판을 받기도 한다. 복음주의 입장에 기대어 불편한 사회적 현안을 외면했기 때문이다. 민주화라든가 노동문제에 교회는 대체로 무심했으며, 통일문제나 환경문제에도 방

개신교 선교사가 국내에 세운 최초의 서양식 병원인 광혜원(1985년).
후에 제중원, 세브란스병원으로 이름이 바뀌었다.

관적 태도를 취했다. 또, 신학적 이유를 비롯하여 갖가지 구실로 교회가 분열되어 각종 교파가 난립하고, 자질이 부족한 지도자들이 사회적으로 물의를 일으킨 적도 많았다. 그뿐만 아니라 시대에 뒤떨어진 가치관을 앞세워 비민주적인 정치세력과 영합해 여론의 비판을 초래한 적도 많았다. 물론 이러한 문제점은 개신교에 국한된 것이 아니다. 유교와 불교를 비롯해 모든 종교공동체에 공통으로 해당되는 일이다.

4_전통과 현대의 하이브리드

라. 종교 간 경쟁과 협력-보다 역동적인 사회로

현대 한국은 다종교 사회지만 종교 간의 갈등은 거의 없었다. 때로 이분법적 사고 때문에 대립이 일어나기는 하지만 대체로 모든 종교단체가 평화롭게 공존한다. 다양한 종교 집단이 자신의 정체성을 잃지 않으면서도 타 종교를 인정하기란 쉬운 일이 아니지만, 한국에서는 그런 현상이 도리어 자연스럽게 여겨진다.

지난 100년 동안 여러 면에서 괄목할 성과를 낸 것은 전통문화의 저력에서 비롯되었다. 유학을 비롯해 불교와 여러 신종교의 역할이 컸으며, 그에 더하여 기독교의 공헌도 눈부셨다. 한국에서 활동하는 다양한 종교 집단은 기본적으로 유교의 통속적 가치에 수긍하므로 서로 심하게 충돌하지 않았다. 그들은 상호보완적 역할을 하며 저마다의 역할을 수행했다고 평가된다. 예컨대 유학은 이 사회의 기본 가치를 제공했고, 불교는 사회적 안정과 조화에 이바지했으며, 기독교는 서구의 근대적 가치를 이식하는 데 앞장섰다.

종교 다원주의의 불안

오늘날에는 지구상 어디서든 종교 다원주의가 일반적이다. 세계화의 흐름 속에서 다양한 종교 집단이 전례 없이 가까이 공존하고 교류하게 되었다. 이럴 때일수록 자신의 신앙이 절대적이지 않다는 점을 겸허히 인정하고, 자신이 무관심했던 위대한 종교적 전통에 관해서 기꺼이 경청하는 태도가 요구된다.[12]

그러나 종교 간 평화는 말처럼 쉬운 것이 아니다. 예컨대 한국 기독교 일각에서는 상당한 불안을 느끼고 있다. 그들은 다종교 사회를 새로운 기회라고 말하면서도 기독교의 성장을 가로막는 위협으로 바라보고 있다.13) 오직 예수 그리스도를 통해 구원이 가능하다는 식의 복음 전도가 어려움에 처했기 때문이다. 심지어 기독교 안에서도 다원주의를 옹호하는 흐름이 있는 데다가 기독교 복음과 복음 전도사업이 꼭 필요한 일인지를 캐묻는 분위기가 형성되고 있다. 일반인의 시각에서 보면 바람직한 변화이나, 선교를 중요시하는 일부 교회는 이러한 처지에 불만과 걱정을 토로한다.

02

한글, 한국인의 정체성이자 문화 발전의 소프트웨어

한글이 독창적이고 우수한 문자라는 점은 굳이 강조할 필요조차 없다. 전문가는 물론이고 일반 시민도 두루 인정하는 바이기 때문이다. 한글의 과학성은 누구나 알고 있으며, 한글을 일상생활에 사용함으로써 얻게 되는 혜택이 다양하다는 점도 모르는 사람이 없다.

15세기에 세종은 백성을 가르치고 백성과 소통하기 위해 한글을 창제했다. 훈민정음은 표음문자일 뿐만 아니라 음소(音素)문자이기도 한데 유학의 정신에 따라 백성이 주인인 나라에서 백성이 교육의 혜택을 누리게 할 목적으로 만들었다. 세종은 한글을 통해 유교 문명을 고도로 발전시키고자 했다.

한글 덕분에 현대 한국은 문화강국이 되었다고 해도 과장된 말이 아니다. 배우기 쉬운 까닭에 한국에서는 문맹자를 찾아보기 어렵다. 1989년부터 유네스코는 문맹률 퇴치에 가장 공이 큰 개인 또는 조직을 선정해 해마다 세종대왕상을 준다. 그 상의 명칭에 세종이 들어간 것은 당연한 일이다. 아래에서는 한글이 보급된 역사를 우선 개괄하고, 한글이 정치 사회적으로나 문화적으로 소통에 이바지한 사실을 알아보겠다. 아울러 한글 덕분에 사회가 효율적으로 되었다는 점도 짚어볼 생각이다. 아울러 한글이 한국인의 정체성 형성에 이바지한 역사도 빠뜨릴 수 없다.

가. 한글 보급의 역사

한글은 본래 백성을 위해 공들여 만든 문자이다. 한글로 발행한 첫 번째 책은 《용비어천가》로, 조선왕조의 창업은 문명사에 기념비적 사건이란 점을 강조했다. 알다시피 15세기 초반에 보수적 성리학자들은 한글 사용을 반대했다. 그들과 충돌하지 않으려고, 세종은 한글을 가지고 불교 경전부터 언해(諺解, 한글 번역)하게 했다. 이에 고급문화인 불교가 대중에게 널리 전파되는 동시에 한글에 대한 관심도 자연스럽게 높아졌다.[14]

불경 언해 사업을 통해 한글로도 고급한 글쓰기가 가능하다는 사실이 입증되었다. 언해 작업을 벌이는 가운데 한글 어휘와 표현도 더욱 세련되었다. 세종은 둘째 왕자인 수양대군(세조)에게 한글로 불교 서적을 집필하게 명하기도 했다.

16세기에는 유교 경전과 교양서적도 한글로 번역하는 사업이 추진되었다. 한글을 통한 유교 문명화 사업이 착착 진행된 것이다.《두시언해(杜詩諺解)》(1481년)를 비롯하여《삼강행실도(三綱行實圖)》 언해본도 간행되었다. 중종 때는 모재 김안국이란 선비가 유교 서적은 물론이요, 각종 실용 서적까지도 연달아 한글로 번역해 한글문화를 충실하게 가

꾸었다.[15]

　이로써 유학에 관한 일반의 인식이 높아졌고, 한글의 가치와 품위도 한층 상향되었다. 조선이 유교 문명사회로 전환하는 데 한글의 역할은 우리가 짐작하는 것 이상으로 컸다.

　17세기가 되자 한글은 지역과 계층을 초월해 널리 보급되었다. 그 기반 위에서 한글을 사용한 서민 문화가 발달할 수 있었다. 18세기에는 중국을 거쳐 유입된 서학(천주교)이 조선 사회에서도 널리 퍼졌는데, 조정은 서학을 금지하기 위해 한글과 한문 금속활자로 찍은 《척사윤음(斥邪綸音)》을 펴냈다. 지방관들은 《윤음》을 다시 목판으로 인쇄하여 널리 퍼뜨렸다. 그 시절에는 법률 서적 언해본도 한글 금속활자로 간행되었다. 그 밖에 정치적으로 민감한 문서들도 한글 금속활자로 작성되었다. 이처럼 한글은 한문과 더불어 조선의 공용문자로 자리 잡았다.[16]

　19세기 말까지도 지배층은 한문을 선호했으나, 그때도 한글은 점차 다양한 분야에서 실험되었다. 구한말에는 '국한문 혼용체'가 등장해 인기를 끌었다. 신문을 비롯한 대중매체의 글쓰기는 대부분 혼용체로 바뀌었으며, 구한말 각급 학교의 교과서도 한글로 쓰였다.

　요컨대 한글은 창제된 지 수백 년 뒤에 본연의 목적을 달성했다. 조선을 유교 문명국가로 만들기 위해 세종은 한글을 창제했던 것인데, 마침내 그 뜻이 이뤄졌다. 바로 그 문자 덕분에 한국인은 서구 근대문명을 빠르고 정확하게 수용할 수 있었다. 문명의 전환에 끼친 한글의 역할은 아무리 호평해도 지나치지 않다. 만약에 한글이 없었더라면 어떻게 되었을까. 우리는 이만큼 잘살 수도 없었고, 이만큼의 정치적 자유를 누리지도 못했을 것이다.

나. 정치 사회 문화적 소통-고효율 사회

한글은 창제 당시부터 "소통"을 지향했다. 일반적으로 소통에는 세 가지 지향이 있다고 한다. 생산자 지향성, 수용자 지향성 그리고 상호 지향성이 그것이다. 한글은 바로 이와 같은 세 가지 방향으로 소통을 도왔다.[17] 한글로 작성된 여러 문서며 책자는 공유하기를 원하는 정보를 전파하는 수단이자 백성의 눈높이에 맞춘 지식이기도 했으며, 국가와 백성이 서로 공유하려는 가치를 담았다.

생산자 지향성이 한눈에 드러난 문헌으로는 유교에 관한 서적을 비롯하여 왕실의 위상을 높이는 서적, 붕당과 역모 사건을 기록한 문서가 대표적이었다. 수용자 지향성이 뚜렷한 것으로는, 의학 서적을 비롯하여 각종 교재와 구휼에 관한 문서가 있다. 이는 백성이 사용하기 쉽게 만든 것이었다. 끝으로, 상호 지향적 문헌으로는 조선 말기에 편찬한 도교에 관한 한글 서적인데, 국가도 백성도 관심을 가졌기에 출판한 것이다.[18]

여성이 쓴 한글 〈소지〉

한글은 사송(詞訟, 재판 문서)을 작성할 때도 요긴하게 사용되었다. 소송 사건 때 관청에 제출하는 문서를 〈소지所志〉라고 했는데, 그중 10퍼센트쯤은 여성이 제출한 것이었다. 그 가운데서 20퍼센트는 한글로 작성한 것이었다.

조선 후기 경상도 상주에서 일어난 소송 사건 하나를 예로 들어보자.[19] 농경지 소유권을 둘러싸고 원고인 장소사가 고첨지를 피고로 삼았다. 평민 여성 장소사는 3점의 〈소지〉를 관청에 제출했는데, 그중

- 조선시대 여성들은 한글로 "소지"를 써서 억울함을 호소했다.

2점은 한글로 쓰였고 나머지 1점은 한문으로 작성했다. 장소사는 결정적으로 중요한 진술을 할 때 한글로 〈소지〉를 작성하였다. 정확한 의사 전달을 위해서 그렇게 했다. 일반 백성 특히 평민 여성으로서는 한글이라야 자신의 뜻을 온전히 전달할 수 있었다. 국가에서는 한글로 작성한 〈소지〉의 증거 능력을 인정했다.

한글이라서 소통이 가능

현대에도 한글이 사회적 소통에 이바지하는 바는 절대적이다. 문맹이 거의 사라진 것도 한글 덕분이요, 학생들의 학업 성취도가 OECD 국가 중에서 최상위권이 된 것도 한글의 힘이다. 또, 한국인의 평균 교육 기간은 세계 최장이라 할 수 있다.

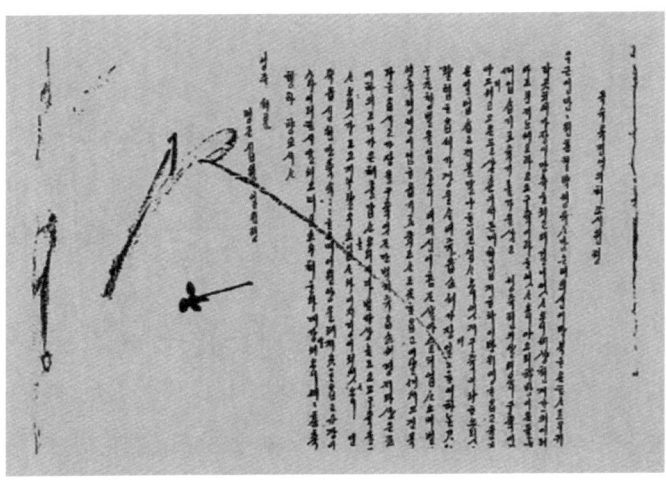

높은 교육수준이 한국의 사회적 소통을 원활하게 만들었고, 인터넷도 생활 속으로 깊이 파고들게 했다. 전자상거래도 한국만큼 활발한 나라는 별로 없다. 따지고보면 한글 덕택에 한국은 최강의 기술 선진국이 되었고, 민주화도 단기간에 이룩했다. 20세기 후반부터 오늘에 이르기까지 우리가 사회적 혁신을 할 수 있었던 배경에는 한글이 있다. 잘 헤아려보면, 그 뒤에는 유교 문명화라는 세종의 소망이 숨어 있다.

문맹 퇴치 운동

다름 아닌 한글이라서 문맹 퇴치가 용이했다는 사실을 우리는 잊지 말아야 할 것이다. 일제강점기를 겪은 뒤에는 문맹률이 대단히 높았다. "낫 놓고 기역 자를 모른다"라는 표현이 널리 쓰일 정도였다. 안타까운 현실을 극복하기 위해 1950년대에는 사회교육정책의 주된 목표를 '전국문맹퇴치교육'에 두었다.

문맹 퇴치는 '국민기초교육', '민주시민교육', '경제개발' 등 국가 재건의 출발점이었다. 1950년대 한글 교육은 문맹인 성인이 초등학교 2학년 수준의 문해력을 기르는 것이었다. 한글 교육을 토대로 반공정신을 확립하고 국민을 통합하려는 목적도 있었다. 그 당시 정부는 청년층 특히 군인들에게 한글 교육을 하고자 힘썼다. 이는 국가 재건을 위한 보조적인 수단이었다.[20] 그런 점에서도 알 수 있듯이 한글을 읽는다는 행위는 사회적 소통을 강화하고, 효율적인 국가 경영에 반드시 필요한 일이었다.

북한에서도 한글 교육은 활발히 추진되었다. 임시인민위원회 교육국은 1946년 10월에 230만 명의 주민을 대상으로 한글 교육을 시행했다. 1946년 11월 25일에는 〈동기농촌문맹퇴치운동에 관한 결정서〉를 공포해 교육국장의 지도 아래 전국적으로 동절기에 문맹 퇴치 사업을 시행하기로 하였다. 그러나 성과는 미흡했다. 한글학교에 입학한 사람의 절반 이하가 한글을 해득하는 데 그쳤다.

이후에도 북한 당국은 문맹 극복을 위한 노력을 계속했다. 북조선로동당, 각급 인민위원회, 각 사회단체가 총동원된 거대한 사회운동을 벌였다. 이 운동을 통해 북한 사회의 틀이 만들어졌다고 보아도 좋을 정도였다.[21] 문자 교육은 항상 그 이상의 목적을 가진 것으로 정치 사회는 물론 문화적 통제와 통합 및 소통을 위한 것이다.

다. 한국인의 정체성 형성

말과 글은 그것을 공유하는 사람들 사이에 유대감을 키우고 동질감을 불러일으킨다. 그리고 하나의 언어공동체에 속한다는 의식을 강화해 국가 통합을 유지하는 데 꼭 필요하다. 말과 글이 없이는 민족 또는 국가는 정체성을 형성하기 곤란하다.

어느 연구자는 멕시코에 이주한 한국인 후세가 민족적 정체성을 확립하는 데 한글이 얼마나 중요한지를 조사했다.[22] 연구 결과 30세 미만인 청년층은 한국어 읽기와 쓰기를 공부하는 비율이 높게 나타났다. 그들은 이른바 한류에 대해서도 긍정적이고 적극적인 반응을 보였다. 이상과 같은 현상이 민족적 정체성을 강화하는 데 큰 영향을 주는 것은 물론이다.

멕시코에서 얻은 연구 결과는 전 세계 여러 나라에 거주하는 한국인 이민자 집단에게 그대로 적용될 수 있다. 나아가 일제강점기에도 소급 적용할 수 있다. 국어와 한글은 우리의 정체성 형성에 결정적인 영향을 끼치는 핵심적 요인이었다.

잡지 《한글》의 역할

일제강점기에 간행된 《한글》에 수록된 1,255건의 글을 분석한 연구가 시사적이다.[23] 그에 따르면, 《한글》은 극도로 열악한 물적 기반에 굴하지 않은 채 총독부의 혹독한 검열을 견디며 겨레의 말을 수호하고 발전시켰다. 이 잡지는 일제의 강점에 문화적으로 저항했다. 이를 달리 말하면, 민족의 정체성을 수호하기 위해 치열하게 투쟁한 것이다.

　《한글》은 어려움 속에서도 〈한글맞춤법통일안〉을 제정하고(1933), "표준어 사정" 사업을 3년 동안 벌이는 등 민족어의 주권을 회복하려고 "언어 운동"을 벌였다. 《한글》은 일제의 탄압 속에서도 민족의 정체성을 지켜낸 문화적 보루였으며, 해방 후 우리 언어문화의 토대를 만드는 작업에 헌신하였다.

이중언어의 고충

일제강점기 《한글》의 다각적인 노력에도 불구하고, 대다수 한국인은 해방 직후 언어적 정체성의 혼란을 겪었다.[24] 6·25 전쟁 이후에 활동한 젊은 세대 작가는 대개가 이른바 '이중언어자'였다. 그들은 쓰기와 읽기를 일본어를 통해서 배웠으며, 해방 이후에 비로소 한글을 배웠다. 따라서 모어인 한국어로 말하고 들을 수는 있었으나, 한글로 텍스트를 쓰기도 어렵고 읽는 것조차 생소한 상태로 해방을 맞이했다. 이러한 특수 사정이 창작에 직간접으로 영향을 미쳤다. 언어와 문자를 빼앗기면 국가적 정체성 또는 민족적 정체

- 조선어학회(조선어 철자법 통일안 제정위원회). (출처: 국립중앙도서관)
- 《한글》은 조선어학회가 발간한 잡지이다. 관계자들은 일제의 혹독한 검열을 견디며 민족의 정체성을 지키기 위해 고군분투했다.

성을 제대로 지킬 수 없다는 사실을 입증한 비극적 사건이었다. 필자처럼 해방 이후에 탄생한 사람은 행운아라고 하겠다. 어릴 적부터 외부의 억압을 받지 않고 모국어로 말하고 듣고 읽고 쓰기를 함으로써 자연히 한국인다운 한국인이 될 수 있었다. 오늘날 한국 문화가 각 방면에서 큰 성취를 보게 된 것은 한글과 한국어를 마음껏 사용하게 된 덕분이다.

징병제
— 근대 시민 훈련

한국 사회가 산업사회로 넘어가는 전기가 마련된 것은 군사정권 아래서였다. 1960년대 초부터 1980년대 말까지 한 세대에 걸쳐 몇몇 장군이 나라의 권력을 독차지했다. 나라의 주요 보직까지도 군인 출신이 독점하다시피 했다. 심지어 일반 시민도 군 복무를 마치고 나서야 본격적으로 사회생활을 시작했다.

그때나 지금이나 한국은 징병제 사회이다. 병영은 억압의 공간이었으나, 다른 한편으로는 근대 시민을 단련하는 장소이기도 했다. 흔히들 "군사문화"라면 부정적인 것으로만 평가하는데 맞고도 틀리다. 근대적 징병제가 시행된 근원을 찾아 올라가면 일본강점기 말기까지 올라간다. 서구 사회에서 근대적 징병제 또는 국민개병제는 국가와 시민(남성) 사이에 의무와 권리를 둘러싼 줄다리기였다. 이를 통해 시민의 정치 사회적 권한이 조금씩 확장되었다.

그러나 일제강점기에는 일제 군국주의자들이 식민지 백성(남성)에게 일방적으로 병역의 의무를 부여했다고 본다. 그럼에도 병역의 의무가 정치 사회적 권리와 전혀 동떨어진 것은 아니었다. 일부 식민지 백성은 '스스로' 병역 의무를 지게 해달라고 요구하였으며, 일제는 식민지 백성에 불과한 조선 사람에게 병역 의무를 부여하는 것은 일종의 '특권'을 주는 조치라고 했다.[25]

해방 후의 징병제

징병제가 본격적으로 기능한 것은 일제강점기가 아니라 해방 이후였다. 특히 6·25 전쟁 때부터였다. 전쟁이 일어나자 징병제가 본격적으로 운영되었으나, 현실과 이념의 괴리는 적지 않았다. 전쟁은 3년이나 계속되었고, 휴전이 체결된 후에도 전방 사정이 불안해 복무기간이 길어졌다.

특기할 점은, 전쟁 중에도 중산층 자제는 대학교에 적을 두고 징집 연기의 특혜를 누렸다는 사실이다. 그때는 계층과 학력을 기준으로 불평등 구조가 심했다. 1957년에 병역법을 개정한 뒤에도 그 문제는 깨끗이 해결되지 못했다.[26]

알다시피 조선 후기에는 실제로 군역에 복무하는 인원은 극소수였고, 그것도 모두 평민이었다. 나머지 사람들은 해마다 군포를 내는 것으로 의무를 대신하였다. 그 역시 평민의 몫이었으며, 지배층인 양반 또는 사족(士族)은 학업에 종사한다는 핑계로 군역에서 면제되었다.

이런 전통이 수백 년 동안 이어져 신생 대한민국에서 징병제는 중산층의 외면을 받았다. 오늘날에도 소수 특권층은 여러 가지 이유를 만들어 병역을 피하기 일쑤다. 큰 틀에서 보면, 징병제가 상당히 공평

하게 집행된 것은 1970년대부터였다.[27]

군대의 시민교육

징병제는 사회적으로 어떠한 효과를 냈을까. 1950년대 해병대를 예로 들어 공민교육, 즉 시민교육의 성과를 알아보자.[28]

그 당시 해병대는 정신교육을 시행할 때 군인정신을 기르는 동시에 문해 교육에 중점을 두었다. 그에 관해서는 다음 네 가지가 중요하다.

첫째, 국가가 뜻한 대로 문맹 극복에 성과가 있었다. 둘째, 한글을 익힌 뒤에는 초보적인 기술교육을 시행해 복무기간을 마친 다음 사회에 나가 취업하는 데 도움을 주었다. 셋째, 정체성 교육을 강화해 해병대의 공동체 정신을 키웠다. 넷째, 정신교육으로 근대 시민사회의 기본 가치를 가르쳤다.

해병대는 교육기관으로서 역할을 떠맡아 국가 재건의 당위성을 일깨우고 국가 구성원으로서 정체성을 확립하는 데 힘썼다. 요컨대 징병제로 소집된 군인은 근대 시민교육을 받았다.

이어서 다음 네 가지 항목을 검토할 생각이다.

첫째, 군대는 조직 지향적 사고방식을 기르는 공간이었다는 점이다. 둘째, "안 되면 되게 한다"라는 표어도 있듯 군대는 청년들에게 진취적 성향을 키우는 교육현장이었다. 셋째, 이미 언급했듯 군대는 직업교육에 이바지했다. 넷째, 여러 가지 장점 또는 순기능에도 불구하고, "군사문화"에는 어두운 그늘이 있었다는 사실을 인정해야 한다.

가. 조직 지향적 사고방식

오늘날 군대의 조직문화를 서술할 때는 주로 부정적인 측면을 강조한다. 배타적 집단주의와 계급 서열을 중시하는 지나친 권위주의, 형식에 집착하는 의식(儀式, 격식)주의, 전투적 사고방식과 특수조직인 군대라는 조직에 갇힌 폐쇄주의 등이 문제로 지적되기 일쑤다.[29]

그러나 군사정권 시절에는 "군사문화"의 장점을 말하는 이들이 매우 많았다. 조직의 효율성이 높은 점을 비롯하여 군대는 가장 현대적이고 합리적인 조직이라고 했으며, 상명하복(上命下服)의 일사불란한 리더십도 자랑거리였다. 거기에다 용감하고 진취적이며 애국적이기 때문에 군대를 찬미하는 경향이 있었다.

"군사문화"는 긍정과 부정 양 측면을 가지고 있다. 군대라면 무엇보다도 강고한 조직이라는 점을 부정하기 어렵다. 모든 군인은 조직 중심 문화에 익숙하므로 넓은 의미에서 군대는 공동체와 같은 특징을 가진다.

사회 통합

징병제는 대다수 청년에게 장기간 병영 생활을 강요하는 제도라는 점에서 사회에 미치는 영향이 크다. 구체적인 예를 들어보자. 전라북도 임실군 삼계면에서 작성된 어느 일기를 분석해보면 징병제가 정착됨에 따라 농촌사회에도 변화가 일어났다.[30]

6·25 전쟁 이전에는 징병제가 유명무실해 국가가 시민을 강력하게 통제하거나 통합하지 못했다. 그러나 전쟁 이후 징병제가 강화되자 국가는 시민을 더 강하게 통제할 수 있게 되었다. 즉, 반공주의 이

념을 통해 사회 통합을 이루었다. 전쟁을 겪으며 통제력이 점점 강해진 국가는 무소불위의 통제력을 행사하는 국가권력으로 변했다.

징병제에 대한 사회적 불만과 저항이 팽배했을 때조차 국가는 특권층에게 군 면제 혜택을 제공하였다. 그러면서도 행정의 말단인 면 단위에서는 징병을 둘러싼 부정행위를 철저히 조사하고 강력히 처벌해 사회적 불만을 잠재우려고 했다. 그러한 조치는 상당히 성공적이었다.

국민과 비국민

군사정권 때부터 한국에서는 군 복무 경험자를 우대했다. 현역병 출신은 엄격한 조직 생활을 경험해 상급자의 권위를 존중할 줄 알므로 사회생활에 무난하다고 보았다. 또, 수단과 방법을 모두 동원해 자신에게 주어진 책임을 다하는 능력과 태도를 가진 사람이라고 호평했다. 그뿐만 아니라 복무 기간 중 배운 정신교육을 통해 웬만한 난관은 능히 극복할 수 있고, 조직을 위해서 헌신하며, 정치적으로 좌경화될 우려가 적은 사람이라고 판단했다.

대다수 남성은 군 복무에 종사했으므로, 현대 한국은 하나의 병영이나 다름없었다. 군사적 분위기는 학창시절부터 형성되었다. 모든 고등학교에서는 남녀 모두 군사훈련을 받아 군인에 버금가는 정신자세를 기르게 했고, 대학교에 진학한 뒤에도 남학생은 군사훈련을 계속했다. 군 복무를 마친 뒤에도 여러 해 동안 예비군으로서 소집과 동원훈련의 의무를 다하게 했다.

박정희를 비롯해 군사정권의 수반은 군국주의적 성향이 농후했다. 그들이 오랜 세월 정권을 독차지하자 상당수 시민도 군국주의 또는

- 1960년대부터 1980년대까지 한국은 병영국가나 다름없었다. 남녀 고등학생들은 "교련시간"에 군사훈련을 받았다.

국가주의적 취향을 가지게 되었다. 따라서 현대 한국은 시민과 비(非)시민 또는 국민과 비국민으로 분열되었다.[31] 가령 반공주의 국가에 충성하는지를 두고 패가 둘로 갈렸다.

현대 한국에서 '국민 됨'은 유럽의 후발 자본주의 국가 독일과 비슷한 점이 있었다. 국민 또는 시민은 전체적으로 민족주의적 특성을 가졌는데, 국가주의적이라고 불러도 무방하였다. 이런 사회에서 비시민 또는 비국민으로 낙인찍힌 사람들은 국가와 공동체로부터 심한 차별을 감수해야 했다. 그들은 어디에도 하소연할 수 없었다.

나. '안 되면 되게 한다'라는 진취성

군사문화는 긍정과 부정 양면이 있는데, 좋게 말해 일단 목표가 설정되기만 하면 아무리 어렵고 힘들어도 반드시 해낸다는 장점이 있었다. 일반 부대보다 특수 부대가 더욱 그런 특성을 가졌다.

영원한 해병

"귀신 잡는 해병"이라는 말도 있고, "한번 해병은 영원한 해병"이란 표현도 있다. 그 정도로 강인하고, 집단적 정체성이 강한 부대라는 뜻이다. 그들은 6·25 전쟁과 베트남 전쟁에서 큰 공을 세웠다. 그러한 전투 경험을 통해 역사적으로 형성된 조직문화를 쉽게 확인할 수 있다. 초기 해병대 간부는 일제강점기에 육전대에서 체득한 "대화혼(大和魂)" 정신을 자랑했으며, 6·25 전쟁 이후 미국 해병대를 통해 얻은 해병 특유의 정신(Semper Fidelis, Semper Fi)을 자랑하기도 했다.

요컨대 해병대는 독특한 행동 양식을 지니게 되었다. 그들의 말을 빌리면, 공격적이고 위계적이며, 시민에게는 양처럼, 적에게는 사자처럼 행동한다. 해병은 명예를 최고의 가치로 여기며, 위험한 곳에서는 항상 선봉에 서기를 원한다. 미국 해병대와의 동류의식이 무척 강하다.[32]

지금도 해병은 자기 자신을 강하고 특별한 군인으로 인식한다. 해병끼리는 서로 신뢰할 수 있는 전우이자 운명공동체라는 믿음이 강하다. 해병은 자신이 속한 부대를 자랑스럽게 여기므로, 조직에 헌신한다. 요컨대 해병은 강인하며, 전우애가 있고, 나라와 조직을 위해 헌신할 각오가 되어 있다.[33]

어디 해병뿐이겠는가. 공수부대를 비롯하여 여타 특수부대도 다르지 않다. 아마도 육해공군 모두 정도의 차이는 있을지라도 집단적 정체성은 마찬가지라고 본다. 그들은 모두 스스로를 강하고, 동료애가 있으며, 나라와 부대를 위해 최선을 다한다고 여긴다.

병영국가

한국 남성은 청년 시절에 의무적으로 군대에 복무하게 되어 있으므로, 앞에서 서술한 것과 같은 군인정신을 자발적으로 수용한 경험이 있다. 1960년대부터 1980년대까지 한국 사회는 군부가 지배하는 사회였다. 그러므로 한국은 현역 군인과 예비역 군인으로 구성된 병영국가나 다를 바 없었다.

병영국가였으므로 회사를 비롯한 여러 직장에서는 군사조직과 유사한 패턴으로 모든 일이 추진되었다. 비판적인 눈으로 보면 이런 사회란 지나치게 권위적이고 폐쇄적이며 일종의 군국주의 사회와 다를 바 없었다. 그러나 관점을 달리해서 보면, 그만큼 조직의 단결력이 강하고 무리한 업무 추진도 기꺼이 감행하는 진취적 일면이 있었다는 이야기가 된다.

20세기 후반 한국 사회는 이와 같은 군사문화의 양면이 혼재하는 공간이었다. 일터도 마찬가지였는데 시민들은 진취적이고 책임감 있는 구성원으로서 자신들의 책무를 다했다. 그 배경에는 유학을 비롯하여 한국의 전통문화에 깃든 우애와 협동, 충성과 성실 등 보편적 가치관이 눈에 보이지 않는 규범으로 작용하였다.

다. 평생교육과 직업교육의 장

군대는 평생교육 기관이기도 하므로, 예나 지금이나 국가는 군 복무에 종사하는 청년들에게 정신교육을 실시한다. 해방 이후 1960년까지 그 교육에는 다음 세 가지 특징이 있었다.[34]

첫째, 이념 교육을 가장 중시했다. 자유민주주의 체제를 수호하고 자주국방을 이루기 위해 반공교육을 강화했다. 둘째, 당시에는 교육 수준이 낮았으므로, 성인 기초교육도 군대가 맡았다. 군대는 미국식 민주주의를 이 땅에 정착하기 위해 노력했다. 셋째, 그 당시에는 미국에 대한 의존도가 높아 정신교육까지도 미국의 영향을 많이 받았다.

한마디로, 초창기 군대의 정신교육은 반공의식을 강화하고 자주국방의 필요성을 깊이 인식하게 하는 동시에, 친미적인 사고를 하도록 유도하였다.

군대의 직업교육

1970년대까지만 해도 한국 시민은 학교 교육을 통해 직업 훈련을 받을 기회가 별로 없었다. 군대는 하나의 예외적인 공간이었다. 군대는 다양한 자격을 갖춘 병사와 간부가 없으면 운영이 원활하지 못하기 때문이었다. 따라서 군에 입대한 청년들이 생애 최초로 여러 종류의 자격증을 따도록 도왔다. 이발과 조리 및 운전과 같이 비교적 간단한 것부터 중장비 운영과 전기 통신 등 상당히 전문적인 분야에 이르기까지 시민들은 군대에서 자격증을 취득했다. 그들 중에서 상당수는 제대 후에 그 자격증을 가지고 취업했다. 군대가 직업학교 역할을 하였다니, 오늘날에는 납득하기 어려운 일이 되었다.

21세기에는 사정이 달라져 군 복무 중에 취득한 자격증이 취업에 별로 도움을 주지 못한다. 그래도 군대에서 얻은 자격증 가운데 일부는 여전히 취업에 긍정적인 효과를 가지며, 임금 협상에서도 다소 유리하다고 한다.[35]

오늘날에도 군 복무 경험이 취업에 상대적으로 유리하다는 사실을 언급하겠다. 군 복무자는 그렇지 않은 사람들에 비해 임금도 높고 정규직 채용 비율도 높다. 직장에 대한 만족도와 업무에 요구되는 능력 면에서도 군 복무 경험자가 높다고 평가받는다.[36]

간단히 말해, 현재까지도 군 복무는 제대 후 취업에 적지 않은 영향을 미친다. 가령 장교로 복무한 사람은 취업 가능성이 보통 사람들보다 높고, 임금도 더 많이 책정되는 경향이 있다. 군 복무는 직장에서 임금을 결정하는 데 상당한 영향을 미치기도 하는데, 일반 사병 출신이라도 근무한 부대 순으로 차이가 있다. 공군, 해군, 육군 순서라고 한다. 부대마다 복무 환경과 자기계발 기회 보장이 다르기 때문에 이러한 차이가 난다.[37]

ROTC

육군에서 운영하는 ROTC 프로그램에 관해 약간의 설명을 붙이고자 한다. 이 제도는 미국 장교 교육에서 유래한 것인데, 미국에서는 징병제를 반대하는 사람들이 ROTC 도입을 주도했다. 그러나 한국 육군은 사정이 달랐다. 장교 수가 부족했으므로, 대학에 ROTC 제도를 도입했다(1961년). 1965년까지 신입 장교의 3분의 2가 이 프로그램으로 양성되었다.[38]

라. 군사문화의 폐해

"군사문화"는 여러 측면에서 비판의 대상이다. 지나치게 수직적이고 권위적이며 폐쇄적이라는 것이 핵심이다. 한마디로, 민주 시민사회의 지향점과는 완전히 반대된다. 그런 점에서 징병제에 대한 비판도 적지 않은 것 같다.[39]

징병제는 모든 남성을 병사로 만들어 국가안보의 도구로 삼았다. 군대 생활은 개인의 삶이 철저하게 무시되었으나 어쩔 수 없이 적응해야만 되는 것으로 알고 내면화되었다. 따라서 군인에게는 인권이 제대로 보장될 수 없었다. 군대는 본질적으로 획일적이고 강압적인 조직으로 개인의 자율성과 개성을 억압하기 일쑤여서 인권을 침해하는 일이 다반사였다.

게다가 남성성을 지나치게 강조해 계급적 질서를 유지하고 운용하는 수단으로 이용하는 데다가 차이를 혐오로 합리화하였다. 군대의 조직문화에 적응하지 못하는 병사는 스스로 남자답지 못하다고 여겨 자기혐오를 갖게 하였다. 군대는 워낙 남성성을 숭배하였으므로, 여성성은 혐오와 질시의 대상이 되고 여성을 타자화하는 오류를 낳았다. 이런 문화를 당연한 것처럼 여기므로 군대는 언어폭력이나 성폭력의 온상이 되었다.

하지만 한국 사회는 강압적이고 위계적인 인간관계를 강조하는 군사문화의 순기능을 인정하고 있다. 해병대 극기 훈련이 인기를 끌고, 대학조차 강압적인 서열문화에 오염되어 있다.

지금은 인구구조가 급격하게 변화하고 있다. 이른바 인구절벽이 현실이다. 이대로 가면 2036년경부터는 병역자원이 크게 부족할 것이다. 그러면 현재의 징병제만으로는 군사력을 유지하기 어려울 것이다.[40] 현재의 군사력을 유지하려면 장차 군대 편성과 운영에 일대 개혁이 필요할 것이다. 만약 그렇게 된다면 20세기 중반부터 한국 사회의 특징으로 손꼽힌 "군사문화"도 다시 한번 크게 바뀔 것이다.

새마을운동

한국이 비약적으로 발전하게 된 배경에는 공동체 문화의 계승과 발전이라는 측면이 있다. 조선의 공동체 문화를 대표한 향약이 새마을운동으로 이어졌다는 사실에 주목하게 된다. 여기에도 반론의 여지는 있으나, 다수 학자가 새마을운동이야말로 성공적인 농업 정책이자 근대화 전략이라고 평가한다.

새마을운동을 비판적인 각도에서 볼 수도 있다. 예컨대 새마을운동은 산업자본의 요청에 부응한 측면이 있었다. 1960~70년대에 대기업이 시멘트와 철근 등의 내수시장을 확장하려고 이 운동을 지원했다는 해석이 가능하다. 오늘날에도 산업자본은 '새마을운동의 세계화' 혹은 '해외 새마을운동'이라는 이름으로 가난한 나라를 대상으로 경제적 이익을 추구한다. 이러한 움직임은 2010년대 이후 본격화되었다. 알다시피 케이티(KT)는 아프리카 르완다에서 새마을운동을 지원

하며 아프리카 대륙으로 영업망을 확장하였다.[41]

새마을운동은 박정희 정권이 독재체제를 강화하기 위한 정치적 수단으로 활용한 측면이 있었다. 마을의 전통적인 운영체계를 없애고, 새마을 지도자와 부녀회장 등을 통해 일사불란하게 움직이는 독재 권력의 하위 조직을 건설했다는 비판이 얼마든지 가능하다.

그러나 새마을운동은 긍정적인 면에서 바라볼 수도 있다. 이 운동은 마을공동체의 이상을 실현하고자 했던 우리 역사의 아름다운 전통을 계승해 근대화를 앞당기려는 시도로 평가할 만하였다.

필자는 비판과 긍정의 팽팽한 긴장을 유지하며, 다음과 같은 네 가지 사항을 검토하겠다.

첫째, 새마을운동의 기원인 향약의 역사이다. 둘째, 새마을운동의 근본정신으로 알려진 근면·자조·협동에 관해 분석하겠다. 셋째, 새마을운동이 조국 근대화와 민족주의의 정신적 토대였다는 점이다. 넷째, 새마을운동의 한계와 문제점도 잠시 거론할 예정이다.

가. 향약의 역사

유학은 다양한 인간관계가 차원을 달리하여 항상 조화롭게 이뤄지기를 바란다. 그런 점에서 다양한 인간관계가 실제로 일어나는 공간, 즉 지역공동체가 매우 중요하다. 선비들은 공동체 내부의 윤리와 규약을 정하는 데 힘써 향약을 제정했다.

중국 북송(北宋) 이후 명청 시대에 이르기까지 중국에서도 지역공동체의 윤리 규범으로서 향약은 중요한 역할을 했다. 성리학자든지 양명학자든지 향약을 부정한 이는 거의 없었다.

조선에서도 마찬가지였다. 중종 때 모재 김안국이 〈여씨향약〉을 언해하여 경상도와 전라도에서 널리 시행한 것이 의미 있는 출발점이었다. 그 후 전국 어디서나 향약이 인기를 끌었다. 일부 지역에서는 중종 이전에 이미 향약이 도입되었고, 또 다른 지역에서는 향약이 상당히 늦게 시행되거나 자주 끊긴 적도 있었다. 그러나 큰 틀에서 보면 조선은 향약의 나라였다.

알다시피 향약은 유교적 예법과 풍속을 지역공동체에 보급하여 도덕적 질서를 세우고, 미풍양속을 진흥하는 것이 목적이었다. 공동체 구성원들이 서로 도와 최소한의 복지를 실천하는 것이기도 했다. 한 가지 특기할 점은 중종 때 김안국과 조광조 등은 향약의 틀 안에서 중앙 정치까지도 자유롭게 토론하는 공론의 장을 만들고자 했다는 점이다.

율곡 이이를 비롯해 조선의 큰선비들은 향약을 시행하기에 힘썼다. 그들은 주희가 가다듬은 〈증손여씨향약(增損呂氏 鄕約)〉을 모범으로 삼으면서도 지역공동체의 특징을 고려해 '한국적 향약'을 제정하였다.[42] 지난 500여 년 동안 전라도 태인현 고현내(현 전북 정읍군 칠보면)에서는 향약을 시행했다. 그들은 신분에 따라 상계와 하계를 조직하고, 공동재산을 형성하여 환난상휼(患難相恤, 재난을 당하면 서로 구호함)하는 등 복지에도 힘썼다. 벌칙을 자세히 정해 사실상 '국가 안의 국가'처럼 사법권을 행사하기도 했다.[43]

나. 근면·자조·협동 정신

새마을운동은 일차적으로 농촌의 빈곤과 후진성을 극복하기 위한 실천 운동이었다. 1960년대부터 대도시와 일부 공업지대를 중심으로 산업화가 힘차게 추진되었을 때 농촌은 근대화의 사각지대로 남아 있었다. 당시에 농촌 문제는 날로 심각해지는 상황이어서 농촌 계몽운동인 동시에 진흥운동 같은 것이 꼭 필요했다.

박정희 정권은 1960년대에 제1차와 제2차 경제개발 5개년 계획을 실행해 산업화와 경제 발전을 성공적으로 추진했다. 그러자 도시와 농촌의 격차가 갈수록 커져, 1970년대에는 농촌 개발을 위한 별도의 운동이 필수적이었다는 이야기다. 그것이 곧 새마을운동으로 근면, 자조, 협동을 내세우며 잘살기 운동을 펼친 것이다.

1970년에 박정희 대통령은 농촌 새마을운동을 시작했다. 그때 농민은 총 인구의 70퍼센트를 차지하였는데, 상당수가 끼니를 염려할 정도로 빈곤했으며 농가 부채도 심각한 수준이었다. 이에 정부는 농촌의 환경 개선과 소득 증대 사업에 주력했고, 얼마 뒤에는 이 운동이 성공했다고 자평했다.

이 운동은 성공한 측면도 있었으나 실패한 점도 없지 않았다. 새마을운동의 성과라면 농촌 마을에도 상당한 활력이 생기고, 주민들이 구태의연한 사고방식에서 벗어나는 등의 효과가 나타났다. 그러나 새마을운동이 정치적으로 이용되어 독재체제를 강화하고 정권의 홍보 수단으로 전락한 면이 있었다. 미신 타파라는 구실 아래 소중한 문화유산이 파괴된 것도 부정할 수 없다.

그러나 새마을운동으로 농민이 스스로 길을 닦고 다리를 놓고, 정부의 도움 아래 마을의 현안을 스스로 극복하는 등 소중한 경험을 많이 축적했다. 그런 점에서 농촌 근대화 사업이라고 보아도 옳다. 그 때문에 오늘날 국제사회는 농촌 빈곤문제를 해결하는 데 한국의 새마을운동에서 영감을 얻는다.

새마을운동은 근면, 자조, 협동 정신으로 요약된다. 이러한 정신은 갑자기 생겨난 것이 아니라, 조선의 향약에 기초한 것이다. 공동체의 조화로운 발전을 추구한 점에서, 그리고 상부상조를 통해 복지를 실천한 점에서 양자는 연속성을 가지고 있다.[44]

향약과 새마을운동은 서로 차이나는 점도 있었다. 새마을운동은 처음부터 국가가 기획하고 새마을 지도자를 교육하고, 공권력으로 운동을 통제한 점이 특징이었다. 운동을 기획한 박정희 대통령은 정신개조를 통해 조국 근대화를 성공적으로 추진하고자 했다. 그런 점에서 새마을운동은 일제 말기의 '농촌진흥운동'과 흡사한 국가의 이념적 동원운동이었다. 1960년대 초반에 '국가재건국민운동본부'(이사장 유달영)가 추진한 농촌운동을 계승한 것이기도 했다.

기왕의 농촌 개발운동은 모두 실패했다. 그와 달리 새마을운동은 여러모로 성공을 거두었다. 군 복무를 마친 지 얼마 되지 않은 젊은이들이 새마을 지도자로 임명되어 적극적으로 활동한 결과였다. 그들의 성공은 박정희를 크게 고무해 국민 의식 개조가 가능하다는 확신을 얻게 했다.

박정희는 새마을운동을 도시와 공장으로도 확대했다. 그 과정에서 박정희 정권은 국민을 야당 정치인과 분리하고, 국가와 박정희를 동일시했다. 그 결과 많은 사람이 박정희를 일개 정치가가 아니라 국가 자체이며 국민의 아버지라고 떠받들게 되었다. 새마을운동은 민주주의를 근본적으로 부정한 점에서 심각한 약점을 안고 있다.

요컨대 새마을운동이 거세게 일어날수록 국민의 정치적 비판 의식은 마비되었다. 운동 참여자는 든든한 유신독재의 보루가 되었다. 엄밀히 말해, 새마을운동은 '농촌 잘살기 운동' 또는 '소득 증가'라는 목적을 제대로 달성하지 못했다. 그렇지만 이데올로기 보급 운동으로, 농민의 정신 개조에 성공한 운동이었다. 따라서 다수 국민은 아직도 새마을운동이 단군 이래 가장 훌륭한 국가적 운동이라고 기억한다.[45]

다. 조국 근대화와 민족주의의 정신적 기반

1970년대에는 경제적 여건이 이전과는 많이 달라져 있었다. 중화학공업이 발전해 비료와 농약, 비닐 등 농자재 생산량이 대폭 증가하였다. 이농 현상이 심화되어 도시 인구가 크게 증가해 농산물 시장이 확대되었다. 따라서 정부는 그런 상황을 잘 이용하면 빈곤에 빠진 농민의 소득이 향상될 수 있는 적기라고 판단했다. 다른 한편으로는, 도시 주민의 식생활을 안정시키고 질적으로 개선하기 위해서도 농촌 소득 증대사업이 필요했다.

새마을운동의 중점이었던 소득증대사업은 다음과 같은 점에 관심을 집중했다. 통일벼 재배 지역을 확대하고, 환금성 작물 재배를 늘리며, 축산을 장려하는 것이 주된 일이었다. 아울러 농민의 겸업을 권장했다.

그러나 이 사업은 기대했던 것만큼 성공하지 못했다. 유통구조는 불합리했고, 농산물 가격도 불안정했다. 정부는 이중곡가제로 농민의 손해를 일부 보상해주었으나, 기대를 걸었던 통일벼는 맛이 없어 소비자가 외면했다. 그래도 일부 농민은 현금 수입이 늘어났고, 식량 부족 현상이 사라졌다. 그것만으로도 큰 성공이라고 주장할 사람도 있겠으나, 새마을운동이 활발할 때도 도시와 농촌의 격차는 더욱 커졌다. 큰 틀에서 볼 때 농촌은 그때도 붕괴하고 있었다.

> 새마을운동의 정신은 근면, 자조, 협동으로 요약된다.
> 이러한 정신은 갑자기 생겨난 것이 아니라 조선의 향약에 기초한 것이다.
> (출처:국가기록원)

새마을운동으로 농업이 발전하지도 못하였고, 농민이 전문화되지도 못했다. 정부는 이중곡가제를 시행하고 다수확 농가를 표창하는 등 초보적인 수준의 농업정책만 세울 뿐 농업 구조조정과 농민의 전문화에 무관심했다. 특히 큰 기대를 걸었던 통일벼는 불과 수년 뒤에 아무도 재배하지 않는 품종으로 전락했다.

현금 소득이 일시적으로 늘어난 농민도 소득의 상당 부분을 자녀 교육에 투자하거나, 소비재를 구매하는 데 사용하였다. 농민은 전문적인 농민으로 전환할 기회를 놓쳤고, 장기적으로 농업에 투자를 늘리거나 경영 규모를 확대하지도 못했다. 결국은 농업과 농민의 지위가 더더욱 열악해졌다.[46]

정신 개발

박정희는 본래 정신 개조에 관심이 많았다. 그는 소득증대사업이 벽에 부닥치자 정신 개발을 더욱더 강조했다. 박정희는 농민과 농촌이 민족의 기원이라고 주장하며 민족주의 정서를 농민들에게 주입했다. 현실적으로 농촌은 몰락하고 있었으나, 민족의 기원이라는 환상적 좌표를 매겨 정신적으로 위로하였다. 박정희는 '빈농의 아들'임을 강조하며 농민과 동일시하는 정치적 언술을 구사해 농촌을 자신의 권력 기반으로 만들고, 자신이 추구하는 이른바 조국 근대화 사업의 당위성을 강화했다.[47]

농민은 자신들의 처지가 상대적으로 약화하고 있는 과정임에도 박정희를 따르며 산업화의 가장 강력한 지지세력이 되어갔다. 전국적인 차원에서 보면 농촌의 이러한 정서는 산업화야말로 피할 수 없는 역사적 과제라는 명제를 내면화한 것이었다. 아울러 산업 전사가 되어 중산층이 되는 것을 삶의 목표로 삼게 하였다.

그런 점에서 새마을운동은 본래의 목표와는 무관하게 산업사회로의 전환에 가장 헌신적인 지지세력을 키우는 성과를 가져왔다. 농민 생활의 획기적 개선이 없이 새마을운동이라는 정치적 동원체계를 통해 체제의 안정을 도모했다는 사실은 박정희 정권의 독특한 점이었다.

다음으로 '공장 새마을운동'에 관해서도 알아보겠다. 이 운동 역시 국가가 주도한 운동이었으며, 정부와 기업이 그간의 노동 통제에서 직면했던 제도적 한계를 극복하려는 수단이었다. 하지만 흥미롭게도 노동자들은 공장 새마을운동을 활용하여 자신들의 처지를 홍보하고 처우 개선이 필요하다는 문제의식을 사회 저변에 확산하였다. 공장 새마을운동 당시의 경험은 훗날 노동운동의 자양분이 되어 1979~80

> 박정희는 '빈농의 아들'임을 강조하며
> 농촌을 자신의 권력 기반으로 만들어 농민들은 그가 추진하는
> 산업화의 강력한 지지세력이 되었다.

년에 경제 위기와 정치 위기가 맞물렸을 때 폭발적인 노동쟁의로 나타났다. 참으로 역설적인 상황이 도래한 것이다.[48]

라. 새마을운동의 한계와 문제점

새마을운동의 성격을 잘 이해하기 위한 한 가지 좋은 방법이 있다. 박정희 정부가 이 운동을 홍보하려고 만든 기관지 《새마을》이라는 잡지를 분석하는 것이다. 특히 이 잡지에 실린 '새마을 소설'을 심층 해부하면 새마을운동의 근본적인 목적과 방향이 드러난다. 마침 연전에

훌륭한 연구가 있었으므로 필자는 거기에 주목했다. 그 연구에서 다음 두 가지 특징이 밝혀졌다.[49]

첫째, 새마을운동은 그 저변에 두 가지 이데올로기를 깔고 있었다. 반공 또는 반(反)북한 이데올로기가 하나요, 다른 하나는 반(反)도시 이데올로기였다. 새마을운동을 벌인 박정희 정권은 1960년대 이래 근대화-산업화-도시화를 추진하였으면서도 도시에 반대하는 이데올로기를 펼쳐 자기 모순적인 상황을 연출했다.

둘째, '도시 부정(또는 환멸)-농촌 희망'이라는 논리를 강화하였으나, 그것은 비현실적이었다. 새마을운동의 시행 주체인 박정희 정권은 더 이상의 도시 집중 또는 이농 현상을 막기 위해 농촌을 낙원으로 기술한 것이다.

새마을운동은 1970년대 국가 동원 체제의 특징을 보여주기도 했다. 그 당시 정부는 자발적 동원에 성공하였다고 평가한다. 분석한 결과를 요약하면, 조국 근대화의 이념을 확장한 사건이자 그 과정에서 지식인의 지지와 협력을 얻어냈다는 점이 특이했다. 국민을 동원할 때 유기적인 통로를 개설하고, 여성의 참여를 적극적으로 활용했다는 점에서도 주목할 점이 있다.[50]

요약하면, 새마을운동은 1970년에 국가 권력이 기획한 공동체 발전 운동으로 사회 정치적 구조 변화를 참작한 야심적인 운동이었다. 오늘날에는 개발도상국의 농촌 개발운동으로 아프리카 등지에서 환영을 받고 있다. 이 운동에 대한 평가는 다양하나, 산업화와 도시화를 성공적으로 뒷받침하였다는 점에서는 이론의 여지가 없다.

하지만 독재 정권에 호응하여 민주화에 상당한 걸림돌이 된 것도 부정할 수 없는 사실이었다. 이 운동은 조선 시대 향약의 전통을 일부 계승하였다고 볼 수 있는데, 현대 농촌에 민족주의 정서를 고무해 한국인의 역사적 정체성을 강화하기도 했다.

05

유학,
한류의 비밀 코드

똑같은 유학이라도 나라마다 차이가 있다. 중국에서는 하늘과 사람이 하나가 되고자 하는 '천인합일' 사상이 그 핵심이나 한국에서는 그러한 사상이 더욱 발전하여 동학에 이르면 우주 자연과 사람은 물론이고 존재 자체가 모두 하늘이라는 사상이 뿌리를 내렸다.[51]

    이처럼 유학은 동학과 증산교, 원불교 등 여러 신종교에도 깊은 영향을 주었다. 유학은 21세기에도 여전히 살아 숨 쉬는 한국인의 보편 가치이다. 그런 가치가 있으므로 세계인이 한국의 전통문화에 두루 공감할 수 있게 되었다. 이로써 오늘날 "한류" 유행이 초래되었다고 생각한다. 유학은 사장된 과거의 전통이 아니라 최근에 날로 발달하는 디지털 문화와 결합해 새로운 문화 기반이 되고 있다는 점도 빠뜨릴 수 없다. 19세기부터 물밀듯 밀어닥친 서구 사조에 눌려 질식할 것처럼 보이던 유학이 아직도 살아 있다는 사실은 믿기 어려울 정도이다.

가. 아직 살아 있는 유학의 보편 가치

21세기에도 유학은 여전히 살아 있다. 경전을 학습하는 이는 거의 사라졌으나 책에 담긴 가치가 여전히 큰 힘을 발휘한다. 유학의 정신이 깃든 한국의 전통문화에 대해 베트남, 인도네시아, 말레이시아 등 아시아 각국의 시민뿐만 아니라 유럽과 미국, 아프리카 시민들도 공감한다는 점이 중요하다. 유학의 가치는 인류 보편의 가치이기 때문이다. 유교적 가치관이 은은히 스민 한국의 예술과 생활문화는 세계인의 호응을 받고 있다.

효의 재해석

구체적인 예를 들어보자. 유학에서 가장 강조하는 것이 효라는 개념이다. 얼핏 보면 유학은 차별적인 사랑에 근거해 이를 가정에서 국가사회, 나아가 우주로 확대하는 것으로 보인다. 그 차별성을 지나치게 강조하면 보편 윤리가 될 수 없는 것처럼 착각할 정도이다. 그러나 유학의 본의는 그렇게 편향적이지 않다. 개인과 가정을 출발점으로 삼아 세계와 우주 전체로 조화와 사랑이 확장된다는 점에 유의할 필요가 있다.

최근 유네스코 철학윤리국은 21세기 인류의 보편 윤리를 발견해 미래 사회를 이끌어나갈 지침을 찾으려는 노력을 시작했다. 그렇다면 개인과 가정에서 시작해 국가와 세계를 넘어 천지자연으로 무한 확장되는 효란 당연히 오늘의 보편 가치이자 미래 사회에서도 중요한 실천적 덕목이 될 수 있다.

효에 기반한 유교적 생활양식은 기후위기 시대를 헤쳐나갈 생태윤리가 되기에도 부족함이 없다. 천지자연은 인간의 부모요, 모든 사물이 인간과 동기(同氣) 아님이 없기 때문이다. 유학에서 출발한 동학에 이르면 그 점은 더더욱 명확해진다.

엄밀히 말해 "효"는 부모와 자식 두 세대가 서로를 지극히 존중하면서 사랑을 실천하는 것이다. 물론 그것은 출발점에 지나지 않으며, 지역공동체와 국가공동체에 확대 적용하는 것을 목표로 삼는다. 효자가 충신(忠臣)의 근간이라는 설명이 유교의 핵심이다.

중국 송나라 때 효는 형이상학적으로 해석되어 실천적이면서도 추상적인 형이상학적인 개념으로 승화되었다. 이를 현대적으로 재해석하면, 효란 인류를 길이 보전하고 생태계의 평화와 공존공영을 유지하게 만드는 토대이다. 생태 윤리를 지탱하는 미래의 보편 가치 규범으로서도 효의 의의는 크다.[52]

유교적 평화

유교는 과학기술 문명이 초래한 불안과 여러 가지 문제를 해결하는 데도 중요한 기능을 발휘할 수 있다. 지역 갈등과 종교 간 분쟁, 사회 구성원들의 다양한 갈등이 나날이 첨예하게 충돌하는 현상을 극복하는 방안이 될 수 있다는 뜻이다.

유학은 사랑을 통해 서로 조화하는 인(仁)의 정신과 그것을 어떠한 어려움이 있더라도 반드시 실천하겠다는 덕(德)의 가치를 추구한다. 이러한 유교적 세계관은 한 개체에 해당하는 사람(人)이 복수의 사이(間), 즉 관계를 통해 가정과 사회와 국가, 나아가 세상을 이루는 것으로 본다. 요컨대 세상을 이끄는 힘은 정태적인 존재론에 머물지 않고 그들의 관계를 중시하는 관계론으로 전환하기를 촉구한다.[53]

관계의 윤리학

방대하고 복잡한 유학의 사유체계를 한마디로 정의하면, 관계의 윤리학이다. 이 세상을 움직이는 다섯 개의 기본 관계, 즉 부자, 군신(君臣, 국가와 개인), 부부, 붕우(朋友) 및 장유(長幼)의 공동체를 설정하고, 거기에 상응하는 관계의 윤리학을 구성한 것이 곧 유학이 아닌가.

관계의 윤리학은 인류가 당면한 갈등과 분열을 해소하는 철학적 방안이다. 예컨대 '추기급인(推己及人, 자기 마음을 미루어 보아 남에게도 그렇게 대하거나 행동함)'과 '친친(親親, 친한 이를 친하게 대함)', 혐오를 누르는 유교적 성찰을 생각해보라. "추기급인"은 주체와 객체를 연결하면서도 분리하는 방식이요, "친친"은 타인을 배제하는 것이 아니라 환대하는 원리로 작용할 수 있다. 그리고 혐오 감정까지도 도덕적 수양으로 극복하고자 애쓰는 것이 유학의 특징이다. 이러한 유교의 가르침은 배제와 혐오와 갈등을 종식하고 포용과 화해의 조화로운 세상을 만드는 철학적 지침이다.[54]

고대부터 유교는 사회 질서를 유지하기 위한 수단이자 개인의 인격을 수양하기 위한 가르침이었다. 특히 조선 시대에는 그 가치가 더욱더 깊이 내면화되어 신분과 젠더와 나이를 초월하여 한국인의 문화적 정체성을 형성하였다고 해도 지나침이 없을 것이다.

유학은 다양한 인간관계 속에서 가장 조화롭고 적절한 생활방식을 구성하는 데 이바지했다. 조상에 대한 제사라는 점에 국한하면 종교적인 성격도 없지 않으나, 유학은 인간 교육의 종합적인 지침으로서 지대한 역할을 하였다.[55] 보편적이고 실용적인 생활철학이자 종교적인 일면도 가지고 있다는 점에서 유학이 갖는 매력은 대단하다. 현대 한국의 영화, 드라마, 문학, 음악에는 그러한 매력이 은은하게 스며 있는데, 거기에 세계인이 환호하고 있다.

나. 유학과 디지털 문화의 결합

흥미롭게도 한국의 유학은 디지털 시대에 인문학의 중요한 영역으로 자리하고 있다. 요즘 대학에서는 디지털 인문학이라고 하는 새로운 분야가 인기를 끈다. 그중 하나가 바로 조선 시대의 유교문화이다. 가령 대학생들은 서원(書院)에 관한 디지털 콘텐츠 편찬 방법도 배운다. 서원은 건물과 자연환경이 전통적 아름다움을 간직한 유형의 문화유산이자, 그곳에 보관된 옛 서적과 초상화, 고문서, 현판, 각종 전설 등은 무형 문화유산으로서 가치가 크다.

대학생들은 디지털 인문학 방법으로 서원을 다시 만날 수 있는데 이로써 그들의 디지털 문해력이 향상되는 것은 물론이고, 유학에 관한 인문적 지식이 깊고도 넓어진다. 젊은 세대가 전통문화의 숨겨진 여러 측면을 학습하고, 거기에서 자신의 문화적 정체성을 재발견할 수 있어 일거양득이다. 그뿐 아니라 그들이 새로운 문화 콘텐츠의 생산자가 되어 한국 문화의 계승과 발전에 이바지하게 된다.[56] 이러한 학습이 여러 해 동안 계속되면 한류의 유행을 오래오래 지속시킬 것이며, 전통문화와 현대의 다양한 문화사조가 더더욱 활발하게 융합되는 하이브리드 현상이 강화될 것이다.

유학과 엠지(MZ) 세대

오늘날 한국에서는 유학의 지적 유산이 상당 부분 디지털 문화로 전이되고 있다. 한국고전번역원(민족문화추진회의 후신)에서는 선비들의 문집을 한글로 번역해 온라인으로 제공하고 있다. 성균관대학교 대동문화연구원에서도 조선 선비들이 후세에 남긴 자료를 수집하여 〈한국경학자료집성(韓國經學資料集成)〉으로 간행하고, 정부 지원을 받아 디지털 문서로 전환하여 한국경학자료시스템(http://koco.skku.edu/) 사이트를 운영하고 있다. 특히 '한국경학자료시스템'은 중국과 일본보다 한발 먼저 경학에 관한 주석도 검색할 수 있게 해 경학 연구에 획기적인 전환점을 마련했다.[57] 이 밖에도 한국의 유학에 관한 학술 정보를 무료로 얻을 수 있는 사이버 공간이 적지 않다. 이제 세계 어디서든 조선의 유교문화 유산을 마음껏 열람하고 연구할 수 있는 여건이 조성되었다.

짐작하건대 이른바 "엠지(MZ) 세대"[58], 즉 20대와 30대 젊은이들은 다시 유학을 가까이하게 될 것 같다. 그들은 스마트폰으로 세계와 소통하며 세계인과 정보를 공유하고 공감대를 형성하는 것이 특징이다. 그들은 경계 이탈과 탈(脫)경계를 지향하는 세대이다. 그들에게는 최대 다수의 최대 행복을 주장하는 공리주의적 입장이 어울리지 않는다. 보편적 도덕법칙을 강조하는 서구의 윤리학도 마땅하지 않다.

어쩌면 그들에게는 명나라 유학자 왕양명(王陽明, 1472~1529)이 가장 친근한 철학자가 아닐까 한다. 어느 철학자가 주장했듯, 왕양명의 양지 철학은 엠지 세대의 기호에 잘 어울리는 유교 철학이다.[59]

왕양명은 개인을 도덕적 판단 주체로 설정하고, 개인의 다양한 삶을 모두 인정하자고 했다. 또, 그는 인간이 도덕적 차원에서 모두 평등하다고 했다. 아울러 개인의 도덕적 양지(良知, 양심)가 내면의 목소리에 따라 도덕적으로 결단하고 행동하기를 촉구한다고도 했다.

이를 부연하면 다음과 같이 세 가지로 설명할 수도 있겠다.

첫째, 왕양명은 개인의 다양한 특성과 다양한 삶의 방식을 인정하였다. 그는 다음과 같이 말한 적이 있다.

> 선생님(왕양명)께서 말씀하셨다. ... 큰 요지가 같은 양지에서 나왔으니 각자 다양한 입장과 학설을 갖는다고 해로운 것이 있겠는가? 뜰의 대나무가 같은 가지와 마디에서 나왔다면, 대개 같은 것이다. 만약 구애되고 고정된다면, (즉 가지와 마디마다 크고 작음이 같기를 바란다면) 조화(調和)의 묘수가 아니다."《傳習錄》, 288조목) 양선진 181쪽.

인용문에서 왕양명은 대나무를 예로 들어, 개인의 양지에서 비롯된 도덕과 윤리가 저마다 다를 수 있다는 점을 설명했다. 만약 그렇다면 세상에는 윤리적 기준이 다양하게 되는데, 그럼 혼란이 일어나지 않겠는가. 왕양명은 염려할 필요가 없다고 보았다. 결국에는 조화와 질서를 이루게 될 것으로 내다보았다. 자유분방하게 개성을 추구하는 엠지 세대에게 적합한 윤리학이 될 만하다.

둘째, 왕양명은 사회적 구속과 속박에 항거하기를 바랐던 것도 같다. "양지"가 바로 그런 생각의 출발점이었다. 모든 일에 시비를 가리는 내 마음의 기준, 그것이 바로 양지라고 했다. 그러므로 외적 강제가 지나치면 사람이 반발하는 것이 당연한 이치이다. 양지의 본질을 왕양명은 아래와 같이 기술했다.

> 양지는 즉 시비지심(是非之心)이다. ... 시비라는 두 글자는 중요한 기준이요, 그 묘리는 각 사람에게 존재하는 데 있다. (傳習錄, 288조목, ... 良知只是箇是非之心...是非兩字, 是箇大規矩, 巧處則存乎其人.)

한마디로, 인간 내면에 양심이 있어 각자의 판단 기준이 된다고 본 것이다. 각자의 양심을 매우 존중했다는 점에서 왕양명은 개인주의적인 취향을 가진 현대인과 서로 마음이 잘 통할 것 같다. 더구나 사람의 양심이 외적인 강압으로 움직이는 것이 아니라 내면의 요구를 따르기만 하면 된다고 강조한 점에서 더욱 그러하다. 왕양명의 말을 더 들어보겠다.

> 양지는 다만 옳고 그름을 판단하는 마음(是非之心)이며, 옳고 그름이란 좋아하고 싫어하는 것(好惡)뿐이다. 좋아하고 싫어하기만 제대로 하면 옳고 그름의 분별이 된다. 옳고 그름의 분별을 제대로 하면, 모든 일이 제대로 작동한다. (傳習錄, 288조목, 良知只是箇是非之心, 是非只是箇好惡. 只好惡就盡了是非. 只是非就盡了萬事萬變.)

자신의 내면에서 울리는 목소리에 귀를 기울이면 다 된다고 했다. 이처럼 왕양명은 주관적이었는데, 모든 유학자가 다 그러했듯 그 역시 윤리적 삶을 추구했다. 왜 윤리적이라고 말하는가. "양지"가 곧 유교의 덕목인 "의례지신(義禮智信)"이라고 아래와 같이 설명했기 때문이다.

> 《대학》에서 설명한 두터움과 얇음(厚薄)이란 '양지'의 자연적 조리(條理, 법칙)이다. 이를 뛰어넘지 않으면 의롭다고 하겠다. 이 조리를 따르면 예의가 있다고 하며, 이 조리를 알면 지혜롭다고 한다. 처음부터 끝까지 이 조리를 지킨다면 믿음이 있다고 하겠다. (傳習錄, 276 조목, 大學所謂厚薄, 是良知上自然的條理, 不可踰越, 此便謂之義; 順這個條理, 便謂之禮; 知此條理, 便謂之智; 終始是這條理, 便謂之信.)

셋째, 왕양명은 인간이 도덕적 차원에서 평등하다는 점을 발견했다. 그렇게 보는 근거는 사람의 "마음"이 공평하기 때문이다. 그는 마음의 본질을 다음과 같이 해부했다.

> 인간의 마음은 곧 이치이며 거기에는 사심이 없다. 그러므로 이것이 마땅한 이치이다. 마땅히 따를 이치가 없다면, 그것은 사사로운 욕심인 것이다. … (傳習錄, 94조목, 心卽理也. 無私心, 卽是當理. 未當理, 便是私心. …)_이상은 187쪽.

17세기 이후 조선 성리학자들은 앞에서 살핀 것처럼 인성(인간의 본성)과 물성(동물의 본성)의 차이를 둘러싸고 치열한 토론을 벌였다. 마침내 19세기 후반 동학에 이르러 우주 안에 존재하는 모든 존재가 하늘이라는 결론에 도달했다. 모든 존재의 본성이 선(善)하다는 엄청난 철학적 발견에 이른 것이다.

그런데 16세기 중국에서 왕양명은 타고난 기질적 차이와 무관하게 사람이면 누구나 하늘의 도덕적 이치를 갖추고 있으므로 평등하다는 점을 새롭게 인식했다. 물론 도덕적 차원에서만 그러하다는 주장이었다. "심즉리(心卽理)"라는 왕양명의 깨침은 철학사에 있어 정말 중요한 분기점이었다.

> 모든 것이 마음에 있으므로 마음이 곧 이치라고 했다. 이 마음이 삿된 욕망에 가리지 않으면 이것이 곧 하늘의 이치라. 마음 말고는 아무리 작은 것이라도 보태지 말라.(傳習錄, 3조목, 都只在此心, 心卽理也. 此心無私欲之蔽, 卽是天理, 不須外面添一分.)

중국의 유학자 왕양명 초상화
스마트폰으로 세계와 소통하는 MZ세대에게는 개인의 다양한 삶을 모두
인정하자고 말하는 왕양명이 가장 친근한 철학자가 될 것이다.

각자는 내면의 목소리, 즉 "양지"라고 불리는 도덕심에 따라 모든 일을 판단하고 실천하는 것이 옳다는 결론이다. 일찍이 송나라 때 성리학을 집대성한 주희가 본성의 보편성과 객관성을 강조한 것과는 달리, 왕양명은 개인적이고 주관적인 관점에서 윤리 문제를 다루었다. 요컨대 사람이면 누구든지 "양지"를 알고 실천해야 한다는 것이 결론이었다. 윤리적 삶은 선택이 아니라 인간 모두의 사명이라는 인식이었다.

사람이 양지에 도달해야 하는 것은 반드시 해내야 할 공부이다.(傳習錄, 330조목. ... 致良知便是必有事的功夫.)

아무리 개성을 존중하는 엠지 세대라도 사회적 혼란과 야만의 광기를 바라는 것은 아닐 것이다. 자아를 구속하고 압박하는 거창한 이념과 강제에 굴복하는 것이 아니라 내면의 요구에 따라 윤리적 오솔길을 걷다 보면 자연히 도달하는 지점이, 어쩌면 "양지"가 아닐까 상상해본다. 우리의 젊은 세대가 유학의 샘물을 길어 마심으로써 영혼의 목을 축이고 크게 나아진 세상을 만들기를 바란다.

요컨대 유학의 가치는 오늘날에도 맥맥이 살아 있으며, 얼마든지 현대의 디지털 문화와 융합할 수 있다. 이러한 가능성이 엄연한 현실이 될 때 한류는 더욱더 깊어지고 큰 매력을 발휘할 것으로 믿는다.

5장

유교적
산업사회

───── 일제강점기가 시작되자 한국인들은 바로 태도를 바꾸었다. 유학의 가르침을 가슴에 고이 간직한 채 자본주의의 문법을 수용했다. 유교적 산업사회로 탈바꿈하는 위대한 역사가 시작되었다.

이 장에서는 그러한 변화를 다음 네 가지 측면에서 분석하겠다.

첫째, 유교와 기업활동에 관한 것이다. 일제강점기에 한국인은 유학의 가르침을 간직한 채 얼마든지 기업활동을 할 수 있었다. 진실하고, 성실하며, 타인과 협력하고, 가난한 이웃을 돕는 데 유교가 걸림돌이 된 적은 없었다. 따라서 일반이 지레짐작하는 것보다 훨씬 빠른 속도로 기업이 발전하였다. 현대 한국의 재벌은 그런 문화적 바탕 위에 서 있는데, 그들이 과연 아직도 유교적인가에 관해서는 논란의 여지가 충분하다.

둘째, 해방이 되자 유교의 오랜 이상인 경자유전(耕者有田)의 이상이 어느 정도 구현되었다. 농민도 경작지를 분배받아 자영농으로 성장할 기회를 얻었다. 농민이 허리를 펴자 고등교육의 기반이 빠른 속도로 조성되었고, 이러한 변화가 산업화와 맞물려 도시 중산층이 성장했다. 한국의 중산층은 우리의 전통을 계승해 교육에 가장 큰 관심을 가졌다. 결과적으로 사회 발전이 빨라졌으나 부작용도 많았다. 장차 교육 문제와 중산층 문제를 어떻게 해결할는지도 중요한 과제이다.

셋째, 유교 문명의 중심에 있던 조선의 선비는 현대화의 물결 속에 어떻게 되었을까. 역사를 자세히 들여다보면 선비는 없어지지 않았다. 현대 한국에도 유교적 지식인은 적지 않았다. 우리는 그 실상을 좀 더 자세히 알아보고 미래를 전망할 필요가 있다.

넷째, 이 책에서는 유학을 중심으로 한국의 문화적 전통이 현대 문명과 결합해 놀라운 성과를 냈다는 점을 기술한 셈이지만, 반드시 유학의 전통이라야 하는 것일까 하는 의문이 생길 법하다. 법고창신(法古創新), 즉 옛것을 토대로 새것을 만들려는 자세만으로도 충분하다. 이슬람이나 불교 또는 그 밖에 문화적 전통도 모두 훌륭하다. 그러한 전통을 가진 나라에서도 한국 사회가 지난 1세기 동안 경험한 것과 같은 놀라운 변화가 얼마든지 일어날 수 있다. 관건이 되는 것은 언제 누가 어떻게 융합하느냐일 따름이다. 보편 가치를 가진 문화는 반드시 르네상스를 맞이할 수 있다.

재벌사회와
그 미래

일제강점기에는 서울뿐만 아니라 지방에서도 근대적 기업가의 등장이 활발했다. 그들은 유교적 교양을 바탕으로 새로운 사회 변화에 적응했다. 6·25 전쟁의 참극을 겪은 뒤 산업화가 빠른 속도로 진행되자 재벌이 등장했다. 그들은 여러 분야에 걸쳐 경제활동을 독점하다시피 했는데, 기업을 마치 가족처럼 여겼다. 조선 후기에 일부 명문 집안이 조정을 휩쓸었듯 몇몇 재벌은 한국 사회를 좌우했다. 재벌인 "왕회장"이 수십만 명의 식구를 이끌고 산업전선에서 싸우는 것처럼 보이기도 했다.

그럼 미래 한국의 기업가는 어떠한 모습이어야 할까. 그들도 여전히 유교에서 배울 점이 있을까?

가. 근대적 기업가의 등장

일제강점기 한국인들은 빠른 속도로 자본주의에 적응했다. 사적 이익을 추구하면 안 된다는 유교의 가르침을 굳이 폐기할 필요도 없었다. 개인의 사업적 성공은 집안의 축복이요, 지역공동체 나아가서는 민족공동체 발전에 이바지하는 것이라고 해석하면 되었다. 통속화된 유교의 가르침 가운데 자본주의와 배치되는 것은 아무것도 없었다.

서울뿐만 아니라 지방에서도 한국인의 기업활동은 활발했다. 일제강점기 마산지역에 설립된 근대적 회사와 공장에 관한 연구를 참고해 보자.[1] 마산지역에는 총 155개 회사가 창립되었는데, 한국인이든 일본인이든 원마산(=마산포) 일대에서 사업장을 개설했다. 그곳은 조창(漕倉, 세금 저장고)과 전통시장이 있던 곳이다.

그중에서도 특히 원정(元町, 현 남성동)과 석정(石町, 현 창동)이 사업의 중심지였다. 두 지역에 설립 운영된 사업체를 비교하면 한국인이 일본인보다 우세했다. 한국인은 두 곳 모두에서 17~18개의 사업체를 더 많이 운영했다.

다음은 공장이 위치한 장소에 관해 알아보자. 마산에는 116개 공장이 세워졌는데, 한국인은 원마산에 공장을 세웠으나, 일본인은 마산 전체를 폭넓게 공장 터로 이용하였다.

요컨대, 마산에서는 조선 후기부터 일제강점기까지 경제활동의 거점이 그대로 유지되었으며, 그곳에서 한국인의 활동이 일본인을 능가했다. 전국적으로 보면, 마산과 사정이 다른 곳이 많았다. 그러나 일제강점기에도 한국인의 경제활동은 침체하지 않았으며, 특히 농업에서 상공업 또는 기업활동으로 빠르게 전환하는 이들이 어디에나 적지 않았다. 필자의 조부 백남룡 선생 역시 유학을 공부한 선비였으나 고향인 전주에서 남선제지(南鮮製紙)라는 한지 공장을 경영하여 크게 성공했다. 백 선생은 향교 임원으로 활동하기도 했고, 지역공동체에 학교를 세우는 데도 힘을 아끼지 않았다.

경성방직

일제강점기 한국인 기업체 중에서 가장 성공한 것은 경성방직이었다. 그 당시 한국인 기업체는 일본인 기업체와 경쟁하였으며, 서로에게 경영기법을 배우기도 했다.[2]

조선총독부 관리들도 한국인 기업가에게 무조건 적대적이지는 않았다. 총독부는 효율적으로 통치해야 자신들의 존재 의의를 인정받을 수 있는 구조였다. 따라서 식민지 경영을 효율적으로 하려면 한국인 기업가들의 요구라도 수용하는 것이 당연했다.

경성방직은 면직물에 대한 이입세(수입관세)를 유지함으로써 큰 이익을 보았다. 총독부는 경성방직을 위해서가 아니라 한국의 통치 자금을 확보하기 위해서 이입세를 유지했다. 직물과 주류에 부과되는 이입세가 총독부 세입에서 큰 비중을 차지하고 있었기 때문에 일본 정부를 설득해 이입세를 유지했다. 그 당시 경성방직은 〈동아일보〉까지 움직여 이입세를 폐지하지 못하게 막았다. 경성방직은 설립 초기에 재정적 어려움이 컸으나, 조선총독부의 보조금을 통해서 문제를 해결했다. 하지만 오해는 금물이다. 총독부가 경성방직을 지원하려고 보조금을 지급한 것은 아니다. 당시에 총독부는 일본인 회사인 조선방직에 거액의 보조금을 주고 있었다. 그러므로 같은 업종인 경성방직에도 일정한 보조금을 지급했다. 면직물 생산의 안정성은 한국인의

- 일제강점기에 국내 자본으로 설립된 최초의 기업인
  경성방직 내부 모습, 한국의 근대 산업에서 빼놓을 수 없는 산업시설로
  역사적, 사회적 의미가 매우 크다.

의생활에 필수였기 때문에 조선총독부는 조선방직과 경성방직을 일정한 수준에서 돕지 않을 수 없었다.

중일전쟁이 발생하자 경성방직은 대규모 정책금융 지원을 받아 만주까지 사업을 확장하였다. 그 배경은 시장 상황의 변화에서 찾을 수 있다. 1930년대에 일본에서는 면직물 가격이 하락해 상당량이 한국으로 유입되었다. 또, 일본 내에서 수지를 맞추기 어렵게 된 대규모 면방직 자본이 한국에 진출하고 있어 경성방직은 경영에 큰 어려움을 겪었다. 경성방직은 기업의 생존을 위해 만주 진출을 결정하였다.[3)] 경성방직의 선택은 친일이냐, 반일이냐 하는 "민족 논리"로 간단히

312

평가할 수 없다.

    회사 경영의 최전선을 지킨 수당 김연수는 유서 깊은 선비 집안에서 출생해 어린 시절에 유교 경전을 학습했다. 그는 형인 인촌 김성수와 마찬가지로 평생 유교적 가르침을 실천하는 데 충실하였다. 그가 학습한 유교가 기업가로서의 일생에 걸림돌이 된 적은 없었다. 김연수는 기업활동을 통해 효우(孝友)를 실천하고 수기치인(修己治人)의 길을 묵묵히 걸어간다고 확신했다.

    그는 장학재단을 설립해 일제강점기 각 방면의 유수한 인재를 길러냈다. 한글학자 이희승과 베를린올림픽에서 우승한 마라톤 선수 손기정도 김연수의 후원을 받았다. 일제강점기 최고의 교육기관인 보성전문학교(현 고려대)와 중앙학교(중앙중고)도 재정적 지원을 맡았으며, 민족의 언론기관임을 자임했던 〈동아일보〉 역시 김연수의 헌신적인 도움으로 유지되었다. 김연수가 보기에, 자본가의 삶과 유학적 교양인의 삶이 서로 모순되거나 충돌하는 지점은 하나도 없었다.

    김연수와 함께 일제강점기를 헤쳐나간 다른 사업가들도 마찬가지였다. 그들 또한 자신의 역량이 허락하는 범주 안에서는 교육에 힘썼으며, 가난한 이웃을 돕는 일에 재물을 아끼지 않았다. 그러면서도 항상 근면하고 검소한 태도를 유지하려고 노력했다.

나. 재벌 전성시대

6·25 전쟁의 참화를 겪은 지 얼마 지나지 않아 세상은 크게 바뀌었다. 군사쿠데타로 집권한 박정희 대통령은 미국 케네디 정권의 적극적인 후원 아래 경제개발 5개년 계획에 착수했다. 수출주도 국가를

만들기 위해 대장정을 시작한 것이다.

그런데 5개년 계획은 예정대로 진행되지 않고 중간에 계획이 자주 수정되었다. 5개년 계획은 편의에 따라 개편되었는데, 경제기획원의 합리적인 판단에 따른 것이 아니었다. 박정희 대통령과 비서실이 일방적으로 결정한 것이 대부분이었다. "시장 합리성"이나 "계획 이데올로기"와는 동떨어진 것으로 편의적이고 충동적인 결정에 따른 것이었다.[4] 한마디로 주먹구구식으로 계획을 거듭 변경한 것이었다.

박정희 독재 정권은 자신의 비위에 맞는 소수 재벌을 양성해 유형과 무형의 특혜를 주었다. 재벌은 군사독재에 협력하며 이권을 얻고 빠른 속도로 부를 축적했다. 1970년대 한국의 경제 성장은 그러한 특징을 가지고 있었다.

재벌의 기업문화

20세기 후반 점차 모든 면에서 한국을 지배하게 된 것은 재벌이다. 군사정권이 역사의 뒷면으로 사라진 뒤에도 재벌기업은 더더욱 맹위를 떨쳤다. 재벌 전성기가 왔다고 해도 과언이 아니다.

재벌의 기업문화는 "동적 집합주의"라고 말해도 좋을 것이다.[5] 재벌은 유교의 통속적 가치를 계승해 "집합주의"를 강화했다. 가족 중심의 유교적 사고방식을 더욱 강화한 것이다. 그러면서도 "군사문화"의 영향을 받아 모험적인 성향이 더해졌다. 요컨대 재벌그룹 내부의 집단적 조화를 강조한 점에서는 유교적 전통을 이었으나, 군부 정권에게 배운 변화와 혁신을 추구하게 되었다. 그렇게 되자 "동적 집합주의"를 지향하는 한국의 재벌은 세계 어느 나라 기업보다도 공격적이고 진취적인 성격을 띠게 되었다. 하이브리드의 힘이라고 말하고 싶다.

한국의 재벌은 활동을 개시한 지 불과 수십 년 만에 세계 일류 기업으로 성장했다. 기술 축적 속도 역시 타의 추종을 허락하지 않았다. 그러나 약점도 없지 않다. 운영권이 소수에게 집중된 나머지 내부 부실이 심해졌으며, 경영자의 의지 여하에 따라서 사회적 긴장과 모순을 확대하기도 했다. 재벌의 최고경영자가 유교적 가르침에 충실했더라면 쉽게 피할 수 있는 일이었다.

삼성과 현대

한국 재벌 중에서 대표적인 두 집단을 고른다면 삼성과 현대일 것이다. 두 기업은 서로 어떤 점에서 차이를 보일까. 20세기 후반에 연구 조사한 결과가 흥미롭다.[6]

먼저 의사결정 시스템에 관한 것인데, 삼성그룹은 전문 스태프를 활용하고 표준화되고 공식적인 시스템에 의존하는 경향이 현대그룹보다 훨씬 강하게 나타났다. 그만큼 삼성은 안정적이고, 합리적이며, 전문적인 경영을 추구한다는 뜻으로 해석된다.

그래서였을까. 회사가 위험을 추구하는 성향은 반대라는 결과가 나왔다. 현대그룹은 삼성그룹보다 훨씬 더 모험적인 결정을 자주 내리는 것으로 증명되었다. 현대는 삼성보다 기회에 민감하며, 공격적인 경영으로 미래를 개척한다는 뜻이다. 결론적으로 삼성그룹은 현대그룹보다 훨씬 더 통제적이었다. 기업의 행동은 물론이고 사업의 결과, 관리 및 비용 통제가 심하였다.

알다시피 삼성 창업자 이병철은 선비 집안의 후손으로, 유학자다운 조심성과 합리성 그리고 근검절약이 몸에 밴 인물이었다. 그에 비해 현대 창업자 정주영은 끈질기게 도전하고 진취적인 평민의 모습을 보여주는 인물이었다. 필자가 보기에 삼성은 현대보다 더 유교적인 기업이 아닌가 한다.

삼성이든 현대든 또는 다른 재벌기업이라도 여전히 유교적 미덕을 존중한다는 점은 명백한 사실이다. 한국의 재벌은 서구 부자들과는 달리 근면 검소하다. 으리으리한 저택을 소유한 것도 아니고, 사치와 방탕을 일삼지도 않는다. 만약에 그들이 유교적 도덕 기준에 비추어 어긋난 생활을 한다면, 아마 시민들이 단 하루도 허용하지 않을 것이다. 그만큼 한국 사회는 여전히 유교적이다.

다. 미래의 기업가

아마도 재벌의 미래는 기업의 사회적 책임 활동이 왕성한가에 달린 것 같다. 사회적 책임을 강하게 느끼는 기업일수록 기업으로서 가치가 높다는 평가를 받을 것이 틀림없다.[7]

그런 점에서 마이크로소프트사 창업자인 빌 게이츠가 한 주장을 떠올리게 된다. 그는 가난한 사람을 돕는 "창조적 자본주의"가 필요하다고 주장하였다. 기업의 사회공헌 활동이 의무화되는 것은 당연한 일이다. 기업의 사회공헌이 많고 윤리적으로 경영한다면 회사 브랜드와 이미지가 좋아져 소비자의 신뢰를 얻게 된다.

기업이 도덕적 가치를 추구하며 그에 걸맞게 의사를 결정하는 시대가 오고 있다. 말하자면 "착한 기업"에 대한 기대가 높아지고 있다. 수익도 창출하면서 공익에 이바지하는 기업이라야 지속 가능한 세상을 만들 수 있다.[8] 유교적 전통을 물려받은 한국인에게는 이러한 전환이 어렵지 않을 것이다.

결국에 중요한 것은 생태 전환이다.[9] 오늘날 인류가 겪고 있는 기후와 환경 위기는 인간이 자연을 마구 착취한 데서 비롯되었다. 유학의 근본 가르침인 "천인합일" 자세를 회복한다면 인간은 자연과 조화로운 관계를 이룰 수 있다. 유학에서 출발한 동학의 가르침을 생각하면 더더욱 쉬운 일이 될 수도 있다.

해월 최시형은 "이천식천"이라고 하여, 하늘인 내가 공기와 물과 식물과 동물 등 또 다른 하늘을 먹고 산다고 했다. 모든 하늘이 서로 도움을 주고받는 것이 세상살이란 뜻이다. 천지자연의 모든 존재를 "너"가 아닌 "나"로 여기며 존중한다면 유학의 이상인 대동사회가 어찌 먼 이상에 그치겠는가. 미래의 훌륭한 기업가는 그 점을 깊이 생각할 것이다.

경자유전
―중산층의 미래

유학은 경자유전을 이상으로 삼았다. 조선 후기에 실학자들은 토지개혁의 필요성을 주장하며 저마다 대책을 내놓았다. 그 핵심은 자영농을 기르자는 것이요, 현대적 의미로는 중산층이 중심이 되는 세상을 만들자는 것이었다. 해방 후 한국에서는 그런 이상에 근접하는 농지개혁이 실제로 일어났다.

농지개혁으로 다소나마 허리를 펴게 된 농민은 자녀 교육에 힘을 쏟았다. 그 결과 1960년대 이후 교육을 토대로 전문직에 종사하는 새로운 중산층이 형성되었다. 한국의 산업화와 민주화에 원동력이었던 도시형 중산층이 바로 그들이었다. 물론 농업사회에서 도시 중심의 산업사회로 넘어가는 일이 쉽지 않았으며, 도시 중산층이란 존재 역시 여러모로 복잡한 사회 경제적 성격을 띠기는 한다.

오늘날 학자들은 후기 자본주의 사회라는 말을 꺼낸다. 그럼 중산층의 미래는 어떻게 될 것인가. "입시 지옥"에 시달려온 한국인의 미래는 어떻게 될까 하는 궁금증이 일어난다.

가. 자영농의 성장과 교육의 발전

해방 이후 북한 정권은 토지개혁을 일으켰다. 무상으로 지주의 농경지를 빼앗아 농민에게 무상으로 나눠주었다가 집단농장으로 만드는 방식이었다. 오랫동안 농지를 가져보지 못한 농민에게 그것은 환상적인 일이었다. 남한에서도 농지개혁이 일어났다. 1950년에 조봉암이 개혁을 주도했는데, 그는 농경지를 평등하게 나눠주면 장기적으로 볼 때 경제가 발전한다는 확신을 가졌던 것 같다. 농지개혁으로 남한의 농민은 거의 평등한 농지 소유권을 누렸다. 정부는 지주로부터 농경지를 유상으로 환수해 농민들에게 유리한 조건으로 나눠주었다.[10]

본래 농지개혁에는 세 가지 방법이 있다. 하나는 토지를 사람마다 똑같이 할당하는 것이고, 또 하나는 공유지를 임대하게 하는 방식이다. 그 밖에도 헨리 조지가 주장한 것처럼 토지에서 발생하는 이익을 100퍼센트 환수하는 방법이 있다. 조봉암이 주도한 농지개혁은 셋 중에서 첫 번째 방식이었다.

농지개혁으로 쌀 생산량이 증가해 경제 성장의 토대가 마련되었다. 6·25 전쟁 때 농민들은 남한 정부를 지키는 데 힘을 쏟았는데, 농지개혁으로 희망이 생겼기 때문이라고 한다. 이 개혁으로 장차 정부의 경제정책을 가로막을 가능성이 큰 지주 계층이 사라졌다는 점도 중요하다.

고등교육의 확대

농지개혁으로 농민들의 처지가 다소 개선되자 그들은 자녀 교육에 아낌없이 투자했다. 1950년대부터 중등교육이 팽창한 하나의 배경이었다. 당시에 간행된 학생 잡지 《학원》의 〈독자 문예〉 란을 분석해보면 그 당시의 사회적 분위기가 읽힌다. 다수의 고등학생이 자신을 위해 뒷바라지하는 가족에 대한 부채감을 느끼고 있었으며, 전쟁으로 인해 폐허가 된 국가를 재건해야 한다는 책임감에 사로잡혀 있었다.[11] 이후에 농민들은 논밭을 매각해서라도 자녀를 대학에 진학시켰기 때문에 대학을 가리켜 "우골탑(牛骨塔)"이라고 부르기도 했다. 대학은 소를 팔아서 낸 등록금으로 쌓은 상아탑이라는 뜻이었다.

교육 열풍의 근원에는 조선 시대의 유교 전통이 자리하였다. 사람은 누구나 배워야 하며, 지식이 많은 이는 반드시 출세하여 입신양명(立身揚名)하는 것이 효도라는 관념이 널리 퍼져 있었다. 한국의 교육열은 유교 사회의 전통에서 비롯된 것으로 세계 어디에서도 선례를 찾기 어렵다. 똑같은 유교 사회라도 중국이나 일본보다 한국의 교육열은 몇 배 더 심하다.

과도한 교육열

혹자는 한국의 교육열을 이해하기 위해 정신분석학적 접근을 시도하였다.[12] 그에 따르면, 교육열은 타인의 인정을 추구하는 욕망이요, 구체적으로 말해 신분 상승을 꾀하는 욕망이다. 이런 욕망이 무의식을 지배한 결과 교육열이 과도하게 나타난다고 한다. 한국에서는 그 정도가 심해 편집증적인 교육열로 분출된다고 한다.

이는 유교 사회의 전형적인 특징으로, 통속적 유교 가치가 노골적으로 표현된 것이다. 교육을 통해 높은 지위에 오르고자 하는 성향을 보인 것이요, 거기에 유교적 가족주의와 결과주의가 결합한 것이다. 과도한 출세주의가 사회 전체에 만연해 편집증적 교육열을 초래했으며, 마침내는 도착증적 교육열을 과시하게 되었다.

서울 어느 동네는 유명 학원가가 조성되어 집값이 올랐고, 또 어딘가는 학군이 특별히 좋다고 하여 선망의 대상이 되었다. 고가의 사교육을 통해서라도 자녀를 반드시 유명 대학에 진학시켜야만 부모의 도리를 다하는 것으로 믿는 사람이 많다. 특히 이러한 경향은 비교적 성공한 중산층 가정일수록 심하다.

애당초 농지개혁은 농민들이 자급자족에 만족하며 오순도순 함께 사는 마을 풍경을 염두에 둔 것이었다. 그러나 한국에서는 유교의 통속적 가치와 결합해 농민들이 살기 좋은 농촌을 만드는 데 힘을 쏟기보다는 "사람은 나서 서울로, 말은 제주도로 보내야!"라는 속담처럼 온통 교육에 매달렸다. 결과적으로 농촌의 생산성은 별로 개선되지 못하였고, 반면에 도시 중산층으로 발돋움하기를 기다리는 젊은 층이 양산되었다.

나. 도시형 중산층

박정희 군사정권은 산업화를 서두르며 도시개발에 힘을 쏟았다. 1970년대 서울 등 대도시를 중심으로 도시개발이 빠르게 진행되었다. 작가 조세희는 소설 《난장이가 쏘아올린 작은 공》(1978)에서 도시 주거문제를 다루었으며, 작가 윤흥길도 《아홉 켤레의 구두로 남은 사내》(1977)에서 도시 소시민이 잘못된 주거 정책으로 어떻게 하층민이 되고 말았는지를 사실적으로 묘사했다. 졸속으로 추진한 대규모 주거단지 조성사업은 소시민의 원성을 샀고 폭동을 유발하기도 했다는 이야기였다.

과연 1970년대의 도시 확장과 도시개발 사업은 산업화와 함께 진행되었다. 그런데 대단히 비민주적이고 폭력적으로 진행되어 소시민을 삶의 터전에서 밀어내고 하층 노동자로 전락하게 했다.[13] 그들은 대체로 전망이 없는 농업을 포기하고 대도시로 진출한 이농민이었다.

반면에 도시의 신흥 중산층으로 성공한 사람도 적지 않았다. 그들은 고등교육을 받아 대기업에 취업하였거나 교사와 공무원 등 안정된 직장을 확보한 농민의 자녀들이었다. 오늘날 부의 상징으로 통하는 서울 강남의 여러 지역에 거주하는 노년층이 대체로 그러하다. 그들은 1980년대부터 전문직 중산층으로 나날이 발전하는 대도시에서 남부럽지 않게 윤택한 삶을 누리며 한국의 지속적인 성장에 앞장섰다.

한국의 중산층은 대단히 유교적이다. 사회를 어지럽히는 사소한 행위도 용서하지 않을 정도로 규율을 중요시한다. 서울은 세계에서도 손꼽히는 대도시지만 범죄 발생률이 낮고, 늦은 밤에도 치안이 완벽하다. 지하철이나 많은 사람이 이용하는 공공장소에 소매치기가 전혀 없는 것은 물론이고, 실수로 잃어버린 물건도 대부분 바로 찾을 수 있다. 이처럼 공중도덕이 발달한 나라는 지구상에 거의 없다. 유교는 아직도 중산층의 일거수일투족을 규율하는 살아 있는 힘이다.

전문직의 위기

하지만 1990년대부터 도시 중산층인 장년층과 고령층 전문직 종사자도 노동시장에서 쫓겨날 위기를 맞이했다.[14] 1997년에 이른바 외환

위기 사태를 겪으며 고용시장이 크게 위축되었다. 이제 전문직이라도 평생 고용을 낙관하기 어렵게 되었다.

2000년 이후에는 전문직 종사자가 직장에서 조기에 퇴직할 가능성이 비전문직의 경우보다 더 높아졌다. 나이가 많고 교육수준이 낮을수록 더 불리해졌다. 직장 내에서 경쟁이 격화되었다. 상위 직급의 고용 기회는 줄었고, 기업조직이 더더욱 유연화했고 정년제가 실질적으로 파괴되었다. 성과에 따라 차등적인 연봉제가 시행되고, 일정한 나이까지 승진하지 못하면 정리해고를 당하게 되었다. 그게 아니라도 명예퇴직 대상이 될 가능성이 커졌다. 청년층의 취업이 어려워진 것은 어제오늘의 일이 아닌데, 그에 더하여 전문직 종사자까지도 직장에서 오래 버티기 어렵게 된 것이다.

대학 입시

과도한 교육열로 몸살을 앓아온 한국 사회는, 세상살이가 어려워졌다는 인식이 깊어지자 더더욱 대학 입시에 모든 것을 걸게 되었다. 요즘은 유치원에 다니는 나이부터 "의대 진학반"을 뽑는다는 말도 있다. 서울, 경기, 충청, 전라 지역에 있는 일반 공립학교, 종립학교(미션스쿨), 기독교 대안학교 학부모들을 대상으로 심층 면담한 결과가 필자의 관심을 끌었다.[15)]

일반적인 학부모들, 즉 종립학교와 일반 공립학교 학부모들은 대학 입시야말로 자녀의 행복한 삶에 필수적이며 "기본 스펙"을 쌓는 수단으로 보았다. 성공의 조건은 경제력이라고 생각하기 때문이다. 그들은 학교에서 학생 개개인의 인성, 체험, 특기, 적성에 따라 진로 지도를 하는 것은 불가능하다고 했다. 학교가 할 일은 학생이 희망하는 학교에 갈 수 있게 성적을 올리는 것이라고 주장했다.

그와는 달리 기독교 대안학교 학부모들은, 자녀의 성공이란 자신의 능력을 발휘하여 성취하는 것이며, 자신답게 살 수 있는 정신을 길러 다른 사람과 더불어 살 수 있다면 무슨 직업을 갖든지 성공이라고 했다. 알다시피 이런 학부모의 수는 극히 적은 편이다.

이상에서 서술한 것처럼 학부모들은 자신의 가치관에 따라 학교 교육에 거는 기대가 크게 달랐다. 그러면서도 이구동성으로 학교 교육의 문제점을 다음과 같이 지적했다. 지나치게 입시 위주인 데다 획일주의적이며 인성 교육과는 거리가 멀고, 창의성이 없는 교육이라고 했다. 한마디로, 경쟁주의 교육이라는 비판이었다.

이러한 분석 결과를 곰곰이 생각해보면, 대다수 부모가 잘못된 가치관을 가졌다기보다는 자녀들이 험난한 세상에서 어느 정도 경제적인 위치를 얻게 하려고 몸부림치는 것으로 보인다. 가문의 승계를 소중히 여기는 통속적 유교 가치가 지배하는 한국 사회라는 점을 고려할 때 누구나 빠지기 쉬운 유혹이라 하겠다. 기독교 대안학교에 자녀를 맡긴 극소수 학부모는 소신대로 살고 있으나, 보통 시민은 그렇게 결단할 수가 없다.

결론적으로, 한국 사회가 "입시 지옥"이 된 데는 지나치게 과열된 경쟁심과 사회적 불안이 그 저변에 놓여 있는 것이다. 수신(修身)과 과욕(寡慾)이라는 유교 덕목을 따를 수 있으면 좋겠다.

다. 미래의 직업

오늘의 세계는 이미 인공지능(AI) 시대에 접어들었다. 미국에서는 AI

기술을 통해 취업문제를 해결하는 '스타트업' 기업이 출현했다. 구글 출신 엔지니어가 설립한 "립에이아이(Leap.ai)"는 구인과 구직이 필요할 때 인공지능 기술을 활용해 도움을 준다.[16]

인공지능의 역할이 그 정도에 그치는 것은 물론 아니다. 앞으로는 단순한 업무뿐만 아니라 고차원적인 정신노동까지도 인공지능이 맡을 것이 명백하다. 장차 노동시장에 엄청난 변화가 일어날 것이다.[17]

1956년에 존 맥커시(John McCarthy)는 미국 다트머스대학에서 열린 학술대회에서 AI라는 용어를 처음으로 사용하였다. 그는 기계가 스스로 생각하고 인간과도 소통할 수 있는지를 궁금하게 여겨 많은 연구를 진행했다.

그때부터 약 70년이 지난 오늘날, AI의 발전을 둘러싸고 낙관론과 비관론이 첨예하게 대립한다. 낙관론자는 인공지능의 개입으로 생산성이 향상되고 효율성이 개선될 수 있다고 전망한다. 반면에 비관론자는 일자리 감소를 심각하게 우려한다. 과연 자동화가 고도로 진행되면 물리적 근로는 물론이고 정신 및 인지적 근로도 대체될 것이다. 산업혁명 이후 최악의 사회 경제적 파장이 있을 것이다. 분석, 기획, 의사결정과 같은 정신노동도 인공지능이 대체할 수 있다.

그러나 비관만 할 일은 아니다. 인공지능 사용으로 새로운 노동과 일자리가 창출될 가능성도 크다. 산업혁명으로 얼마나 많은 새 일거리가 생겼는지를 뒤돌아보라. 우리는 막연한 두려움 때문에 변화에 저항하기보다는 변화를 긍정적으로 수용하고 인류 사회의 효율성과 생산성을 높이는 동시에, 자유와 복지 증진에 인공지능이 이바지할 방법을 모색하는 것이 옳다.

산업혁명을 거치며 노동의 근대적 가치가 새롭게 형성된 역사가 있다. 19세기 말에 우리 선조들은 서구 열강의 침략에 위축된 나머지 제대로 대응하지 못하고 남의 식민지로 전락하기도 했다. 지나고 보면 모든 일에는 긍정과 부정 두 가지 측면이 다 있었다. 설사 미증유의 사태가 온다 해도 우리에게 익숙한 보편 가치를 잃지 않고 차분하게 대응한다면 반드시 좋은 해법을 발견할 수 있다. 인공지능의 습격에 당황하지 말고, 이 기회에 선조들이 꿈꾸었던 대동사회의 이상을 효율적인 방법으로 실천하면 좋겠다. 일찍이 송나라 최고의 성리학자 주희가 주장했듯이, 대단한 개혁은 사회가 크게 혼란한 때를 기다려서 시행해야 성공하는 법이다.

현대의 선비
—지식인의 미래

20세기에도 선비란 존재는 이 땅에서 사라지지 않았다. 다가올 미래에도 유교적 지식인이기도 한 평민지식인에게 거는 세상의 기대가 적지 않다.

가. 유교적 지식인-두계 이병도

두계(斗溪) 이병도(李丙燾)는 20세기를 대표하는 역사가였다. 그는 한국 근대의 실천적 지식인이기도 했는데 근본적인 의미에서 큰선비였다. 그 특징은 다음 두 가지로 설명하는 것이 좋겠다.

첫째는 유교적 금욕주의를 실천하였다는 점이요, 둘째는 수기치인(修己治人)의 이상을 품은 학문 지상주의자였다는 사실이다. 이병도는 유교적 가치인 성실과 진실을 실천하기에 힘썼다. 시간을 금쪽같이

- 미국의 명문 프린스턴대학교.
  근대적 실증사학자였던 두계 이병도에게 명예 박사학위를 수여했다.

아낀 진정한 학자였으며, 매사에 과욕(寡慾)한 선비였다. 그는 내성(內省)을 중시하는 검소하고 소박한 생활에 만족한 지식인이었다. 성리학적 금욕주의를 실천한 것으로 평가하고 싶다.

이병도는 날마다 냉수나 온수 마찰을 게을리하지 않았다. 그는 스물여덟에 늑막염을 앓고 나서부터 아침마다 세수하고 그 물에 수건을 적셔 상체를 마찰하였다.[18] 여름에는 냉수로, 겨울에는 온수로 마찰하는 방식이었는데, 노년에는 전신 마찰을 하였다.[19] 노년이 되자 한 시간 이상 계속해서 책상에 앉아 있지 않았다.[20] 척추 건강을 위해서도 그처럼 세심하게 신경을 썼다.

또, 건강을 지키려고 아침마다 산책을 즐겼다. 약 30분간 길을 걷고 집으로 돌아와서 아침 식사를 하였다.[21] 아침은 죽으로 먹었다. 술은 본래 즐기는 편이 아니었고 커피는 하루에 두 잔 정도에 그쳤을 정도로 음식 섭취에도 절제를 중시했다.[22] 그는 늘 담담하고 욕심이 없어 평정심을 유지하였다. 아마도 그것이 장수의 비결이 아니었나 짐작될 만큼 이병도는 매사에 조심하였다.[23]

그의 친구 중에도 비슷한 생활습관을 가진 이가 적지 않았다. 해공 신익희는 아침마다 마당을 비로 쓸었는데, 하루의 건강을 위해서라고 했다.[24] 신익희는 날마다 붓을 들어 정신통일을 기했다.[25] 이병도도 그러했고 신익희를 비롯한 여러 친구도 사대부의 후예로, 유교적 금욕주의가 어린 시절부터 몸에 배어 있었다. 그들의 언행에는 공맹(孔孟)의 가르침이 근저를 이루었다.

학문 지상주의

유가의 전통을 고스란히 물려받았으므로, 이병도는 학문 지상주의의 길을 갔다. 그는 자신이 평생 학자의 길에 매진할 수 있게 된 것은 부인의 내조 덕분이라며 감사의 마음을 숨기지 않았다. 결혼 당시 그는 15세였고, 조씨 부인은 한 살 위인 16세였다. 부인은 진명여학교 우등생으로 신학문의 유익함까지 잘 아는 현모양처였다.

부인이 헌신적으로 이병도의 학구적인 생활을 뒷받침하였다. 그들 부부는 젊어서부터 서로 마음이 잘 맞아 선비 가문의 가풍을 유지함으로써 자녀들이 근대사회의 주역으로 성장했다. 부부는 학문의 힘으로 세상의 주요한 문제를 모두 해결할 수 있다고 확신했다. 학문이 아니면 문제를 해결할 수 없다는 믿음은 유학에서 비롯된 것이지만, 근대적 인생관에도 부합하는 것이었다. 부부 슬하에서 뛰어난 학자가 쏟아져 나온 것은 우연이 아니었다. 심지어 손자녀 중에도 학자가 압도적으로 많았다. 이병도는 인생의 진정한 행복이란 천생배필을 만나 시종일관 함께 인생의 파도를 헤쳐 나가는 데 있다고 주장할 정도였다.[26]

그는 개명한 근대적 지식인이었으므로, 성별에 따라 남녀의 사회적 역할을 나누지 않았다. 가령 자신이 가장 존귀하게 여기는 학자라는 직업에 대하여도 남녀 구별은 없다고 말하였다. 학자란 무엇을 하는 사람인가. 당연히 이병도는 유가의 관점에서 이 문제를 바라보았다. 우선 학자란 그 생활이 원래부터 화려하지 못한 것이며, 지지부진하고 무미건조하다고 했다.[27] 그러므로 학술에 관하여 특별한 의지와 취미를 가지고 계속하지 않으면 제구실을 할 수 없다고 보았다.[28] 학자는 남의 칭찬이 있든지 없든지, 세평이 어떠하든지 조금도 구애받지 말아야 한다는 것이다.[29]

학자는 생활환경을 번잡하게 만들면 곤란하다고 그는 말했다. 특히 여성으로서 학자가 되려는 사람은 가정생활을 간소하게 하는 데 유념해야 할 것이라고 하였다.[30] 또, 학자는 자신의 전문 분야 외에 지나치게 다방면에 걸쳐 호기심을 드러내지 말라고 경고하기도 했다. 오직 전문 분야를 구심점으로 삼아 점차 그 탐구 범위를 넓히는 것이 당연하다는 충고를 아끼지 않았다.[31]

이병도는 비판적인 학문 연구를 실천했고, 독창적인 성과를 지향하였다.[32] 학구 생활에서 조그만 진리라도 발견한다면 남이 알지 못하는 법열(法悅)을 느낀다며, 그 순간이야말로 자기도 잊어버리고 모든 영광과 욕심도 잊어버리게 되며, 이것이 곧 학자 생활의 극치라고 하였다.[33]

손자 이웅무가 미국 유학을 떠날 때도 할아버지 이병도는 훈계하기를, "학문에 종사할 때 남이 한 것을 뒤따르지 말고 너의 독창적인 분야를 찾으라"라고 당부했다. 그 손자는 평생 할아버지 말씀을 기억하며, "내가 벗어나기 어려웠던 계율 같은 것이었다"라고 회상하였다.[34] 평일에도 이병도는 강조하기를, "진리를 탐구하려면 적어도 오리지널리티가 있는 것, 생명이 있는 것, 길게 남을 수 있는 자기의 견해라든지 학설을 발표해야 합니다"라고 하였다.[35] 이런 데서도 알 수 있듯 이병도가 추구한 것은 물론 근대 과학이었으나, 그가 힘써 말한 학자의 태도와 삶의 방식에는 유가의 향기가 짙게 배어 있었다.

물론 근대적 학자가 발견하려 애쓰는 진리란, 유가의 진리와는 거리가 있었다. 그러나 그가 구하는 진리는 다분히 중층적이었다. 한편으로 그것은 근대적이었으나, 깊이 생각해보면 유가의 진리와 일맥상통하였다.

예컨대, "진리와 법칙은 현상에 나타나지 않고 자재(自在)해 있습니다. 이 보이지 않는 속에 보는 것이야말로 바로 진리 탐구입니다."[36]라고 말했을 때 그는 양복을 입은 성리학자였다. 그의 진리는 곧 성리학의 리(理)와 다를 바 없었다. 또, "정(精)해야 한다는 것은 진실해야 한다는 뜻이며, 치밀해야 한다는 뜻이며, originality가 있어야 한다는 의미입니다."[37]라는 표현은 어떠한가. 여기서 우리는 격물치지(格物致知)에 힘쓰는 도학자(道學者)의 모습을 떠올리게 된다. 끝으로, 이병도가 근대 대학의 목표를 "대학의 근본 사명은 교육하는 일이며 연구하는 일이며 훌륭한 인격자, 지도자, 학자를 양성하는 일입니다."[38]라고 설명한 데서도 유학자의 여운을 느낀다. 곧 그는 "훌륭한 인격자"로 대표되는 인재를 기르고자 하였던 것인데, 이야말로 전통적인 양사(養士)와 통하였다.

요컨대 두계 이병도의 근대성은 전통과 단절되지 않고 서로 기맥이 통하는 것이었다. 따라서 그는 현대의 굉유(宏儒)였다고 볼 수 있다. 모든 문제의 근본적 해결책은 진정한 자성에 있다는 주장인데, 이러한 유가적 사유야말로 이병도의 사상적 특징이었다.

우리 주변을 자세히 살펴보면 두계 이병도와 비슷한 어른들이 적지 않았다. 20세기 한국은 유학을 멀리하고 서구식 근대화에 박차를 가한 것으로 믿기 쉽다. 그러나 "근대화의 기수"를 자세히 검토해보면 유학자 또는 선비 아닌 이가 거의 없었다.

나. 평민지식인의 미래

한국의 21세기를 더욱 빛나게 하는 이는 평민지식인일 것이다. 동학을 창도한 수운 최제우와 그 뒤를 이은 해월 최시형, 동학농민혁명을 이끈 전봉준, 김개남, 손화중 등이 모두 평민지식인이었다. 산업화의 주역이 되었던 많은 전문가와 민주화의 선봉에 섰던 사람들도 하나같이 평민지식인이었다.

2016~17년에 세계를 깜짝 놀라게 한 "촛불 시민혁명"이며, 2024~25년에 한국 사회에 엄청난 변화를 가져온 "빛의 혁명"도 평민지식인이 그 중심에 있었다. 그들은 사회적 약자를 보호하는 데 성심성의껏 노력하는 사람들이며, 우리 사회를 조금 더 민주적이고 정의롭게 만들고자 하는 소망을 품고 있다.

토마 피케티, 불평등에 주목하다

우리는 사회적 변화를 갈망한다. 그럼 무엇을 어떻게 바꿀 것인가. 프랑스 경제학자 토마 피케티의《21세기 자본》이 말을 걸어온다. 피케티는 방대한 자료를 기반으로 자본주의 사회의 약점을 파헤쳤다. 알다시피 자본주의는 많은 강점이 있으나, 약점도 있다.

피케티는 '불평등' 문제에 주목했다. 2014년에 출간된《21세기 자본》에서 그는 기존의 경제 이론을 비판하며, 불평등을 근본적으로 해결할 방법을 제시했다.

피케티의 역사적 성찰에 따르면 자본소득이 노동소득을 능가한 데서 심각한 문제가 발생했다. 월급보다 이자수익 또는 임대수입이 월등히 높았다는 것인데, 현대 사회에서 자본소득 증가율은 연간 4~5퍼센트로 집계되었다. 그에 비해 노동소득 증가율은 1~1.5퍼센트에 불과했다.

이런 차이가 쌓여서 빈부격차가 나날이 확대되었다. 부를 세습하는 것이 당연한 관습으로 굳어졌다. 피케티는 빈부격차의 고질적인 문제를 고발하고, 불평등 문제를 정치적으로 해결하는 데 시민들이 주목하기를 바란다.

자본소득이 노동소득보다 월등히 높으면 심각한 문제가 일어난다. 시간이 한참 흐르면 중산층이 사라지는 것도 필연적이다. 결국에는 오늘의 중산층이 하류층이 되고 만다. 얼마 안 가서 극소수 부자들이 세상의 자본을 독점하게 될 것이다.

이러한 미래를 염려하며 피케티는 대안을 마련했다. '글로벌 자본세'가 그것이다. 알다시피 빈부격차를 제도적으로 줄이는 방법은 세금뿐이다. 그래서 피케티는 소득세, 자본세, 상속세에 누진세를 강화하는 방법을 고안했다. 특히 자본소득에 과세하는 것이 각별히 중요한 의미를 띤다.

- 토마 피케티의 저서 《21세기 자본》 표지. 기존의 경제 이론을 비판하며 불평등을 근본적으로 해결할 방법을 제시하는 책이다.

연전에 언론을 통해 명백하게 드러난 사실이지만, 오늘날 전 세계 재벌들은 지구를 배회하며 '조세 피난처'를 찾기에 여념이 없다. 그러므로 피케티가 구상하는 자본세가 소기의 목적을 달성하려면 '글로벌 자본세'라야 효과를 낼 수 있다.

소득세나 상속세를 조금만 높이려 해도 부자들의 조세저항이 적지 않다. 하물며 '글로벌 자본세'를 어떻게 강요하겠는가. 아마 피케티가 의도한 대로 되기는 어려울 것이다. 그러나 세율 증가를 통해서라도 현대 사회의 근본 문제를 해결하려 노력하는 피케티의 의지가 아름답다고 생각한다.

불평등 문제가 개인 간에 국한된 문제는 아니다. 국가 간에도 심각한 격차가 있어 세상을 혼란스럽게 한다. 역시 피케티가 확인한 사실이지만, 18세기 서유럽의 1인당 소득은 동시대의 인도를 비롯하여 아프리카, 중국의 1인당 소득보다 별로 높지 않았다. 기껏해야 30퍼센트 정도 높았을 것으로 추정된다.

현재는 어떠한가. 국가 간 경제적 불평등이 극심하다고 할 수밖에 없다. 이 문제는 어떻게 해결할 것인가. 국가 간 민주주의를 실천하는 것이 정답이겠으나, 강대국이 과연 기득권을 양보하겠는가.

현실에는 이상사회가 존재하지 않는 법이다. 그러나 어찌할 수 없는 현실이라고 해서 말없이 수용하기에는 너무도 억울한 일이 많다. 이루 헤아릴 수조차 없이 많은 사람이 고통을 겪고 있는데 어찌하랴. 피케티의 학문적 고뇌는 바로 그러한 인식에서 비롯되었다. 뚜렷한 인식이 모든 해결책의 출발점이다.

"좋은 사회란 자신이 속한 사회가 결코 현재로는 충분하지 않다고 생각하는 사람들이 많은 곳입니다."_지그문트 바우만

04

꼭 유학이어야 하는가
— 법고창신

많은 사람이 필자를 진보주의자라고 하지만, 글쎄다. 옳은 말도 같지만 틀린 말이기도 하다. 옛것을 잘 익혀 새것을 알아낸다(溫古而知新)는 말씀에 동의할 때가 많으므로 보수주의자라고 해야 옳겠다.

앞에서 살핀 것처럼 현대 한국의 눈부신 발전은 하이브리드의 결과였다. 수많은 정책과 힘찬 노력의 결과처럼 보이나, 심층적으로 분석해보면 유학을 비롯한 전통사상을 현대 기술 및 사조와 융합한 결과이기도 했다. 그럼 유학의 전통이 없는 나라는 어떻게 할 것인가. 그들에게는 크게 성공할 기회가 영영 오지 않을까? 그럴 리가 없다고 생각한다. 어떠한 문화든지 시대를 초월해 빛을 발하는 보편 가치가 있을 테고, 그것을 오늘에 되살리면 성취의 보람이 있을 것이다.

이른바 문화적 융합이 필수인데, 그것이 언제나 순조롭지도 않으며 더구나 순정(純正)과는 거리가 멀다. 한국 사회의 역사적 경험이 그런 사실을 증명한다. 꼭 동기가 훌륭해야 되는 것도 아니고, 과정이 합리적이라야만 성과가 나는 것도 아니다. 세상에 어떤 일이 그렇게 될 수 있겠는가. 흔들리고 비틀거리면서라도 한 곳으로 방향을 정해서 꾸준히 나아가면 되는 것이다.

가. 고유문화의 중요성

지역마다 나라마다 고유문화가 다르다. 필자가 보기에는 한 나라의 고유문화가 이슬람이든 불교든 그것이 중요하지는 않다. 어떠한 고유문화도 한국의 유학처럼 하이브리드에 성공할 수 있다.

특히 이슬람 문화권은 상업과 수공업 전통이 훌륭하다. 존 차피(John W. Chaffee)라는 미국 교수는 이슬람(무슬림) 상인과 중국의 무역을 연구했다. 알다시피 중국 동남부 지역에는 이미 8세기에 페르시아와 아랍 커뮤니티가 등장했다. 그들은 14세기까지 무려 700년 동안 교역 활동에 종사하였다. 송나라와 원나라 때의 일이었다. 이슬람 디아스포라는 때로는 평화롭게 교역에 종사했으나, 때로는 중국의 학대와 억압에 시달렸다.[39] 까마득한 옛날에도 이슬람은 우리와 매우 가까운 곳까지 파고들어 각종 교류 사업에 열을 올릴 정도로 진취적이었다.

바그다드의 영광

중세가 되면 서유럽 문명은 쇠락하여 문맹과 폭력이 난무하는 곳으로 전락했다. 그러나 이슬람 세계는 전혀 달라 압바스 왕조의 수도 바그다드는 전성기를 구가했다. 왕립 도서관 '지혜의 전당(집현전)'에는 그때까지 인류가 축적한 과학과 기술 및 사상의 열매가 보존되었다.[40]

지혜의 전당은 다양한 학문을 연구하고 그리스어와 라틴어로 저술한 고전을 번역하기에 힘썼다. 의학자 아비센나를 비롯하여 수학자 알 카와리즈미, 화학자 자비르, 지도 제작의 명인 알 이드리시 등이 지혜의 전당을 빛냈다.

이슬람 덕분에 서구 문명이 회생했다. 11세기부터 유럽의 호기심 많은 학자들은 우선 아랍어를 공부해 이슬람 세계가 발전시킨 과학과 철학에 관한 지식을 습득하고 그리스와 로마의 고전 사상을 배웠다.

이슬람 문명 덕분에 중세 유럽인은 자신들의 고전 문명을 재발견했고, 이슬람 학자들이 얻은 지적 성과까지도 수용해 드디어는 "르네상스" 시대를 열었다. 오늘날 일부 이슬람 세력이 퇴행적이고 폭력적이며 지극히 폐쇄적인 것은 사실이다. 하지만 이슬람의 문화적 역량은 간단히 무시해도 좋을 만큼 천박한 것이 아니다. 이슬람 국가도 신구 문명을 조화롭게 융합한다면 폭발적인 성과를 얻을 수 있으리라 확신한다.

인도의 힘

누구나 실감하듯 인도 역시 거침없이 성장을 거듭하고 있다. 골드만삭스가 만든 브릭스(BRICs)에 관한 보고서를 참고하면 인도는 미래 글로벌 경제의 성장 동력인 동시에 문화 콘텐츠 소비시장의 기대주이다. 대단히 흥미로운 나라인 것이다.

인도는 복합적인 다문화 체계를 가지고 있는데, 정치, 사회 및 경제적인 측면에서 다양한 특징을 가지고 있다.[41] 우선 정치와 사회적으로는 5가지 특징을 가지고 있다.

첫째, 오랫동안 민주주의를 유지해왔으며 빈민 구제에 힘쓰는 전

9세기경 이라크 바그다드에 설립된 왕립 도서관 '지혜의 전당'. 다양한 학문을 연구하고, 고대 그리스 학자들의 주요 저작을 번역하며 이슬람 문화의 꽃을 피웠다.

5_유교적 산업사회

통이 있다. 둘째, 권력 지향적이고 권위주의에 젖어 있다. 셋째, 집단주의적이면서도 다른 한편으로 개인주의 성향도 강하다. 넷째, 종교는 생활 중심이며, 다섯째, 미래보다 현재에 충실한 문화를 가지고 있다. 경제적으로는 한편으로 황금주의가 팽배하지만, 다른 한편으로 함부로 사치하기보다는 실용적인 소비문화가 발달했다. 두말할 필요도 없이 인도는 자국의 문화 전통을 바탕으로 곧 세계가 주목하는 강대국으로 부상할 것이다.

유학이냐 불교냐 이슬람이냐가 중요한 관건은 아닐 것이다. 어느 나라든지 긴 세월에 걸쳐 계승 발전한 보편 가치를 발견해, 현대 문명의 중요한 요소와 융합하면 된다. 그 효과가 바로 눈앞에 나타나지는 않겠으나, 줄기차게 노력하면 반드시 성과가 있을 줄 믿는다.

다. 하이브리드의 다면성

하이브리드 또는 융합이 꼭 순수해야 하는 것도 아니다. 융합의 동기가 순수하고, 과정이 합리적이고 일관적이어야만 되는 것도 아니다. 불순물이 많이 섞였다고 해서 꼭 나쁜 것도 아니다. 인간사가 복합적이고 다면적이듯 문명 간의 융합도 그러하다.

한국의 민주화라든지 산업사회로의 전환을 보아도 알 수 있듯 왜곡과 굴절도 적지 않았다. 우리는 무균 처리가 된 실험실에서 백색 가운을 입고 역사를 제조하는 것이 아니다. 역사는 보호된 온실이나 외부와 완전히 차단된 밀폐 공간에서 벌어지는 이야기가 아니다. 잘 훈련된 대표 선수만 운동장에 나가서 휘황한 조명과 군중의 환호와 갈채를 받으며 진지하게 시합을 벌이는 형국도 아니다.

선의와 악의가 뒤섞이고, 본말이 전도되기 일쑤이며, 온갖 간섭과 협잡이 동시다발적으로 일어나는 공간에서 인간의 역사는 이루어진다. 문명 간의 융합도 그러하다.

모든 역사적 사건과 사상은 당위(Sollen)가 아니라 존재(Sein)의 문제이다. 비유하면 산소(O) 하나와 두 개의 수소(H_2)가 결합하면 물이 된다. 세상에 산소와 수소는 이루 헤아릴 수 없이 많으나, 그것이 물이 되려면 반드시 산소는 하나요, 수소는 둘이라야 한다. 꼭 그만큼은 법칙적이다. 그러나 우리에게 주어진 물이 순수한 증류수일까? 또, 증류수여야만 하는 것일까? 그렇지 않을 것이고, 그래야만 될 이유도 별로 없다. 가재는 1급수가 아니면 살지 못한다고 하지만, 정원에 심은 꽃과 나무에 물을 주기 위해서라면 2급수나 3급수라도 문제 될 것은 별로 없다. 3급수는 깨끗한 물이 아니지만, 잉어, 붕어, 뱀장어, 메기, 미꾸리, 미꾸라지, 동자개 등이 살기에는 적합한 환경이다.

역사는 비유컨대 1급수에서 4급수를 모두 가지고 있다. 그런데 혹자는 증류수 또는 1급수만을 물이라고 고집한다. 유감스럽게도 증류수에서 살 수 있는 어종은 하나도 없으며, 1급수에는 산천어, 둑중개, 버들개, 열목어, 버들치, 금강모치가 산다. 그럼 산천어와 둑중개가 아니면 물고기가 아니라고 고집할 셈인가.

자주 흔들리고 비틀거리면서도 현대 한국이 오늘에 이른 것은 실로 기적이었다. 이 땅을 지켜온 모든 이의 공이요, 그들의 가슴 깊이 자리한 보편 가치 유학의 힘이었다.

주

1. 개신교와 근대 산업사회

1) 칼뱅주의 신학을 이해하려면 다음과 같은 책을 참조할 것. 아브라함 카이퍼, 《아브라함 카이퍼의 칼빈주의 강연 – 문화 변혁의 기독교 세계관 선언서》, Abraham Kuyper Series 2, 박태현 역, 다함(도서출판), 2022; 제임스 K. A. 스미스, 《칼빈주의와 사랑에 빠진 젊은 이에게 보내는 편지》, 장호준 역, 새물결플러스, 2011; 정요석, 《칼뱅주의 5대 교리 완전정복 – 도르트 신경의 관점에서 이해하고 적용하기》, 세움북스, 2019.
2) 장 칼뱅, 《기독교 강요 – 1541년 프랑스어 초판》, 김대웅 역, 복있는사람, 2022.
3) 막스 베버, 《프로테스탄티즘의 윤리와 자본주의 정신 – 보론: 프로테스탄티즘의 분파들과 자본주의 정신》, 코기토 총서: 세계 사상의 고전 21, 김덕영 역, 길, 2010. (원제: Die protestantische Ethik und der 'Geist' des Kapitalismus, 1905년)
4) 페르낭 브로델, 《물질문명과 자본주의》 1~2, 제2판, 주경철 역, 까치, 2024.
5) 요제프 알로이스 슘페터, 《자본주의 사회주의 민주주의》, 이종인 역, 북길드, 2016.
6) Kurt Samuelsson, Religion and Economic Action: The Protestant Ethic, the Rise of Capitalism and the Abuses of Scholarship(RSART: Renaissance Society of America Reprint Text Series) Paperback – November 11, 1993.
7) R. H. 토니, 《기독교와 자본주의의 발흥》, 한길그레이트북스 140, 고세훈 역, 한길사, 2015. (원제: Religion and the Rise of Capitalism)
8) 피터 마셜, 《종교개혁》, 이재반 역, 교유서가, 2016. (원제: The Reformation: A Very Short

Introduction)

9) Thomas Knapp, The Catholic Labor Movement in Germany 1850-1933: A Survey and a Commentary, 2008.

10) 로드니 스타크, 《우리는 종교개혁을 오해했다 - 교회가 500년간 외면해온 종교개혁의 진실》, 손현선 역, 헤르몬, 2018. (원제: Reformation Myths, 2017)

11) 대런 애쓰모글루, 제임스 로빈슨(James A. Robinson), 《왜 국가는 실패하는가》, 최완규 역, 시공사, 2012. (원제: Why Nations Fail)

12) 너새니얼 호손, 《주홍 글씨》, 컬러 명화 수록 무삭제 완역본, 현대지성 클래식 62, 이종인 역, 현대지성, 2025. (원제: The Scarlet Letter)

13) 장 칼뱅, 《기독교 강요》, 2.2.16.

14) 강영택, 〈미국 공교육의 전개와 기독교의 역할〉, 《한국기독교신학논총》, 37호, 2014, 167~198쪽.

15) 박은진, 〈독립혁명기 미국 기독교의 시민 종교화〉, 《미국사 연구》 24호, 2006, 117-138쪽.

16) 리처드 백스터, 《탐심 - 세상과 부에 대한 사랑》, 황영광 역, 생명의말씀사, 2021; 《기독교 생활 지침》 1~5, 청교도 대작 시리즈 12, 박홍규 역, 부흥과개혁사, 2018~2021.

17) 길상엽, 〈교회와 국가의 관계: 종교의 자유를 중심으로〉, 《조직신학연구》, 36호, 2020, 82~111쪽.

18) 알렉시 드 토크빌, 《미국의 민주주의》 1~2, 한길그레이트북스 24, 임효선, 박지동 역, 한길사, 1997, 2002.

19) 앤드류 카네기, 《앤드류 카네기 부의 복음》, 박별 역, 나래북. 예림북, 2014.

20) 이정일, 〈피에르 부르디외의 자본의 유형으로 본 카네기 기부의 성격〉, 《로고스경영연구》 14권 1호, 2016, 33~48쪽.

21) 유경동, 〈라인홀드 니버의 민주주의에 대한 소고〉, 《신학사상》, 190호, 2020, 153~182쪽.

22) 성신형, 〈라인홀드 니버의 《정치학》에 드러난 "미국정신"에 대한 연구〉, 《기독교사회윤리》, 38호, 2017, 49~72쪽.

23) 이국헌, 〈라인홀드 니버의 인간 이해와 경제 정의〉, 《신학사상》, 162호, 2013, 187~220쪽.

24) 노먼 빈센트 필, 《노먼 빈센트 필의 긍정적 사고방식 - 어떻게 자신의 행복을 창조할

25) 유성진, 〈미국정치 보수화의 한 단면: 기독교 우파의 부상과 공화당 지지기반의 재편〉, 《국제정치논총》, 48권, 3호, 2008, 149~171쪽.
26) 닐스 C. 닐슨, 《미국의 정치와 기독교 – 조지 워싱턴에서 버락 오바마까지》, 한귀란 역, 글로벌콘텐츠, 2015. (원제: God In The Obama Era: Presidents' Religion and Ethics from George Washington to Barack Obama)

2. 유학의 나라 조선의 특징

1) 이황, 《역주 퇴계전서(譯註 退溪全書)》 2, 퇴계학연구소, 1991, 595쪽.
2) 이상과 같은 논의에 관해서는 아래의 논저를 참조할 것. 김우형, 〈하서(河西) 성리학의 철학사적 고찰 – 한국 유학사에서 지각론(知覺論)의 태동과 하서의 역할〉, 《유학연구(儒學研究)》, 23호, 2010; 백승종, 《대숲에 앉아 천명도를 그리네》, 돌베개, 2003; 윤사순, 〈하서 김인후의 천명사상〉, 《하서 김인후의 사상과 문학》, 1호, 1994.
3) 기대승, 《국역 고봉집(國譯 高峯集)》 4, 민족문화추진회, 1997, 343쪽.
4) 김낙진, 〈주리론(主理論)으로 읽어본 기대승(奇大升)의 사단칠정론〉, 《퇴계학보》, 124호, 2008, 1~36쪽.
5) 정재현, 〈사단칠정론 해석에서 리기론(理氣論)이 왜 필요한가?〉, 《철학논집》, 79호, 2024, 7~28쪽.
6) 이숭일(李崇逸), 《항재집(恒齋集)》 속집(續集) 권 1, 서(書), 〈존재 형님께 올림(上存齋兄)〉.
7) 금장태, 고광식, 《유학근백년(儒學近百年)》, 박영사, 394~395쪽.
8) 백승종, 《해월 최시형 – 세상을 구한 평민지식인》, 논형, 2025.
9) 백승종, 《생태주의 역사 강의》, 한티재, 2017; 김용휘, 〈해월 최시형의 공경과 살림의 평화사상〉, 《통일과 평화》, 9권, 2호, 2017, 5~24쪽.
10) 이상호, 〈유교의 대동사회(大同社會)에 관한 연구〉, 《윤리교육연구》, 74호, 2024, 227~257쪽.
11) 조항덕, 〈삼봉(三峰) 정도전(鄭道傳)의 개혁사상(改革思想)〉, 《동양철학연구》, 70호, 2012, 1~30쪽.
12) 백승종, 《세종의 선택》, 사우, 2021.

13) 정윤재, 〈세종대왕의 "천민/대천이물"론과 "보살핌"의 정치〉, 《동양정치사상사》, 8권, 1호, 2009, 145~161쪽.

14) 백승종, 《문장의 시대, 시대의 문장》, 김영사, 2020.

15) 정출헌, 〈유교 문명으로의 전환과 '시대의 스승', 김종직과 김시습(Ⅰ)—세종 - 세조대 유교 지식인의 자기 정체성 모색을 중심으로—〉, 《민족문화연구》, 80호, 2018, 7~47쪽.

16) 이상익, 〈도학사상(道學思想)과 소통(疏通)의 정치(政治) : 정암(靜菴) 조광조(趙光祖)를 중심으로〉, 《정치사상연구》, 13권, 2호, 2007, 7~30쪽.

17) 윤석호, 〈《맹자(孟子)》를 척도로 본 조선 후기 공전(公田) 담론의 경세학적 층차〉, 《학림》, 48호, 2021, 291~342쪽.

18) 김경호, 〈낙세(樂世)에 대한 열망 - 시천주와 후천개벽을 중심으로〉, 《동학학보》, 42호, 2017, 261~293쪽.

19) 김영수, 〈군신공치제의 이론과 현실 : 태조 - 세종대의 정치운영을 중심으로〉, 《동양정치사상사》, 7권, 2호, 2008, 29~58쪽.

20) 신동은, 〈조선 전기 경연(經筵)의 이념과 전개 - 태조 ~ 중종 연간을 중심으로 -〉, 《한국학》, 32권, 1호, 2009, 57~79쪽.

21) 조성택, 최연택, 〈고려와 조선왕조의 관리등용제도 변화 연구: 음서제를 중심으로〉, 《한국행정사학지》, 27호, 2010, 1~22쪽.

22) 김남이, 〈조선 전기 유생 상소와 조정공론 - 15세기 유생 상소를 중심으로 -〉, 《한문고전연구》, 45권, 1호, 2022, 1~52쪽.

23) 김영주, 〈조선 시대 성균관 유생의 권당(捲堂)·공관(空館) 연구 : 개념과 기원, 절차와 군주의 대응, 현황과 문제점을 중심으로〉, 《언론과학연구》, 8권, 4호, 2008, 253~298쪽.

24) 구만옥, 〈집현전(集賢殿)의 조직과 운영 체계〉, 《인문논총》, 78권, 2호, 2021, 163~203쪽.

25) 신동훈, 〈조선 전기 초택(抄擇) 인사 운영과 홍문록(弘文錄)〉, 《한국학》, 46권, 3호, 2023, 7~43쪽.

26) 이은진, 〈'불기록(不欺錄)'을 통해 본 정조대 초계문신(抄啓文臣)의 활동과 기억〉, 《장서각》, 50호, 2023, 298~334쪽.

27) 이수동, 〈조선 시대 잡과의 음양과(陰陽科) 연구 - 택일과목을 중심으로 -〉, 《원불교사

상과 종교문화》, 51호, 2012, 213~253쪽.

28) 허문행, 〈조선 시대 추고경차관 제도의 운영〉, 《한국문화연구》, 38호, 2020, 109~135쪽.

29) 조한필, 〈조선 영조대 별견어사(別遣御史)의 성격〉, 《역사와 담론》, 98호, 2021, 123~160쪽.

30) 김성희, 〈조선 영조 연간 이조낭선(吏曹郎選) 개혁과 홍문관 인사제도〉, 《한국학》, 46권, 3호, 2023, 83~118쪽.

31) 이영춘, 〈조선 시대의 청백리(淸白吏) 녹선(錄選)과 청백리안(淸白吏案)〉, 《조선시대사학보》, 84호, 2018, 7~41쪽.

32) 강문식, 〈의궤(儀軌)를 통해 본 '영조실록(英祖實錄)'의 편찬 체계〉, 《조선시대사학보》, 54호, 2010, 195~232쪽.

33) 김선영, 〈1811년(순조 11) 화재 이후 춘추관 실록 봉안에 관한 연구〉, 《진단학보》, 142호, 2024, 159~193쪽.

34) 허태용, 〈노론이 편찬(編纂)하고 소론이 보정(補正)한 숙종실록〉, 《역사학연구》, 96호, 2024, 111~146쪽.

35) 윤훈표, 〈조선 초기 경연에서의 역사서 강의〉, 《동방학지》, 206호, 2024, 1~36쪽.

36) 엄태용, 신승운, 〈'국조보감(國朝寶鑑)'의 편찬(編纂)에 관한 연구(硏究)〉, 《서지학연구》, 77호, 2019, 287~322쪽.

37) 신병주, 〈조선 후기 기록물 편찬과 관리〉, 《한국기록학연구》, 17호, 2008, 39~84쪽.

38) 문광균, 〈조선 후기 문헌을 통해 본 전라도 법성창의 실상〉, 《해양문화재》, 19호, 2023, 202~239쪽.

39) 채휘균, 〈조선 중기 과거시험에 대한 미시적 연구-『계암일록(溪巖日錄)』에 나타난 과거 시험장의 폐단과 갈등을 중심으로〉, 16권, 1호, 2015, 225~252쪽.

40) 송만오, 〈조선 시대 문과에 대한 연구의 회고와 전망〉, 《전북사학》, 73호, 2025, 5~36쪽.

41) 계승범, 〈새 유교 세대의 출현: 사림의 유교화 정풍운동-사림파 학설 비판과 그 대안 설명-〉, 《서강인문논총》, 71호, 2024, 35~72쪽.

42) 백광열, 〈'문화유씨가정보' 수록 동서 분당(1575) 관련 인물들의 인적 관계〉, 《태동고전연구》, 52호, 2024, 99~138쪽.

43) 이동화, 〈18세기 전반 이익(李瀷)의 붕당론과 정치질서 구상〉, 《한국사상사학》, 63호,

44) 이해준, 〈칠곡 인동장씨 정사·서당·서원 건립 활동과 성격〉, 《한국서원학보》, 8호, 2019, 49~64쪽.
45) 지정민, 〈조선전기 교관천거제도의 시행과 변용: 사유록(師儒錄)의 사례〉, 《교육사학연구》, 23권, 2호, 2013, 203~227쪽.
46) 이욱, 〈18세기 가학(家學) 전승과 문중서당(門中書堂)〉, 《국학연구》, 18호, 2011, 129~155쪽.
47) 임선빈, 〈고문서(古文書)를 통해 본 조선후기 직산향교(稷山鄕校)의 운영실태〉, 《고문서연구》, 21호, 2002, 169~198쪽.
48) 평민지식인의 성장을 다룬 여러 권의 책을 저술했는데, 최신작으로는 다음과 같은 책이 있다. 백승종, 《해월 최시형 – 세상을 구한 평민지식인》, 논형, 2025.
49) 육수화, 〈조선 시대 서적의 보급과 교육기관의 장서 관리 : 관 주도의 도서간행을 중심으로〉, 《교육사학연구》, 25권, 1호, 2015, 85~106쪽.
50) 김민현, 〈강릉(江陵) 선교장(船橋莊) 장서의 서지학적 고찰〉, 《장서각》, 39호, 2018, 58~85쪽.
51) 김영진, 〈조선 후기 사가(私家) 장서목록(藏書目錄)에 대한 일고(一攷) – 심억·심제현, 이원정·이담명의 목록을 중심으로 –〉, 《한국한문학연구》, 77호, 2020, 469~405쪽.
52) 필자는 《홍길동전》의 작자가 교산 허균이라는 통설을 부정하고, 18~19세기에 서자들이 공동 창작한 작품임을 확신하고 있다.
53) 주형애, 〈'구운몽'으로 본 서사와 미디어의 문제: 조선 후기 대중독서 확산의 한 사례〉, 《한국연구》, 17호, 2024, 182~194쪽.
54) 오민석, 이규범, 김유범, 〈언해본 '삼강행실도' 《충신도》의 텍스트 성립 과정에 대하여〉, 《민족문화연구》, 106호, 2025, 13~47쪽.
55) 조창록, 〈신암(愼庵) 노응규(盧應奎)의 출처론과 순국의 변〉, 《동방한문학》, 102호, 2025, 233~252쪽.
56) 유재빈, 〈임진왜란의 참상과 열녀 이미지의 관습화 – '동국신속삼강행실도(東國新續三綱行實圖)' 열녀편을 중심으로〉, 《한국사상사학》, 78호, 2024, 235~276쪽.
57) 백승종, 《조선 아내 열전》, 시대의창, 2022.
58) 곽현희, 〈여성영웅소설에 나타난 열녀(烈女) 형상과 의미 –〈백학선전〉의 여성영웅 조은하를 중심으로 –〉, 《고전문학과 교육》, 58호, 2025, 217~256쪽.

59) 백승종, 《시민을 위한 이천의 역사 – 조선후기편》, 이천문화원, 2023.
60) 박주, 〈18·19세기 동래부(東萊府) 영양천씨(穎陽千氏) 집안의 효자정려(孝子旌閭) 청원 과정 : '석대천씨 5대 6효 고문서(石臺千氏五代六孝古文書)'를 중심으로〉, 《사학연구》, 85호, 2007, 77~120쪽.
61) 정지아, 〈'고계정실기(古溪亭實記)'를 통해 살펴본 효자 정려의 의미〉, 《가족과 커뮤니티》, 3호, 2021, 5~30쪽.

3. 조선의 사회 경제적 문제

1) 임헌규, 〈유교의 이념〉, 《동양고전연구》, 40호, 2010, 7~32쪽.
2) 원문은 다음과 같다. 孟子對曰 王何必曰利? 亦有仁義而已矣. 王曰 何以利吾國?, 大夫曰 何以利吾家?, 士庶人曰 何以利吾身? 上下交征利而國危矣. 萬乘之國, 弑其君子, 必千乘之家. 千乘之國, 弑其君子, 必百乘之家. 萬取千焉, 千取百焉, 不爲不多矣. 苟爲後義而先利, 不奪不饜. 未有仁而遺其親者也, 未有義而後其君者也. 王亦曰仁義而已矣, 何必曰利?
3) 이상호, 〈유교(儒敎)의 경제윤리에 관한 연구 – 인(仁)과의 관계를 중심으로 –〉, 《윤리연구》, 108호, 2016, 125~154쪽.
4) 서민교, 〈19세기 조선(朝鮮) 정부의 통상수교(通商修交) 거부 논리와 그 의의〉, 《조선시대사학보》, 86호, 2018, 227~255쪽.
5) 이헌창, 〈1910년 조선 식민지화(植民地化)의 내적 원인〉, 《조선시대사학보》, 55호, 2010, 261~307쪽.
6) 김현우, 〈'황성신문'의 실학 인식〉, 《한양대학교 인문학연구》, 52호, 2016, 105~129쪽.
7) 유럽의 역사는 도시에서 만들어졌다는 사실은 다음 책을 참고할 것. 백승종, 《도시로 보는 유럽사》, 사우, 2020.
8) 김상태, 〈'농사직설(農事直說)'의 편찬과 보급에 대한 재검토〉, 《한국민족문화》, 36호, 2010, 3~35쪽.
9) 소순규, 〈조선(朝鮮) 성종대(成宗代) 공안개정(貢案改定)의 배경과 특징〉, 《조선시대사학보》, 87호, 2018, 7~37쪽.
10) 백승종, 《모재 김안국 – 16세기의 실천적 지식인》, 이천문화원, 2025.
11) 정치영, 〈'천일록(千一錄)'을 통해 본 조선 후기 농업의 지역적 특성〉, 《한국지역지리학회

지》, 9권, 2호, 2003, 119~134쪽.

12) 백승종, 《정감록 역모 사건의 진실게임》, 푸른역사, 2007.

13) 배영동, 〈조선 후기 농작업 두레의 문화 복합적 성격〉, 《농업사연구》, 4권, 1호, 2005, 47~65쪽.

14) 민찬홍, 최경철, 〈조선 후기 인골의 체질인류학 및 골화학 분석을 통한 질병과 식생활 연구 – 경기지역을 중심으로–〉, 《백산학보》, 127호, 2023, 273~312쪽.

15) 김경숙, 〈소송을 통해 본 조선 후기 노비의 기상저항(記上抵抗) – 1718년 구례현(求禮縣) 결송입안(決訟立案)을 중심으로–〉, 《역사학연구》, 36호, 2009, 73~105쪽.

16) 백승종, 《한국 사회사 연구》, 일조각, 1996.

17) 염정섭, 〈조선 후기 남양도호부의 농촌 생활과 농법·농업생산의 특색 – 이옥(李鈺)의 《백운필(白雲筆)》을 중심으로–〉, 《한국고전연구》, 50호, 2020, 321~365쪽.

18) 카터 J. 에커트, 《제국의 후예》, 주익종 역, 푸른역사, 2008.

19) 허원영, 〈조선 말기 전라도 영광 연안김씨 가의 지주경영〉, 《한국민족문화》, 56호, 2015, 41~82쪽.

20) 이세영, 〈조선 후기의 권분(勸分)과 부민(富民)의 실태〉, 《역사문화연구》, 34호, 2009, 157~264쪽.

21) 백승종, 《시민을 위한 이천의 역사 – 조선 후기 편》, 이천문화원, 2023, 230쪽.

22) 김호, 〈조선 후기 경화사족(京華士族)의 자선(慈善) 의국(醫局) 구상 – 홍길주의 용수원(用壽院)을 중심으로〉, 《서울학연구》, 88호, 2022, 1~36쪽.

23) 유미영, 정희선, 〈'정조지'와 '조선무쌍신식요리제법'의 식문화적 연관성 및 조리법 비교〉, 《민속학연구》, 49호, 2021, 249~312쪽.

24) 박평식, 〈유교 국가와 상업: 조선 전기의 상업 재고(再考)〉, International Journal of Korean History, 25권, 2호, 2020, 143~174쪽.

25) 예컨대 다음과 같은 논문도 있다. 송주희, 〈'유연전'에 나타난 쟁재(爭財)의 양상과 그 의미〉, 《어문연구》, 107권, 1호, 2021, 29~58쪽.

26) 우대형, 〈조선 후기 인구압력과 상품작물 및 농촌직물업의 발달〉, 《경제사학》, 34호, 2003, 3~30쪽.

27) 이정수, 〈18세기 '이재난고'를 통해 본 대차관계와 이자율〉, 이정수, 《역사와경계》, 124호, 2022, 205~244쪽.

28) 백승종, 《한국 사회사 연구》, 일조각, 1996.

29) 차중곤, 〈조선 후기 북학파의 상업관과 통상론〉, 《퇴계학보》, 24권, 2014, 145~172쪽.
30) 조선 후기 서울의 소비문화에 관한 연구로 다음과 같은 논문이 있다. 정인숙, 〈조선 후기 도시의 발달과 여성의 소비문화에 대한 담론의 성격〉, 《한국고전여성문학연구》, 24호, 2012, 221~258쪽.
31) 김희호, 〈전황시기 물가변동 메커니즘〉, 《경제사학》, 45권, 2호, 2021, 201~238쪽.
32) 하성란, 〈놀부박사설의 성격과 화폐경제 인식 — 퇴장화폐 문제를 중심으로 —〉, 《동악어문학》, 55호, 2010, 283~316쪽.
33) 문광균, 〈17~18세기 경상도 북부지역 전세 조달방식의 변화와 작전제(作錢制)의 실시〉, 《조선시대사학보》, 72호, 2015, 157~194쪽.
34) 김희호, 〈조선후기 대일 무역. 은의 이동과 물가변동〉, 《국제경제연구》, 30권, 1호, 2024, 27~51쪽.
35) 한성주, 〈근세 한·중·일의 초피(貂皮) 무역에 대한 시론적 검토〉, 《인문과학연구》, 56호, 2018, 215~234쪽.
36) 이철성, 〈연행(燕行)의 문화사; 조선후기 연행무역과 수출입 품목〉, 《한국실학연구》, 20호, 2010, 29~79쪽.
37) 백지국, 〈조선 초기 무인(武人) 정승(政丞) 최윤덕(崔潤德)의 생애와 관료 활동〉, 《동아인문학》, 65권, 2023, 439~471쪽.
38) 백승종, 《세종의 선택》, 사우, 2021.
39) 임익순, 〈조선 초기 세조의 군사사상 연구〉, 《한국해양안보논총》, 2호, 2019, 145~179쪽.
40) 장희흥, 〈조선 후기 광해군~현종대 윤대제(輪對制) 운영과 윤대무신제(輪對武臣制)〉, 《탐라문화》, 76호, 2024, 183~215쪽.
41) 유연성, 〈'해동제국기'의 군사적 성격 고찰〉, 《전북사학》, 61호, 2021, 117~143쪽.
42) 허지은, 〈'해동제국기(海東諸國紀)'의 유통과 조·중·일 관계〉, 《서강인문논총》, 52호, 2018, 277~318쪽.
43) 박현모, 〈신숙주의 '내수(內修)외교론' 연구〉, 《동양정치사상사》, 17권, 1호, 2018, 67~96쪽.
44) 손승철, 〈조선통신사 사행록 연구 – '해동제국기(海東國紀)'와 '화국지(和國志)'의 동이점(同異点) 분석 –〉, 《인문과학연구》, 2020.
45) 백승종, 《문장의 시대, 시대의 문장》, 김영사, 2020.

46) 이기민, 나승학, 〈신냉전 시대 접경지역 외교정책의 방향: 광해군 실리외교의 현대적 적용〉, 《접경지역통일연구》, 8권, 2호, 2024, 243~260쪽.
47) 장정수, 〈조선의 대(對) 명·후금 이중외교와 출병(出兵) 논쟁의 추이〉, 《한국사연구》, 191호, 2020, 287~335쪽.
48) 계승범, 〈광해군, 두 개의 상반된 평가〉, 《한국사학사학보》, 32호, 2015, 493-525쪽.
49) 한명기, 《광해군. 탁월한 외교정책을 펼친 군주》, 역사비평사, 2000.
50) 오항녕, 《광해군, 그 위험한 거울》, 너머북스, 2012.

4. 전통과 현대의 하이브리드

1) 서유석, 〈판소리 서사 통속화의 의미: 일상의 긍정·유교의 통속화와 전유(專有)—〈춘향가〉를 중심으로〉, 《고전문학연구》, 65호, 2024, 103~138쪽.
2) 백승종, 《동학에서 미래를 배운다》, 들녘, 2019.
3) 전태국, 〈지구화와 유교 전통—현대 한국인의 유교 가치관〉, 《사회와이론》, 11호, 2007, 229~280쪽.
4) 김영진, 〈근대 한국불교의 형이상학 수용과 진여연기론의 역할〉, 《불교학연구》, 21호, 2008, 339~379쪽.
5) 백진순, 〈아뢰야식(阿賴耶識)의 지평에서 본 타인의 마음 : 법상종(法相宗)의 해석을 중심으로〉, 《불교학연구》, 26호, 2010, 173~208쪽.
6) 김동이, 〈고려 현종대 현화사 창건과 그 의의〉, 《한국사론》, 67권, 2021.
7) 지기영, 《불교는 형이상학이다》, 카논(CANON), 2025.
8) 엄한진, 〈서구가 바라본 오리엔트, 오리엔트가 바라본 서구〉, 《문화와사회》, 19호, 2015, 169~205쪽.
9) 전홍석, 〈세계화와 문명—서구보편주의 비판: 21세기 문명인의 재탄생—〉, 《동서철학연구》, 60호, 2011, 291~322쪽.
10) 기독교와 한국 근대사. 박명수, 〈다종교 사회에서의 한국 개신교와 국가권력〉, 《종교연구》, 54호, 2009, 1-37쪽.
11) 장동민, 〈예수교장로회 조선총회 100년을 돌아보며 : 한국의 근대화와 한국장로교회: 회고와 전망〉, 《장로교회와 신학》, 9호, 2012, 203~230쪽.

12) 최현종, 〈다종교 사회의 긴장과 공존 : 공적 영역에서의 종교〉, 《종교와 문화》, 26호, 2014, 73~98쪽.
13) 하도균, 이경선, 〈다종교 사회에서 복음주의 기독교의 전도전략－세속화와 탈세속화 이론을 근거로－〉, 《신학과 실천》, 56호, 2017, 625~653쪽.
14) 백승종, 〈한글 금속활자와 조선사회의 변화〉, 《세종과 한글 금속활자 학술대회(결과보고서)》, 사단법인 세계직지문화협회, 2022, 169~192쪽.
15) 백승종, 《모재 김안국－16세기의 실천적 지식인》, 이천문화원, 2024.
16) 백승종, 〈한글 금속활자와 조선사회의 변화〉, 《세종과 한글 금속활자 학술대회(결과보고서)》, 사단법인 세계직지문화협회, 2022, 169~192쪽.
17) 석주연, 〈한국어 문학과 유통 문제; 조선시대 한글 문헌의 간행 경위와 배포 양상 연구－"소통"의 관점을 중심으로〉, 《한민족어문학》, 57호, 2010, 43~70쪽.
18) 석주연, 〈한국어 문학과 유통 문제; 조선 시대 한글 문헌의 간행 경위와 배포 양상 연구－"소통"의 관점을 중심으로〉, 《한민족어문학》, 57호, 2010, 43~70쪽.
19) 박준호, 〈조선 후기 평민 여성의 한글 소지(所志) 글쓰기〉, 《국학연구》, 36호, 2018, 409~441쪽.
20) 오혁진, 허준, 〈1950년대 '전국문맹퇴치교육'의 사회교육사적 의미〉, 《평생교육학연구》, 17권, 4호, 2011, 265~291쪽.
21) 이주환, 《북한의 문맹퇴치지도위원회의 조직과 활동》, 《동국사학》, 81호, 2024, 339~385쪽.
22) 이태혁, 〈초기 멕시코 '에네켄' 한인 이민자 후손들의 민족적 정체성 고찰: 데이터 분석을 통한 한글교육과 민족적 정체성 상관관계 분석〉, 《세계지역연구논총》, 42권, 4호, 2024, 145~166쪽.
23) 김슬옹, 〈일제강점기 '한글' 지에 나타난 한글운동 특성과 의미〉, 《한글》, 86권, 2호, 2025, 407~452쪽.
24) 한수영, 〈전후 세대의 문학과 언어적 정체성－전후 세대의 이중언어적 상황을 중심으로－〉, 《대동문화연구》, 58호, 2007, 257~303쪽.
25) 강유인화, 〈식민지 조선과 병역 의무의 정치학－일제의 징병제 시행과 '국민 됨'에 관한 담론을 중심으로〉, 《사회와 역사》, 109호, 2016, 77~104쪽.
26) 강인화, 〈1950년대 징병제와 한국전쟁의 '전후(戰後)처리': 병역 부담의 공정성과 병역법 개정 논의(1950-1957)〉, 《법과 사회》, 62호, 2019, 185~213쪽.

27) 김청강, 〈국가를 위해 죽을 "권리" : 병역법과 "성(聖/性)스러운" 국민 만들기(1927-1971)〉,《법과사회》, 51호, 2016, 251~280쪽.
28) 그에 관한 흥미로운 연구로 다음의 논문이 있다. 정연숙, 박상옥, 〈1950년대 해병대 공민교육의 전개 과정 분석〉,《평생교육학연구》, 20권, 4호, 2014, 55~79쪽.
29) 민진, 〈군대조직문화 특성의 도출과 분석〉,《한국조직학회보》, 8권, 3호, 2011, 91~121쪽.
30) 이성호, 〈1950년대 징병제로 본 국가 통제와 농촌사회-삼계 일기를 중심으로-〉,《지역사회연구》, 29권, 3호, 2021, 71~100쪽.
31) 김동춘, 〈한국의 분단국가 형성과 시민권 : 한국전쟁, 초기 안보국가 하에서 '국민 됨'과 시민권〉,《경제와사회》, 70호, 2006, 168~189쪽.
32) 차동길, 〈해병대 전략문화와 행동 양식에 관한 연구〉,《한일군사문화연구》, 29호, 2020, 85~103쪽.
33) 박영재, 정태연, 장민희, 〈해병대의 정체성에 대한 질적 연구: 개인적, 관계적, 조직적 차원을 중심으로〉,《정신전력연구》, 81호, 2025, 91~114쪽.
34) 박효선, 〈해방 후 창군기 한국군의 평생교육 경향분석〉,《평생교육학연구》, 13권, 4호, 2007, 123~148쪽.
35) 박창호, 송재근, 이임주, 임무열, 윤상은, 배종환, 김승현, 〈군 복무 중 취득한 자격증의 취업효과에 대한 연구〉,《경영경제연구》, 38권, 2호, 2016, 203~231쪽.
36) 이동환, 정윤영, 〈군 복무경험이 직업 경험에 미치는 영향 분석〉,《선진국방연구》, 3호, 2020, 91~112쪽.
37) 신동협, 송헌재, 〈복무 유형별 군 복무 경험이 청년층의 노동시장 성과에 미치는 영향〉,《응용경제》, 27권, 2호, 2025, 33~61쪽.
38) 윤시원, 〈한국의 육군 학군단(ROTC)제도 도입 : 도입과정의 한국적 변용을 중심으로〉,《역사와 현실》, 86호, 2012, 325~359쪽.
39) 권인숙, 〈징병제하 인권침해적 관점에서 군대문화 고찰〉,《민주주의와 인권》, 9권, 2호, 2009, 185~219쪽.
40) 송윤선, 이웅, 〈인구절벽에 대비한 미래 한국군의 충원정책 혁신 방안 연구-징병-모병 혼합체계의 대안적 모색-〉,《정책개발연구》, 19권, 2호, 2019, 1~39쪽.
41) 김성조, 〈역사학의 시선에서 본 새마을운동의 재현과 세계화〉,《동방학지》, 193권, 1호, 2020, 299~326쪽.

42) 이옌시, 유성선, 〈율곡의 향약 실천과 공동체주의에 대한 고찰 - 중국 향약과의 관계성을 중심으로〉, 《동서철학연구》, 114호, 2024, 89~109쪽.
43) 백승종, 《한국 사회사 연구》, 일조각, 1996.
44) 이수형, 이정주, 최외출, 〈한국사회의 공동체 정신 비교 분석 : 향약과 두레, 새마을 정신을 중심으로〉, 《한국비교정부학보》, 23권, 3호, 2019, 113~134쪽.
45) 문상석, 〈새마을운동과 정신개조 : 탈정치화된 농민의 성장〉, 《사회이론》, 38호, 2010, 35~69쪽.
46) 이환병, 〈새마을운동 시기 소득증대사업의 전개양상〉, 《동국사학》, 55호, 2013, 297~339쪽.
47) 황병주, 〈새마을운동을 통한 농업 생산과정의 변화와 농민 포섭〉, 《사회와역사》, 90호, 2011, 5~48쪽.
48) 임광순, 〈1970년대 노동통제전략의 구축과 붕괴 : 공장 새마을운동의 전개와 정부·기업·노동자의 대응을 중심으로〉, 《역사와 현실》, 102호, 2016, 323~360쪽.
49) 정홍섭, 〈'새마을소설'에 나타난 근대화 담론의 자기 모순성〉, 《민족문학사연구》, 29호, 2005, 115~138쪽.
50) 김대영, 〈박정희 국가 동원 메커니즘에 관한 연구 : 새마을운동을 중심으로〉, 《경제와 사회》, 61호, 2004, 172~207쪽.
51) 백승종, 《해월 최시형 - 세상을 구한 평민지식인》, 논형, 2025.
52) 조장연, 지준호, 〈생태윤리로서 효 개념의 보편 가치 가능성〉, 《유교사상연구》, 82호, 2020, 389~412쪽.
53) 김용재, 〈동양사상과 보편주의 가치관 - 유교에서의 조화와 중용 -〉, 《유교사상연구》, 20호, 2004, 213~249쪽.
54) 김세서리아, 〈디지털 노마드(Digital Nomad)시대, '포용(inclusion)의 정치학'을 위한 유교적 시론(試論)〉, 《충남대학교 유학연구》, 46호, 2019, 451~474쪽.
55) 이세현, 〈한국인의 정체성과 유교의 종교교육〉, 《종교교육학연구》, 16호, 2003, 101~119쪽.
56) 김현, 〈디지털 인문학과 선비문화 콘텐츠〉, 《충남대학교 유학연구》, 33호, 2015, 1~28쪽.
57) 이령호, 함영대, 〈디지털 경전주석학의 모색 — 한국경학자료시스템을 중심으로〉, 《대동문화연구》, 101호, 2018, 35~66쪽.

58) "엠지 세대는 밀레니얼 세대와 Z세대를 합쳐 부르는 용어로, 1980년대 초반부터 2000년대 초반에 태어난 세대를 가리킨다. 이들은 디지털 환경에서 성장해 스마트폰, 소셜미디어, 인터넷 등 디지털 기술에 익숙하며, 최신 트렌드와 이색적 경험을 추구하는 특징을 보인다.
59) 양선진, 〈엠지(MZ) 세대에게 유학은 탈윤리 시대의 대안이 될 수 있는가? —베르그손, 니체와 짐멜을 넘어 왕양명의 사상을 중심으로—〉, 《한국학논집》, 89호, 2022, 169~200쪽.

5. 유교적 산업사회

1) 김예슬, 〈일제강점기 마산지역 사업체를 통한 조선인 경제영역 연구〉, CrossRef 2022년.
2) 정안기, 〈식민지기 조선인 자본의 근대성 연구 : 경성방직㈜과 조선방직㈜과의 비교시점에서〉, 《지역과 역사》, 25호, 2009, 51~98쪽.
3) 서문석, 〈일제의 산업정책과 조선인 자본의 형성 : 경성방직주식회사를 중심으로〉, 《동양학》, 41호, 2007, 251~267쪽.
4) 김보현, 〈박정희 정부시기 경제개발 5개년계획의 수정에 관한 연구: 계획 합리성인가, 성장 숭배인가?〉, 《경제와사회》, 124호, 2019, 328~356쪽.
5) 조영호, 〈"동적 집합주의" : 한국 재벌기업의 기업문화〉, 《국제지역연구》, 5권, 1호, 2001, 103~124쪽.
6) 이홍, 〈기업집단 특성과 설립자 특성 간의 관계 : 삼성과 현대그룹의 비교를 통한 증거〉, 《인사조직연구》, 10권, 1호, 2002, 55~94쪽.
7) 박준령, 〈기업의 사회적 책임 활동이 기업가치에 미치는 영향—국내 재벌기업과 중국기업의 비교를 중심으로〉, 《산업연구》, 44권, 2호, 2020, 113~131쪽.
8) 홍용희, 〈기업의 사회적 책임과 한국의 기업윤리〉, 《윤리연구》, 1권, 79호, 2010, 21~52쪽.
9) 하성구, 지준호, 〈동양 전통 생태사상의 현대적 전환을 위한 비판적 고찰 — 유학의 생태사상을 중심으로—〉, 《한국철학논집》, 36호, 2013, 235~258쪽.
10) 전강수, 〈평등지권과 농지개혁 그리고 조봉암〉, 《역사비평》, 91호, 2010, 298~328쪽.
11) 유은지, 〈1950년대 한국 고등학생들의 집단정체성에 대한 연구: 학생 잡지 '학원'의

"독자문예"를 중심으로〉, The Research Institute of Korean Education, 38권, 1호, 2020, 85~106쪽.
12) 강창동, 〈한국의 편집증적 교육열과 신분 욕망에 대한 사회사적 고찰〉, 《한국교육학연구(The Korea Educational Review)》, 14권, 2호, 2008, 5~32쪽.
13) 양윤모, 〈1970년대 도시개발과 주거 문제의 소설적 형상화 연구〉, 《한국융합인문학》, 12권, 3호, 2024, 101~122쪽.
14) 이철희, 〈한국의 중·고령 전문직 종사자의 노동시장 이탈: 장기적인 변화의 분석〉, 《경제논집》, 47권, 1호, 83~123쪽.
15) 황병준, 〈대학입시에 대한 학부모 가치관 인식에 관한 연구 : 대안학교와 공립학교, 종립학교 비교 연구〉, 《한국기독교신학논총》, 48호, 2016, 253~292쪽.
16) 방준식, 〈인공지능(AI)과 일자리 ―직업능력개발을 중심으로―〉, 《노동법포럼》, 39호, 2023, 313~337쪽.
17) 엄효진, 이명진, 〈인공지능(AI) 기반 지능정보사회 시대의 노동시장 변화: 경제사회학적 접근을 중심으로〉, 《정보와사회》, 21권, 2호, 2020, 1~19쪽.
18) 이병도, 《풀뭇간의 쇠망치》, 휘문출판사, 1971, 46쪽.
19) 위의 책, 46쪽.
20) 위의 책, 47쪽.
21) 위의 책, 46쪽.
22) 위의 책, 46쪽.
23) 진단학회 편, 《역사가(歷史家)의 유향(遺香) - 두계(斗溪) 이병도(李丙燾) 선생(先生) 추념문집(追念文集)》, 일조각, 1991, 23쪽.
24) 이병도(1971), 66쪽.
25) 위의 책, 66쪽.
26) 위의 책, 52쪽.
27) 이병도, 《두계(斗溪) 잡필(雜筆)》, 일조각, 1956, 317쪽.
28) 위의 책, 317쪽.
29) 위의 책, 317~318쪽.
30) 위의 책, 318쪽.
31) 위의 책, 318쪽.
32) 위의 책, 318쪽.

33) 위의 책, 319쪽.
34) 이운경 외, 《두계 가족 이야기. 두계 이병도 박사 추념 가족 글모음》, 지식마을, 2020, 62쪽.
35) 진단학회 편(1991), 230쪽.
36) 이병도, 《내가 본 어제와 오늘》, 박영문고 60, 박영사, 1975, 201쪽.
37) 위의 책, 200쪽.
38) 위의 책, 201쪽.
39) 윤제운, 〈전근대 중국에서의 무슬림 상인과 무역 디아스포라의 역사 (John W. Chaffee, 2018, The Muslim merchants of Premodern China: The History of a Maritime Asian Trade Diaspora, 750–1400, Cambridge University Press)〉, 《중국사연구》, 128호, 2020, 261~271쪽.
40) 황의갑, 김정하, 〈이슬람 세계–유럽 문명의 지적 교류〉, 《한국중동학회논총》, 34권, 4호, 2014, 161~181쪽.
41) 김윤희, 박치완, 〈인도의 문화 코드와 글로컬 문화 콘텐츠〉, 《국제지역연구》, 14권, 4호, 2011, 79~106쪽.

참고문헌

Kurt Samuelsson, *Religion and Economic Action: The Protestant Ethic, the Rise of Capitalism and the Abuses of Scholarship*(RSART: Renaissance Society of America Reprint Text Series) Paperback – November 11, 1993.

R. H. 토니, 《기독교와 자본주의의 발흥》, 한길그레이트북스 140, 고세훈 역, 한길사, 2015. (원제: Religion and the Rise of Capitalism)

Thomas Knapp, *The Catholic Labor Movement in Germany 1850–1933: A Survey and a Commentary*, 2008.

강문식, 〈의궤(儀軌)를 통해 본 '영조실록(英祖實錄)'의 편찬 체계〉, 《조선시대사학보》, 54권, 2010, 195~232쪽.

강영택, 〈미국 공교육의 전개와 기독교의 역할〉, 《한국기독교신학논총》, 2014, 37권, 37호, 167~198쪽.

강유인화, 〈식민지 조선과 병역 의무의 정치학 – 일제의 징병제 시행과 '국민 됨'에 관한 담론을 중심으로〉, 《사회와역사》, 109호, 2016, 77~104쪽.

강인화, 〈1950년대 징병제와 한국전쟁의 '전후(戰後)처리': 병역 부담의 공정성과 병역법 개정 논의(1950–1957)〉, 《법과사회》, 62호, 2019, 185~213쪽.

계승범, 〈광해군, 두 개의 상반된 평가〉, 《한국사학사학보》, 32호, 2015, 493–525쪽.

계승범, 〈새 유교 세대의 출현: 사림의 유교화 정풍운동 – 사림과 학설 비판과 그 대안 설명 –〉, 《서강인문논총》, 71호, 2024, 35~72쪽.

과학원 력사연구소 편, 〈1. 김인후〉, 《조선철학사》, 평양, 1961, 117~122.

곽현희, 〈여성 영웅 소설에 나타난 열녀(烈女) 형상과 의미-〈백학선전〉의 여성 영웅 조은하를 중심으로-〉, 《고전문학과 교육》, 58호, 2025, 217~256쪽.

구만옥, 〈집현전(集賢殿)의 조직과 운영 체계〉, 《인문논총》, 78권, 2호, 2021, 163~203쪽.

금장태, 고광식, 《유학근백년(儒學近百年)》, 박영사, 394~395쪽.

기대승, 《국역 고봉집(國譯 高峯集)》 4, 민족문화추진회, 1997, 343쪽.

길상엽, 〈교회와 국가의 관계: 종교의 자유를 중심으로〉, 《조직신학연구》, 36권, 2020, 82~111쪽.

김경숙, 〈소송을 통해 본 조선 후기 노비의 기상저항(記上抵抗) -1718년 구례현(求禮縣) 결송 입안(決訟立案)을 중심으로-〉, 《역사학연구》, 36호, 2009, 73~105쪽.

김경호, 〈낙세(樂世)에 대한 열망-시천주와 후천개벽을 중심으로〉, 《동학학보》, 42권, 2017, 261~293쪽.

김낙진, 〈주리론(主理論)으로 읽어본 기대승(奇大升)의 사단칠정론〉, 퇴계학보, 124권, 2008, 1~36쪽.

김남이, 〈조선 전기 유생 상소와 조정공론-15세기 유생 상소를 중심으로 -〉, 《한문고전연구》, 45권, 1호, 2022, 1~52쪽.

김동이, 〈고려 현종 대 현화사 창건과 그 의의〉, 《한국사론》, 67권, 2021.

김민현, 〈강릉(江陵) 선교장(船橋莊) 장서의 서지학적 고찰〉, 《장서각》, 39호, 2018, 58~85쪽.

김상태, 〈'농사직설(農事直說)'의 편찬과 보급에 대한 재검토〉, 《한국민족문화》, 36호, 2010, 3~35쪽.

김선영, 〈1811년(순조 11) 화재 이후 춘추관 실록 봉안에 관한 연구〉, 《진단학보》, 142권, 2024, 159~193쪽.

김성희, 〈조선 영조 연간 이조낭선(吏曹郎選) 개혁과 홍문관 인사제도〉, 《한국학》, 46권, 3호, 2023, 83~118쪽.

김슬옹, 〈일제강점기 '한글' 지에 나타난 한글운동 특성과 의미〉, 《한글》, 86권, 2호, 2025, 407~452쪽.

김영수, 〈군신공치제의 이론과 현실 : 태조-세종대의 정치운영을 중심으로〉, 《동양정치사상사》, 7권, 2호, 2008, 29~58쪽.

김영주, 〈조선 시대 성균관 유생의 권당(捲堂)·공관(空館) 연구 : 개념과 기원, 절차와 군주의 대응, 현황과 문제점을 중심으로〉, 《언론과학연구》, 8권, 4호, 2008, 253~298쪽.

김영진, 〈근대 한국불교의 형이상학 수용과 진여연기론의 역할〉, 《불교학연구》, 21호, 2008, 339~379쪽.

김영진, 〈조선 후기 사가(私家) 장서목록(藏書目錄)에 대한 일고(一攷) – 심억·심제현, 이원정·이담명의 목록을 중심으로–〉, 《한국한문학연구》, 77호, 2020, 469~405쪽.

김용휘, 〈해월 최시형의 공경과 살림의 평화사상〉, 《통일과 평화》, 2017, 9권, 2호, 5~24쪽.

김우형, 〈하서(河西) 성리학의 철학사적 고찰 – 한국 유학사에서 지각론(知覺論)의 태동과 하서의 역할〉, 《유학연구(儒學硏究)》, 23호, 2010.

김현우, 〈'황성신문'의 실학 인식〉, 《한양대학교 인문학연구》, 52호, 2016, 105~129쪽.

김호, 〈조선 후기 경화사족(京華士族)의 자선(慈善) 의국(醫局) 구상 – 홍길주의 용수원(用壽院)을 중심으로〉, 《서울학연구》, 88호, 2022, 1~36쪽.

김희호, 〈전황 시기 물가변동 메커니즘〉, 《경제사학》, 45권, 2호, 2021, 201~238쪽.

김희호, 〈조선 후기 대일 무역. 은의 이동과 물가변동〉, 《국제경제연구》, 30권, 1호, 2024, 27~51쪽.

너새니얼 호손, 《주홍 글씨》, 컬러 명화 수록 무삭제 완역본, 현대지성 클래식 62, 이종인 역, 현대지성, 2025. (원제: The Scarlet Letter)

노먼 빈센트 필, 《노먼 빈센트 필의 긍정적 사고방식 – 어떻게 자신의 행복을 창조할 것인가》, 개정판, 이갑만 역, 세종(세종서적), 2020.

대런 애쓰모글루, 제임스 로빈슨(James A. Robinson), 《왜 국가는 실패하는가》, 최완규 역, 시공사, 2012. (원제: Why Nations Fail)

로드니 스타크, 《우리는 종교개혁을 오해했다 – 교회가 500년간 외면해온 종교개혁의 진실》, 손현선 역, 헤르몬, 2018. (원제: Reformation Myths, 2017)

리처드 백스터, 《탐심 – 세상과 부에 대한 사랑》, 황영광 역, 생명의말씀사, 2021; 《기독교 생활 지침》 1~5, 청교도 대작 시리즈 12, 박홍규 역, 부흥과개혁사, 2018~2021.

막스 베버, 《프로테스탄티즘의 윤리와 자본주의 정신 – 보론: 프로테스탄티즘의 분파들과 자본주의 정신》, 코기토 총서: 세계 사상의 고전 21, 김덕영 역, 길, 2010. (원제: Die protestantische Ethik und der 'Geist' des Kapitalismus, 1905년)

문광균, 〈17~18세기 경상도 북부지역 전세 조달방식의 변화와 작전제(作錢制)의 실시〉, 《조선시대사학보》, 72호, 2015, 157~194쪽.

문광균, 〈조선 후기 문헌을 통해 본 전라도 법성창의 실상〉, 《해양문화재》, 19호, 2023, 202~239쪽.

민찬홍, 최경철, 〈조선 후기 인골의 체질인류학 및 골화학 분석을 통한 질병과 식생활 연구 - 경기지역을 중심으로-〉, 《백산학보》, 127호, 2023, 273~312쪽.

박명수, 〈다종교 사회에서의 한국 개신교와 국가권력〉, 《종교연구》, 54호, 2009, 1-37쪽.

박상하, 《한국인의 원형을 찾아서 - 한국인들의 사적事蹟 원형 탐구!》, 생각출판사, 2018.

박은진, 〈독립혁명기 미국 기독교의 시민종교화〉, 《미국사연구》 24, 2006, 117-138쪽.

박주, 〈18·19세기 동래부(東萊府) 영양천씨(穎陽千氏) 집안의 효자정려(孝子旌閭) 청원 과정: '석대천씨 5대 6효 고문서(石臺千氏五代六孝古文書)'를 중심으로〉, 《사학연구》, 85호, 2007, 77~120쪽.

박준호, 〈조선 후기 평민 여성의 한글 소지(所志) 글쓰기〉, 《국학연구》, 36호, 2018, 409~441쪽.

박평식, 〈유교 국가와 상업: 조선 전기의 상업 재고(再考)〉, International Journal of Korean History, 25권, 2호, 2020, 143~174쪽.

박현모, 〈신숙주의 '내수(內修)외교론' 연구〉, 《동양정치사상사》, 17권, 1호, 2018, 67~96쪽.

배영동, 〈조선 후기 농작업 두레의 문화 복합적 성격〉, 《농업사연구》, 4권, 1호, 2005, 47~65쪽.

백광열, 〈'문화유씨 가정보' 수록 동서 분당(1575) 관련 인물들의 인적 관계〉, 《태동고전연구》, 52호, 2024, 99~138쪽.

백승종, 《대숲에 앉아 천명도를 그리네》, 돌베개, 2003.

백승종, 《도시로 보는 유럽사》, 사우, 2020.

백승종, 《동학에서 미래를 배운다》, 들녘, 2019.

백승종, 《모재 김안국-16세기의 실천적 지식인》, 이천문화원, 2024.

백승종, 《문장의 시대, 시대의 문장》, 김영사, 2020.

백승종, 《생태주의 역사 강의》, 한티재, 2017.

백승종, 《세종의 선택》, 사우, 2021.

백승종, 《시민을 위한 이천의 역사-조선 후기 편》, 이천문화원, 2023.

백승종, 《정감록 역모사건의 진실게임》, 푸른역사, 2007.

백승종, 《조선 아내 열전》, 시대의창, 2022.

백승종, 《한국 사회사 연구》, 일조각, 1996.

백승종, 《해월 최시형-세상을 구한 평민지식인》, 논형, 2025.

백승종, 〈한글 금속활자와 조선사회의 변화〉, 《세종과 한글 금속활자 학술대회(결과보고서)》,

사단법인 세계직지문화협회, 2022, 169~192쪽.

백지국, 〈조선 초기 무인(武人) 정승(政丞) 최윤덕(崔潤德)의 생애와 관료 활동〉, 《동아인문학》, 65호, 2023, 439~471쪽.

백진순, 〈아뢰야식(阿賴耶識)의 지평에서 본 타인의 마음 : 법상종(法相宗)의 해석을 중심으로〉, 《불교학연구》, 26호, 2010, 173~208쪽.

서민교, 〈19세기 조선(朝鮮) 정부의 통상수교(通商修交) 거부 논리와 그 의의〉, 《조선시대사학보》, 86호, 2018, 227~255쪽.

서유석, 〈판소리 서사 통속화의 의미: 일상의 긍정・유교의 통속화와 전유(專有)-〈춘향가〉를 중심으로〉, 《고전문학연구》, 65호, 2024, 103~138쪽.

석주연, 〈한국어 문학과 유통 문제; 조선 시대 한글 문헌의 간행 경위와 배포 양상 연구 - "소통"의 관점을 중심으로〉, 《한민족어문학》, 57호, 2010, 43~70쪽.

성신형, 〈라인홀드 니버의 《정치학》에 드러난 "미국 정신"에 대한 연구〉, 《기독교사회윤리》, 38호, 2017, 49~72쪽.

소순규, 〈조선(朝鮮) 성종대(成宗代) 공안개정(貢案改定)의 배경과 특징〉, 《조선시대사학보》, 87호, 2018, 7~37쪽.

손승철, 〈조선통신사 사행록 연구-'해동제국기(海東諸國紀)'와 '화국지(和國志)'의 동이점(同異点) 분석 -〉, 《인문과학연구》, 2020.

송주희, 〈'유연전'에 나타난 쟁재(爭財)의 양상과 그 의미〉, 《어문연구》, 107권, 1호, 2021, 29~58쪽.

신동은, 〈조선 전기 경연(經筵)의 이념과 전개-태조~중종 연간을 중심으로 -〉, 《한국학》, 32권, 1호, 2009, 57~79쪽.

신동훈, 〈조선 전기 초택(抄擇) 인사 운영과 홍문록(弘文錄)〉, 《한국학》, 46권, 3호, 2023, 7~43쪽.

신병주, 〈조선 후기 기록물 편찬과 관리〉, 《한국기록학연구》, 17호, 2008, 39~84쪽.

아브라함 카이퍼, 《아브라함 카이퍼의 칼빈주의 강연-문화 변혁의 기독교 세계관 선언서》, Abraham Kuyper Series 2, 박태현 역, 다함(도서출판), 2022

알렉시 드 토크빌, 《미국의 민주주의》 1~2, 한길그레이트북스 24, 임효선, 박지동 역, 한길사, 1997.

앤드류 카네기, 《앤드류 카네기 부의 복음》, 박별 역, 나래북. 예림북, 2014.

엄태용, 신승운, 〈'국조보감(國朝寶鑑)'의 편찬(編纂)에 관한 연구(硏究)〉, 《서지학연구》, 77권,

2019, 287~322쪽.

엄한진, 〈서구가 바라본 오리엔트, 오리엔트가 바라본 서구〉, 《문화와사회》, 19호, 2015, 169~205쪽.

염정섭, 〈조선 후기 남양도호부의 농촌생활과 농법·농업생산의 특색 — 이옥(李鈺)의 《백운필(白雲筆)》을 중심으로 —〉, 《한국고전연구》, 50호, 2020, 321~365쪽.

오민석, 이규범, 김유범, 〈언해본 '삼강행실도' 《충신도》의 텍스트 성립 과정에 대하여〉, 《민족문화연구》, 106호, 2025, 13~47쪽.

오항녕, 《광해군, 그 위험한 거울》, 너머북스, 2012.

오혁진, 허준, 〈1950년대 '전국문맹퇴치교육'의 사회교육사적 의미〉, 《평생교육학연구》, 17권, 4호, 2011, 265~291쪽.

요제프 알로이스 슘페터, 《자본주의 사회주의 민주주의》, 이종인 역, 북길드, 2016.

우대형, 〈조선 후기 인구 압력과 상품작물 및 농촌직물업의 발달〉, 《경제사학》, 34호, 2003, 3~30쪽.

유경동, 〈라인홀드 니버의 민주주의에 대한 소고〉, 《신학사상》, 190권, 2020, 153~182쪽.

유미영, 정희선, 〈'정조지'와 '조선무쌍신식요리제법'의 식문화적 연관성 및 조리법 비교〉, 《민속학연구》, 49호, 2021, 249~312쪽.

유성진, 〈미국 정치 보수화의 한 단면: 기독교 우파의 부상과 공화당 지지기반의 재편〉, 《국제정치논총》, 48권, 3호, 2008, 149~171쪽.

유연성, 〈'해동제국기'의 군사적 성격 고찰〉, 《전북사학》, 61호, 2021, 117~143쪽.

유재빈, 〈임진왜란의 참상과 열녀 이미지의 관습화 — '동국신속삼강행실도(東國新續三綱行實圖)' 열녀편을 중심으로〉, 《한국사상사학》, 78호, 2024, 235~276쪽.

육수화, 〈조선 시대 서적의 보급과 교육기관의 장서 관리 : 관 주도의 도서간행을 중심으로〉, 《교육사학연구》, 25권, 1호, 2015, 85~106쪽.

윤사순, 〈하서 김인후의 천명사상〉, 《하서 김인후의 사상과 문학》, 1호, 1994.

윤석호, 〈'맹자(孟子)'를 척도로 본 조선 후기 공전(公田) 담론의 경세학적 층차〉, 《학림》, 48권, 2021, 291~342쪽.

윤훈표, 〈조선 초기 경연에서의 역사서 강의〉, 《동방학지》, 206호, 2024, 1~36쪽.

이국헌, 〈라인홀드 니버의 인간 이해와 경제 정의〉, 《신학사상》, 162호, 2013, 187~220쪽.

이기동, 《이기동 교수의 유학 오천 년》 1~5, 성균관대학교출판부, 2022.

이기민, 나승학, 〈신냉전 시대 접경지역 외교정책의 방향: 광해군 실리외교의 현대적 적용〉,《접경지역통일연구》, 8권, 2호, 2024, 243~260쪽.

이동화, 〈18세기 전반 이익(李瀷)의 붕당론과 정치질서 구상〉,《한국사상사학》, 63호, 2019, 65~99쪽.

이병도,《내가 본 어제와 오늘》, 박영문고 60, 박영사, 1975.

이병도,《두계(斗溪) 잡필(雜筆)》, 일조각, 1956

이병도,《풀뭇간의 쇠망치》, 휘문출판사, 1971.

이상익, 〈도학사상(道學思想)과 소통(疏通)의 정치(政治) : 정암(靜菴) 조광조(趙光祖)를 중심으로〉,《정치사상연구》, 13권, 2호, 2007, 7~30쪽.

이상호, 〈유교(儒敎)의 경제윤리에 관한 연구 – 인(仁)과의 관계를 중심으로-〉,《윤리연구》, 108호, 2016, 125~154쪽.

이상호, 〈유교의 대동사회(大同社會)에 관한 연구〉,《윤리교육연구》, 74호, 2024, 227~257쪽.

이세영, 〈조선 후기의 권분(勸分)과 부민(富民)의 실태〉,《역사문화연구》, 34호, 2009, 157~264쪽.

이수동, 〈조선 시대 잡과의 음양과(陰陽科) 연구 – 택일과목을 중심으로-〉,《원불교사상과 종교문화》, 51호, 2012, 213~253쪽.

이숭일(李崇逸),《항재집(恒齋集)》속집(續集) 권 1, 서(書), 〈존재 형님께 올림(上存齋兄)〉.

이영춘, 〈조선 시대의 청백리(清白吏) 녹선(錄選)과 청백리안(清白吏案)〉,《조선시대사학보》, 84호, 2018, 7~41쪽.

이욱, 〈18세기 가학(家學) 전승과 문중서당(門中書堂)〉,《국학연구》, 18호, 2011, 129~155쪽.

이은진, 〈'불기록(不欺錄)'을 통해 본 정조 대 초계문신(抄啟文臣)의 활동과 기억〉,《장서각》, 50호, 2023, 298~334쪽.

이정수, 〈18세기 '이재난고'를 통해 본 대차관계와 이자율〉, 이정수,《역사와경계》, 124호, 2022, 205~244쪽.

이정일, 〈피에르 부르디외의 자본의 유형으로 본 카네기의 기부의 성격〉,《로고스경영연구》14권 1호, 2016, 33~48쪽.

이주환,《북한의 문맹퇴치지도위원회의 조직과 활동》,《동국사학》, 81호, 2024, 339~385쪽.

이철성, 〈연행(燕行)의 문화사; 조선 후기 연행무역과 수출입 품목〉,《한국실학연구》, 20호, 2010, 29~79쪽.

이태혁, 〈초기 멕시코 '에네켄' 한인 이민자 후손들의 민족적 정체성 고찰: 데이터 분석을 통한 한글교육과 민족적 정체성 상관관계 분석〉, 《세계지역연구논총》, 42권, 4호, 2024, 145~166쪽.

이해준, 〈칠곡 인동장씨 정사·서당·서원 건립 활동과 성격〉, 《한국서원학보》, 8호, 2019, 49~64쪽.

이헌창, 〈1910년 조선 식민지화(植民地化)의 내적 원인〉, 《조선시대사학보》, 55호, 2010, 261~307쪽.

이황, 《역주 퇴계전서(譯註 退溪全書)》 2, 퇴계학연구소, 1991, 595쪽.

임선빈, 〈고문서(古文書)를 통해 본 조선 후기 직산향교(稷山鄕校)의 운영실태〉, 《고문서연구》, 21호, 2002, 169~198쪽.

임익순, 〈조선 초기 세조의 군사사상 연구〉, 《한국해양안보논총》, 2호, 2019, 145~179쪽.

임헌규, 〈유교의 이념〉, 《동양고전연구》, 40호, 2010, 7~32쪽.

장 칼뱅, 《기독교 강요-1541년 프랑스어 초판》, 김대웅 역, 복있는사람, 2022.

장동민, 〈예수교장로회 조선총회 100년을 돌아보며 : 한국의 근대화와 한국장로교회: 회고와 전망〉, 《장로교회와 신학》, 9호, 2012, 203~230쪽.

장정수, 〈조선의 대(對) 명·후금 이중외교와 출병(出兵) 논쟁의 추이〉, 《한국사연구》, 191호, 2020, 287~335쪽.

장희흥, 〈조선 후기 광해군~현종대 윤대제(輪對制) 운영과 윤대무신제(輪對武臣制)〉, 《탐라문화》, 76호, 2024, 183~215쪽.

전태국, 〈지구화와 유교 전통-현대 한국인의 유교 가치관〉, 《사회와이론》, 11호, 2007, 229~280쪽.

전홍석, 〈세계화와 문명 -서구보편주의 비판: 21세기 문명인의 재탄생-〉, 《동서철학연구》, 60호, 2011, 291~322쪽.

정요석, 《칼뱅주의 5대 교리 완전정복-도르트 신경의 관점에서 이해하고 적용하기》, 세움북스, 2019.

정윤재, 〈세종대왕의 "천민/대천이물"론과 "보살핌"의 정치〉, 《동양정치사상사》, 8권, 1호, 2009, 145~161쪽.

정인숙, 〈조선 후기 도시의 발달과 여성의 소비문화에 대한 담론의 성격〉, 《한국고전여성문학연구》, 24호, 2012, 221~258쪽.

정재현, 〈사단칠정론 해석에서 리기론(理氣論)이 왜 필요한가?〉, 《철학논집》, 79호, 2024,

7~28쪽.

정지아, 〈'고계정실기(古溪亭實記)'를 통해 살펴본 효자 정려의 의미〉, 《가족과 커뮤니티》, 3호, 2021, 5~30쪽.

정출헌, 〈유교 문명으로의 전환과 '시대의 스승', 김종직과 김시습(I)―세종-세조 대 유교 지식인의 자기 정체성 모색을 중심으로―〉, 《민족문화연구》, 80권, 2018, 7~47쪽.

정치영, 〈'천일록(千一錄)'을 통해 본 조선 후기 농업의 지역적 특성〉, 《한국지역지리학회지》, 9권, 2호, 2003, 119~134쪽.

제임스 K. A. 스미스, 《칼빈주의와 사랑에 빠진 젊은이에게 보내는 편지》, 장호준 역, 새물결플러스, 2011.

조성택, 최연택, 〈고려와 조선왕조의 관리등용제도 변화 연구: 음서제를 중심으로〉, 《한국행정사학지》, 27호, 2010, 1~22쪽.

조창록, 〈신암(愼庵) 노응규(盧應奎)의 출처론과 순국의 변〉, 《동방한문학》, 102호, 2025, 233~252쪽.

조한필, 〈조선 영조 대 별견어사(別遣御史)의 성격〉, 《역사와 담론》, 98호, 2021, 123~160쪽.

조항덕, 〈삼봉(三峰) 정도전(鄭道傳)의 개혁사상(改革思想)〉, 《동양철학연구》, 70권, 2012, 1~30쪽.

주형애, 〈'구운몽'으로 본 서사와 미디어의 문제: 조선 후기 대중독서 확산의 한 사례〉, 《한국연구》, 17호, 2024, 182~194쪽.

지기영, 《불교는 형이상학이다》, 카논(CANON), 2025.

지정민, 〈조선 전기 교관천거제도의 시행과 변용: 사유록(師儒錄)의 사례〉, 《교육사학연구》, 23권, 2호, 2013, 203~227쪽.

진단학회 편, 《역사가(歷史家)의 유향(遺香)-두계(斗溪) 이병도(李丙燾) 선생(先生) 추념문집(追念文集)》, 일조각, 1991.

차중곤, 〈조선 후기 북학파의 상업관과 통상론〉, 《퇴계학보》, 24호, 2014, 145~172쪽.

최현종, 〈다종교 사회의 긴장과 공존 : 공적 영역에서의 종교〉, 《종교와문화》, 26호, 2014, 73~98쪽.

카터 J. 에커트, 《제국의 후예》, 주익종 역, 푸른역사, 2008.

페르낭 브로델, 《물질문명과 자본주의》 1~2, 제2판, 주경철 역, 까치, 2024.

피터 마샬, 《종교개혁》, 이재반 역, 교유서가, 2016. (원제: The Reformation: A Very Short Introduction)

하도균, 이경선, 〈다종교 사회에서 복음주의 기독교의 전도전략 – 세속화와 탈세속화 이론을 근거로 –〉, 《신학과 실천》, 56호, 2017, 625~653쪽.

하성란, 〈놀부박사설의 성격과 화폐경제 인식 — 퇴장화폐 문제를 중심으로 —〉, 《동악어문학》, 55호, 2010, 283~316쪽.

한명기, 《광해군. 탁월한 외교정책을 펼친 군주》, 역사비평사, 2000.

한성주, 〈근세 한·중·일의 초피(貂皮) 무역에 대한 시론적 검토〉, 《인문과학연구》, 56호, 2018, 215~234쪽.

한수영, 〈전후세대의 문학과 언어적 정체성 – 전후세대의 이중언어적 상황을 중심으로–〉, 《대동문화연구》, 58호, 2007, 257~303쪽.

허문행, 〈조선 시대 추고경차관 제도의 운영〉, 《한국문화연구》, 38호, 2020, 109~135쪽.

허원영, 〈조선 말기 전라도 영광 연안김씨가의 지주경영〉, 《한국민족문화》, 56호, 2015, 41~82쪽.

허지은, 〈'해동제국기(海東諸國紀)'의 유통과 조·중·일 관계〉, 《서강인문논총》, 52호, 2018, 277~318쪽.

허태용, 〈노론이 편찬(編纂)하고 소론이 보정(補正)한 숙종실록〉, 《역사학연구》, 96호, 2024, 111~146쪽.

유학과 산업사회

초판 1쇄 발행 2025년 12월 5일

지은이	백승종
펴낸이	문채원

펴낸곳	도서출판 사우
출판	등록 2014-000017호
전화	02-2642-6420
팩스	0504-156-6085
전자우편	sawoopub@gmail.com

ISBN 979-11-94126-10-2 03990

* 저작권자와 연락이 닿지 않아 허락을 받지 못하고 사용한 사진이 있습니다.
  확인이 되는 대로 적법한 절차를 따르겠습니다.